股票大作手回忆录

REMINISCENCES OF A STOCK OPERATOR

[美] 埃德温·李费佛／著
江道波／译

中国宇航出版社
·北京·

图书在版编目（CIP）数据

股票大作手回忆录 / （美）埃德温·李费佛著 ; 江道波译. -- 北京 : 中国宇航出版社, 2025.1
ISBN 978-7-5159-1945-4

Ⅰ. ①股… Ⅱ. ①埃… ②江… Ⅲ. ①股票投资—经验—美国 Ⅳ. ①F837.125

中国国家版本馆CIP数据核字(2023)第245991号

策划编辑 田芳卿　**责任校对** 谭　颖
责任编辑 田芳卿　**封面设计** 王晓武

出版发行 **中国宇航出版社**
社　址 北京市阜成路 8 号　**邮　编** 100830
（010）68768548
网　址 www.caphbook.com
经　销 新华书店
发行部 （010）68767386　（010）68371900
（010）68767382　（010）88100613（传真）
零售店 读者服务部
（010）68371105
承　印 三河市君旺印务有限公司
版　次 2025 年 1 月第 1 版　2025 年 1 月第 1 次印刷
规　格 710×1000　**开　本** 1 / 16
印　张 18.25　**字　数** 272 千字
书　号 ISBN 978-7-5159-1945-4
定　价 59.00 元

本书如有印装质量问题，可与发行部联系调换

译　序

在浩瀚的金融与投资知识海洋里，《股票大作手回忆录》犹如一颗熠熠生辉的明珠，以其独特、深邃的视角，生动且富有感染力的笔触，为我们揭开了华尔街股票大作手的神秘面纱，让读者得以窥见那些隐藏在冰冷数字背后的智慧与人性。这部历经岁月洗礼与时间考验的经典之作，自问世以来，便被誉为交易者的心灵灯塔与投机圣经。

本书源于李费佛（Edwin Lefèvre）在《星期六晚间邮报》连载的12篇系列文章。这部作品以“利文斯顿（Larry Livingstone）”为第一人称视角，深入剖析了其深邃的交易哲学和精湛的操作技巧。尽管这部作品以小说的形式呈现，但在金融业内，它被广泛认为是李费佛为股市传奇人物杰西·利弗莫尔(Jesse Livermore)精心撰写的传记。该书一经出版，便在华尔街引起了极大的轰动，成为当时炙手可热的畅销书。

利弗莫尔作为20世纪初期最伟大的股票作手之一，其生平充满了令人惊叹的传奇色彩。该书不仅详细记录了主人公杰西·利弗莫尔跌宕起伏的交易生涯，更蕴含了深刻、丰富的交易智慧和人性洞察。

杰西·利弗莫尔，这位叱咤20世纪20年代的华尔街传奇人物，从一名出身贫寒的农村少年起步，年仅14岁便投身于交易事业，凭借过人的胆识与敏锐的市场洞察力，一步步从“投机小子”蜕变为“投机之王”。在1929年全球经济危机期间，他凭借精准的做空策略，赚取了高达1亿美元的巨额财富。其跌宕起伏、波澜壮阔的一生，无疑在交易史上写下了浓墨重彩的一笔。

杰西·利弗莫尔的成功之路并非铺满鲜花，而是布满了荆棘与坎坷。在长达四十余年的交易生涯中，他历经多次大起大落。每一次跌倒后，他都能以惊人的毅力与勇气重新站立起来。其人生轨迹犹如一幅跌宕起伏的行情走势图，既映射出市场的冷酷与无情，也揭示了人性的光辉与阴暗。

本书的魅力在于，它不仅为我们揭示了市场运作的真相与人性深处的弱点，更在于它以一种扣人心弦、引人入胜的叙述方式，引领读者深入杰西·利弗莫尔每一次交易的抉择与心路历程。书中没有缠绵悱恻的爱情故事，也没有生离死别的悲欢离合，但它却以一位交易者在面对市场风云变幻时的恐惧与希望为线索，构建了一个充满紧张氛围与悬念迭起的交易战场。书中每一章都仿佛是一次惊心动魄的冒险旅程，让读者跟随主人公的脚步，深入投机市场变幻莫测的深处，深切地感受到那份震撼与冲击。

本书不仅是一部交易者的人生传记，更是一部关于个人成长与心灵顿悟的深刻启示录。作者通过利弗莫尔的交易经历与内心变化，向我们展示了市场的残酷与人性的复杂。作者用利弗莫尔的交易经历告诉我们：成功的交易不仅需要敏锐的市场洞察力与精湛的交易技巧，更需要坚定的信念、冷静的头脑以及勇于面对失败与挫折的坚韧意志。在当今瞬息万变、充满不确定性的金融市场中，《股票大作手回忆录》依然具有极高的参考价值与启示意义。它让我们明白，无论市场如何变化，人性的本质与交易的智慧都是永恒不变的。

作为译者，很庆幸能够将这部充满智慧与启迪的经典交易大作呈现给广大中文读者。在翻译过程中，我始终秉持着对原文的尊重与敬畏之心，力求保持原文的精髓与风格。同时，结合现代市场的实际情况与读者的阅读需求，对部分内容进行了适当的解读与注释。我深知，翻译不仅是语言的简单转换，更是对文化、情感与智慧的深刻传递。翻译过程中，我特别注重对人物心理、市场氛围以及交易细节的细腻刻画与精准传达，力求让每一位读者都能身临其境，感受市场的波诡云谲与人物的内心世界。

在此，衷心感谢在翻译过程中给予我支持与帮助的人，特别是中国宇航出版社的编辑们，他们的宝贵意见与建议，为我的翻译工作提供了极大的启发与帮助。希望这部译作能够得到广大读者的认可与喜爱，并为中国金融投资市场的发展贡献一份绵薄之力。让我们一同站在巨人的肩膀上，汲取前辈的交易智慧与经验，共同书写属于自己的交易传奇与交易人生。

江道波

2024 年 12 月

目　录

第一章　投机小子*

小学一毕业，我就参加工作了，在一家证券经纪公司**找到了一份记价员的差事。我对数字有敏锐的洞察力，这在学校时便得到了充分的体现，我仅用一年时间就完成了三年的算术课程。特别是心算，对我来说更是游刃有余。

作为记价员，我的职责是将报价抄录到客户室里的大报价板上。通常来说，会由一位坐在行情报价机旁的客户大声喊出报价。无论他们报出价格的速度有多快，我都能跟得上。我总能牢记每一个报价，从未出现过任何纰漏。

报价板（译者配图）

* 原文各章均无标题，标题为译者根据文意添加。——译者注

** 指波士顿潘恩－韦伯经纪行米尔克街分行。——译者注

在营业厅里，我与其他众多员工并肩工作。当然，我和他们都建立了深厚的友谊。然而，如果市场活跃的话，从上午10点到下午3点，我的工作都会非常忙碌，根本无暇与他人交谈。不过，我对此并不介意，因为这本来就是交易时间。

尽管开市时间非常繁忙，但我从未停止过对这份工作进行深入的思考。对我而言，那些报价并不代表股票的具体价格，即每股多少美元，它们只是单纯的数字而已。当然，这些数字背后一定蕴含着某种意义，它们总是在一刻不停地变化，这些变化，正是我的全部兴趣所在。它们为何会变？我并不知晓，也不关心。我从未深入探究过这个问题，只是看到它们在不断变化。这就是我每天五个小时（周一到周五，译者注）和周六两个小时必须去思考的唯一事情：它们总是在一刻不停地变化。

这是我最初对价格行为产生浓厚兴趣的原因。我对数字具有出色的记忆力，能够清晰地记住价格在前一天上涨或下跌的具体表现，我的心算能力正好派上了用场。

我注意到，无论是上涨还是下跌，股票价格往往都倾向于显示出某种惯常模式。类似的案例不胜枚举，这些案例为我提供了指导。当时我才14岁，但在我心中进行了成百上千次的分析后，我发现自己已经开始检验它们的准确性了——将今天的股票表现与过去的历史走势进行比较。没过多久，我便开始预测价格走势了，正如我所说，指导我的唯一依据就是价格过去的表现。我将这些“行情简报”深深地印在脑海里，期待着股票价格能按照既定模式运行。我已经“识别”出了它们，你明白我的意思。

例如，我能识别出哪个价位上的买盘比卖盘更胜一筹。股市仿佛是一个激烈的战场，而行情纸带*则是我的望远镜。在绝大多数情况下，这个望远镜提

*在行情纸带发明之前，投资者或者通过观察交易所的报价板、报纸和杂志获取股票代码、价格和涨跌幅等信息，或者通过电报、电话、信件等方式与经纪人沟通，获取股票的实时或者延迟报价。行情纸带是由美国发明家爱德华·卡拉汉（Edward Calahan）于1867年发明的，他利用电报技术，将股票价格从纽约证券交易所传送到其他地方，并用打孔机在纸带上打印出来。这样，投资者就可以及时了解股市的动态，不必亲自去交易所或等待报纸的报道。行情纸带通常包含以下信息：股票代码、价格、交易量、时间和方向。——译者注

报价机及行情纸带（译者配图）

供的信息都是值得信赖的。

我早年领悟到的一个道理是，华尔街无新事。华尔街也不可能有什么新鲜事，因为投机就像山岳一样古老。因此，无论今天的股市发生了什么，这些情形以前都发生过，未来也必将再次发生，我时刻铭记这一点。然而，我真正设法记住的，是它在何时发生以及怎样发生的。事实上，这种记忆方式正是我运用历史经验指导自己决策的关键所在。

我愈发沉迷于自己的这套技巧，迫切地想要预测所有活跃股票的涨跌动向。为此，我特地准备了一本小册子，详细地记录下我的每一次观察。我并没有像许多人所做的那样，将其用作模拟交易记录，以免在赚取巨额利润时头脑过热，或在遭遇重大损失时陷入困境，它是对我命中和失误的一种记录。除了判断价格的可能动向外，我最感兴趣的是验证我的判断是否准确，也就是说，我是否能够准确地把握市场动向。

比如说，当我研究了某只活跃股当天的每一次波动之后，我得出的结论是，它的表现与此前向下跌 8 ～ 10 个点时的表现如出一辙。那么，我就会将这只股票和它当天（周一）的价格记录下来，同时回顾其过往的表现，然后写下它在周二和周三应该会有的表现。之后，我会利用行情纸带上的实际数据进行核对。

这就是我最初对行情纸带上所载信息产生兴趣的原因。每一次价格波动，我都会首先与印在脑海中的上升与下降走势联系在一起。当然，价格波动总是有原因的，但行情纸带并不关心这些原因和理由，无论是过去 14 岁的我，还是如今40岁的我，都从未向行情纸带追问过背后的原因。某只股票当天的波动原因，可能需要几天、几周甚至几个月的时间才会被市场知晓，但这又有什么关系呢？依据行情纸带进行交易，关键在于把握当下，而不是明天。原因可以慢慢探寻，但你必须立即行动，否则就会被市场淘汰。

我一次又一次地看到这种情况发生。大家应该记得，前几天，当市场整体强劲上涨时，空管公司（Hollow Tube）的股价却逆势下跌了3个点，这就是事实。下一周的星期一，我们得知董事会通过了分红方案，这便是股价逆势下跌的原因。内部人士早已心知肚明，即便他们自己没有卖出股票，至少也不会选择买入。没有内部人买入的支撑，股价没有理由不跌。

我坚持不懈地在我的小册子上连续记录了大约6个月的时间。一天的工作结束后，我并不急于返回家中，而是会把需要的数字记录下来，深入研究其中的变化。我孜孜不倦地探寻那些反复出现或具有相似性的价格行为，其实，我已经在学习如何解读行情纸带，只是当时我尚未明确意识到这一点。

一天，我正沉浸在午餐的宁静时光中，营业厅里一位比我年长几岁的伙计过来轻声询问我手头是否宽裕。

“为什么突然这么问？”我问道。

“是这样，”他说，“我得知一个关于伯灵顿（Burlington）的绝佳消息，如果能找到人和我一同下注，我打算玩上一把。”

“玩一把，什么意思？”我问。在我看来，只有那些财力雄厚的老客户才玩得起消息。为什么呢？因为进入这个行当的门槛动辄数百甚至数千美元。这就像拥有一辆私人马车，再配上一个戴着丝绸礼帽的尊贵车夫，这不是普通人能够轻易涉足的。

“没别的意思，玩一把咯！”他说。

“你有多少钱？”

“你需要多少？”

“嗯，5美元就可以交易5股。”

“你打算怎么玩？”

“我打算用这笔钱充当对赌行（bucket shop）*的保证金，全仓买入伯灵顿，能买多少买多少，”他说，“它肯定要涨。这就像捡钱一样，我们很快就能让我们的钱翻倍。”

“等一下！”我喊住他，同时从口袋中掏出了我的小行情记录本。

我对让我的钱翻倍不感兴趣，但对他说的伯灵顿即将上涨的说法却很感兴趣。倘若所言非虚，我的小册子上的记录应当能够印证这一点。我仔细看了看，果不其然，根据我的判断，伯灵顿当下的走势，与其起涨前的历史走势如出一辙。

在我的人生经历中，还从来没有买过或者卖过任何股票，也未曾与哪个伙计一起赌过，但我能清晰地看到这是一个绝佳的机会，可以用来检验我所做的工作和我的爱好是否正确。我立刻意识到，如果我的“行情简报”在实战中无法发挥作用，那么这套理论对任何人来说都毫无意义。于是，我把所有的钱都给了他，他用我们共同筹集的资金前往附近的一家对赌行，买进了一些伯灵顿的股票。仅仅过了两天，我们便兑现了利润，我赚取了 3.12 美元的收益。

初次交易之后，我开始在对赌行独自进行投机。我会趁午饭的时间过去，对我而言，买入或者卖出并没有什么区别。我遵循的是一套系统，并不钟情于某只股票，或者执着于某种看法，价格数据是我决策的唯一基石。实际上，我的这套系统在对赌行的环境中可谓是如鱼得水，因为在那里，交易者只需根据报价机纸带上打出的价格，对其波动下注即可。

没过多久，我在对赌行赚取的利润便远远超过了我从经纪公司所得的薪水，因此，我毅然决然地辞去了那份工作。虽然家人起初表示反对，但当他们看到我赚到的钱时，便无话可说了。毕竟，我还只是个孩子，在营业厅做勤杂工，工资并不高。这完全得益于我自己的努力。

---

*“对赌行”可以被视作“赌庄”，在这种机制中，并没有实际的股票交割发生，而是由对赌行根据交易所回传的价格与客户进行对赌。相对而言，经纪行（经纪公司）则扮演了正规证券公司的角色，它们会按照交易所的实时价格与客户进行实际的股票交割。在 100 多年前的美国，由于价格传输系统相对落后，经纪行给出的报价与交易所的实时价格之间常常存在严重的滞后现象，由此导致对赌行大量存在。——译者注

在我 15 岁那年，我拥有了人生中第一个 1000 美元，我把这笔钱放在母亲面前。这些钱全是我利用几个月的时间从对赌行赚来的，而且还不包括我之前已经带回家的那些。然而，我的母亲对此却十分生气，她让我将这些钱存入储蓄银行，以防我受到诱惑。她说她从未听说过哪个 15 岁的男孩白手起家能赚到这么多钱，她甚至不太相信这些钱是真的。她总是为此忧心忡忡，然而，我对此却并不在意，我只想继续证明我的行为是正确的。

用我的头脑做出正确的判断，这是我的全部乐趣所在。如果用 10 股验证了我的判断是正确的，那么用 100 股去交易的话，就是 10 倍的正确。对我来说，拥有更多的保证金，其全部意义在于证明我更加的正确。那么，这是否意味着需要更大的勇气呢？不用，当然不用！如果我只有 10 美元，就敢全部拿出来去冒险，这要比手握 200 万美元，只拿出 100 万美元去冒险勇敢得多。

不管怎样，在我 15 岁的时候，我已经在股市中积累了一笔可观的财富。最初，我在一些规模较小的对赌行进行交易。在那里，如果有人一次性交易 20 股的话，就会被怀疑成乔装打扮的约翰·W. 盖茨（John W. Gates）*，或者是微服私访的 J.P. 摩根（John Pierpont Morgan）**。

当时对赌行鲜有挑客行为，因为他们深知无须如此也能稳操胜券。即便客户猜对了，他们也有办法让客户赔钱。这门生意非常赚钱，即使对赌行照章办事，我的意思是不要花招，仅凭股价波动，就足以让客户血本无归。只需 0.75 点的反向波动，就足以让客户的保证金化为乌有。对于那些赖账的客户，对赌行会毫不留情地将他们永久驱逐出场，剥夺他们再次交易的机会。

我没有任何追随者，我总是一个人独自交易，毕竟交易是一个人的事情。我只是在凭自己的头脑赚钱，不是吗？价格要么顺着我预计的方向运行，此时

---

*约翰·W. 盖茨（John W. Gates，1855 年 5 月 18 日—1911 年 8 月 9 日）以“赌一百万美元”的胆识与魄力闻名于世。他是美国镀金时代一位杰出的实业家和投机商，其独特的商业眼光和敢于冒险的精神成为了时代传奇。——译者注

**J.P. 摩根（John Pierpont Morgan，1837 年 4 月 17 日 — 1913 年 3 月 31 日）是位卓越的美国金融家和投资银行家，以其非凡的洞察力和领导力，在辉煌的镀金时代和充满变革的进步时代中，牢牢地掌握着华尔街的金融命脉，引领着整个金融界的潮流。——译者注

无须朋友或伙伴的助力；要么反向运行，此时无论哪位好心人也改变不了这一事实。所以，我没有任何理由把我的交易告诉他人。当然，我也有朋友，但交易对我来说，永远都是一个人的事情，这就是我一直单枪匹马的原因。

我在对赌行总是一如既往地盈利。没过多久，他们便对我心生怨恨。每当我走进一家对赌行，把保证金放在柜台上时，他们只是冷冷地盯着那笔钱，没有任何要收下的意思，他们告诉我，这里没我的事。从那时起，他们开始叫我"投机小子"。于是，我不得不打一枪换一个地方，从这家对赌行转战到另一家。面对这种情况，我甚至不得不隐匿真实身份，给自己取了一个假名。

我小心翼翼地从小额交易开始，一次只交易 15 或 20 股。当他们开始对我产生怀疑时，有时我会故意先输掉，然后再狠狠地赚他们一笔。然而，他们很快便意识到，在我身上破费的实在是太多了，于是他们让我滚远点，到别处去交易，不要妨碍他们老板发财。

有一次，一家我交易了几个月的规模较大的对赌行对我下了逐客令，我下定决心要从他们那里多拿点钱。这家对赌行在整个城市中拥有众多分支机构，不仅遍布酒店大堂，还延伸到周边的城镇。我去了位于酒店的一家分行，与经理简短地交流了几句后，便开始进行交易。然而，当我用自己独特的方法操作一只活跃股时，经理便收到了总部发来的信息，询问是谁在操作。

经理告诉我，总部正在打听我。我告诉他，我是爱德华·罗伯逊（Edward Robinson），来自剑桥。然后他打电话把这个消息告诉了总部的大老板，但电话的另一端还想知道我长什么样。当经理询问我时，我对他说："告诉他，我又矮又胖，一头黑发，大络腮胡！"但经理还是如实描述了我的长相。等那边说完，他红着脸挂了电话，让我立即走人。

"他们对你说什么了？"我礼貌地问。

"他们说：'你这个十足的傻瓜，我们不是早就告诉过你，不要接拉里·利文斯顿的生意吗？你故意让他从我们这儿赚走了 700 美元！'"至于那边还对他说了些什么，他没有告诉我。

我一个接一个地尝试其他分行，然而，他们全都认识我，我的钱在他们任何一家分行都没有用武之地。哪怕我只是进去看一眼报价，也会遭到店员们无情的奚落。我试图间隔很长时间轮流前往这些分行，希望能以这种方式蒙混过关，但这一切都是徒劳的。

最后，只剩一家对赌行可供选择，那就是所有对赌行中规模最大、最具财力的一家——大都会股票经纪公司（Cosmopolitan Stock Brokerage Company）。

大都会的评级为 A- 1 级，生意做得非常大，其分支机构遍布新英格兰的每一个制造业城镇，他们允许我在那里做交易。几个月来，我在他们那里既买且卖，有赚有赔，但最终还是一如既往地从他们那里赚到了钱。与那些小型对赌行有所不同，大都会并未直截了当地拒绝我在他们那里做交易。哦，这倒不是出于公平公正的精神，而是因为他们深知，若仅仅因为客户的偶然盈利便禁止其交易，这样的消息一旦传开，将对他们的声誉造成极大的损害。

然而，他们接下来的做法比小型对赌行有过之而无不及。他们不仅要求我缴纳高达 3 个点的保证金，还强制我进行溢价交易，初始溢价为 0.5 个点，随后增至 1 个点*，最终高达 1.5 个点。对我来说，这极为不利！此话怎讲？原因很简单，以美国钢铁（US Steel）为例，假设你以 90 美元的市价买入，成交单上通常会载明："以 90–1/8** 美元的价格买入 10 股美国钢铁"。若保证金设置为 1 个点，那就意味着当股价跌破 89–1/4 美元时，你就被自动平仓。在对赌行，他们不会强迫客户追加保证金，也不会强迫客户痛苦地选择平仓。

当大都会决定对我实施溢价交易的时候，他们就有点不择手段了。这意味着，当我以 90 美元的价格买入的时候，我的成交单上将不再是"90–1/8 美元买入 10 股美国钢铁"，而是："91–1/8 美元买入 10 股美国钢铁"。这意味着，即使该股在我买入后上涨了 1.25 个点，如果我选择平仓，依然会面临亏损。更为苛刻的是，他们坚持要求我在交易伊始便缴纳高达 3 个点的保证金，这直接导致我的可用资金减少了三分之二。尽管如此，由于大都会是唯一一家愿意

*1 个点相当于股票面值的 1%。早期美国股票发行价格通常面值是 100 美元，因此，1 个点即 1 美元。本书中，1 点和 1 美元基本通用。——译者注

** 历史上，美股交易的最小变动单位曾经是 1/8 美元，即 0.125 美元。——译者注

接纳我交易的对赌行，因此，我不得不接受他们提出的条件，否则，我就只能洗手不干。

当然，我有赚有赔，但整体上依旧是赢多输少。然而，尽管大都会给我设置的障碍已经超过了任何人，但他们并不满足于此。他们还试图欺骗我，不过我没有上他们的当，我的直觉让我幸免于难。

如我所言，大都会是我最后的选择。大都会是整个新英格兰地区财力最为雄厚的对赌行，通常来说，他们不会设置交易限额。而在每日稳定交易的客户中，我自信我的交易量名列前茅。他们拥有一间设施完备的营业厅，厅内有一块我见过的最大、最完整的报价板，报价板几乎横贯了整个大厅，上面展示了所有你能想象得到的交易品种。我的意思是，除了纽约和波士顿证券交易所的股票报价，报价板还提供棉花、小麦、金属等所有在纽约、芝加哥、波士顿以及利物浦交易所交易的品种报价。

你知道怎样在对赌行做交易吗？首先，把钱交给柜员，告诉他们你想要交易的品种。接着，他们会将纸带或报价板上的最新价格以及确切的成交时间详细填写在成交单上，这张单据看起来与正规经纪行开具的成交报告几乎一模一样。具体而言，成交单上载明了你所买卖的股票的数量、成交价、成交日期和具体时间，以及他们一共收了你多少钱。当你决定平仓时，你可以找之前的柜员或根据对赌行的规定选择其他柜员，告诉他们你要平仓。他们会以股票的最新价格作为平仓价。若股票活跃度不足，暂时没有最新报价，他们会等待纸带上出现的下一个报价作为平仓价。之后，他们会在成交单上注明平仓价格和平仓时间，确认无误后交还给你。这时，你就可以到收银台兑现了。当然，如果市场走势对你不利，导致价格超出了你所缴纳的保证金限额，你的交易将被自动平仓，你的成交单也将变成一张废纸。

在规模较小的对赌行里，允许客户进行最少 5 股的小额交易。为了便于区分买卖方向，成交单被制作成了颜色各异的小便条。在沸腾的牛市中，这种对赌行往往会遭受重创，因为在这种情况下，所有的客户都是多头，而且碰巧都赌对了。此时，对赌行就会同时扣除买入和卖出的佣金。比如，如果你以 20

美元的价格买入某只股票，成交单上显示的成交价就会是 20–1/4 美元。也就是说，你的保证金所能承受的股价下跌空间被压缩至仅剩 3/4 个点。

然而，大都会仍然是新英格兰最好的对赌行。尽管它拥有成千上万的客户，但我真的认为，我才是那个唯一让他们感到忌惮的客户。无论是致命的溢价款，还是 3 个点的保证金，都没能有效减少我的交易，我始终在他们允许的最大限额内进行交易，有时我的头寸甚至可以多达 5000 股。

言归正传。事情是这样的：那天，我卖空了 3500 股糖业公司（US Sugar）。我总共持有 7 张大号粉单（big pink tickets），每张代表 500 股。大都会使用的是大号便条，上面留有空白区域，用来记录追加保证金。当然，对赌行从不会主动要求客户追加保证金。对他们而言，客户的保证金越少越好，因为他们的利润就来自客户的损失。在规模较小的对赌行里，如果客户想进一步追加保证金，他们便会给客户开出一张新的成交单，这样，他们就可以再收一次买入佣金。另外，每 1 个点只给客户留出 3/4 个点的下跌空间，因为当客户卖出时，也要把追加的保证金算作一笔新的交易，再收一次卖出佣金。

嗯，我记得那天我的保证金超过了 1 万美元。

我 20 岁时，便积攒了人生中第一个 1 万美元。想必你对我的母亲已有所耳闻，你可能会觉得，除了老约翰 · D（old John D）*，没有谁会随身携带 1 万美元现金。母亲常常告诫我，人要懂得知足，并且希望我能够做一些正经生意。为此，我费了九牛二虎之力才让她相信我不是在赌博，而是运用精确的计算赚钱。在她眼中，1 万美元是一个天文数字，但对我来说，这只不过意味着更多的保证金而已。

我以 105–1/4 美元的价格卖空了 3500 股糖业公司。大厅里还有个叫亨利 · 威廉姆斯（Henry Williams）的同行，他也卖空了 2500 股。通常，我会坐在报价机旁，为记价员大声喊出报价。糖业公司的股价走势如我所料：先急跌

---

* 老约翰 · D（old John D）指约翰 · 戴维森 · 洛克菲勒（John Davison Rockefeller，1839 年 7 月 8 日—1937 年 5 月 23 日）。老约翰 · D 出生于美国纽约州，美国实业家，埃克森美孚公司创始人，是 19 世纪第一个亿万富翁，被人称为“石油大王”。——译者注

了几个点，稍作休整后，便再次下跌。整体市场相当疲软，一切看起来都对我非常有利。突然间，我对糖业公司的股价犹豫不决的样子感到非常急躁，极度不适。我觉得，我应该尽快离场。紧接着，糖业公司的股价跌到了 103 美元，这是当天的最低价。面对这一局面，我非但没有感到更自信，反而感到更不确定。我知道，一定是哪里出问题了，但又不知道问题到底出在哪里。如果事到临头，而我又不知道问题来自哪里，我就无法做出防范。在这种情况下，我最好还是先行离场。

你知道，我从不盲目行事，这不是我的作风，我从未如此行事。甚至还是个孩子的时候，我做任何事情之前，也必须先弄清楚缘由。然而，这一次我并未找到明确的理由。我的内心涌起一股强烈的不适感，几乎无法忍受。我把我的一个伙计戴夫·怀曼（Dave Wyman）叫了过来，对他说："戴夫，能否请你坐到我的位置上，帮我一个忙？当糖业公司的报价出来后，请你稍微等待片刻再喊出来，可以吗？"

他爽快地答应了。随后，我站起身，让他坐在报价机旁，以便他能为记价员报出价格。我从口袋里掏出那 7 张糖业公司的成交单，径直走到柜台前，那里是柜员填写平仓信息的地方。然而，当时我并不清楚为何要平仓离场，我只是静静地站在那里，倚靠着柜台，手中紧握着成交单，以免让柜员看到。突然，电报机发出一阵急促的咔哒声，柜员汤姆·伯纳姆（Tom Burnham）迅速转过头去聆听。与此同时，我感觉到事情正在起变化，我决定立即采取行动。就在这时，坐在报价机旁的戴夫喊道："糖——"，没等戴夫报完价格，我便以迅雷不及掩耳之势将手中的成交单拍在柜员面前的柜台上，大声喊道："平仓糖业公司！"这样一来，对赌行就不得不按照上一个报价平仓我持有的糖业公司股票。结果，戴夫报出的价格仍然是 103 美元。

根据我的推测，糖业公司此时的股价应该已经跌破 103 美元了。事出反常必有妖，我有种预感，此处必定有诈。电报机像疯了一样响个不停，我注意到汤姆·伯纳姆，那个柜员，并没有在我放到柜台的成交单上填写平仓信息，他在那里听着电报机发出的咔哒声，似乎在等什么。于是，我冲他吼道："嘿，汤姆，你到底在等什么？快把 103 美元的平仓价格填写到成交单上，快点！”

我的呼喊声回荡在营业厅内的每个角落，众人纷纷将视线投向我，询问平仓的缘由。要明白，尽管大都会从未经历过挤兑风波，但谁也说不好。对赌行一旦爆发挤兑危机，便会像银行爆发挤兑危机时一样迅猛。一旦有顾客心生疑虑，便会引发其他客户效仿。汤姆的脸上充满了不悦，但他还是走过来，在我的成交单上填写了“平仓价 103 美元”的字样，然后恶狠狠地将那 7 张成交单甩给了我。此刻，他的脸色变得愈发阴沉。

从汤姆那里到收银台的距离不过“八英尺”，然而，就在我即将走到收银台去兑现之际，报价机旁的戴夫 · 怀曼突然激动地大喊起来：“天呐！糖业公司，108 美元！”但已经太迟了。于是，我笑着冲汤姆喊道：“看来这次你们失手了，对吧，老伙计？”

当然，这是一场精心策划的阴谋。亨利 · 威廉姆斯和我总共卖空了 6000 股糖业公司，大都会对赌行不仅收取了我和亨利的保证金，而且营业厅内很可能还有许多其他客户同样做空了糖业公司，估计该股票的空头头寸总量可能高达 8000 至 10000 股。假设大都会在糖业公司这只股票上累计收取了 2 万美元的保证金，这笔钱足以让他们通过操纵纽约证券交易所的市场价格，将我们一网打尽。在那个年代，每当对赌行发现其客户在某一只股票上持有太多的多头头寸时，他们通常会通过某家经纪行来刻意打压该股价格，直至其下跌至足以吞噬所有做多该股的客户的保证金。对赌行付出的代价，不过是几百股的几个点而已，但他们赚到的却是成千上万美元。

这就是大都会为了对付我和亨利 · 威廉姆斯以及做空糖业公司其他客户所做的事。他们通过纽约的经纪行，将糖业公司的股价拉高到了 108 美元。当然，股价很快便又跌回到了原点，但是，亨利和其他许多客户已经被扫地出门了。当某只股票的价格出现莫名其妙的大幅下跌，接着又迅速回升时，当时的报纸便将其称为“对赌行做盘”。

最有意思的是，大都会这伙人企图欺骗我这件事刚过去还不到 10 天，纽约的一位作手便从他们那里搞走了 7 万多美元。此人是纽约证券交易所的会员，此时他风头正劲，在市场上的影响力不容小觑。在 1896 年的“布莱恩恐慌”（Bryan panic）* 中，他因做空而名声大噪。此人从不遵守证券交易所的规则，因为那些规则限制了他通过牺牲其他会员的利益来实施自己的计划。一天，他闪出了一个念头，就是想办法从全国各地的对赌行所赚的不义之财中拿走一部分，这样做既不会开罪交易所，也不会迁怒于警方。

方法是这样的，他派了 35 个人冒充客户，分散到大都会对赌行的营业部和一些较大的营业厅。然后，他们在某一天的固定时间，在对赌行经理允许的范围内，尽可能多地同时买入同一只股票。随后，他们按照作手的指示，在达到一定的利润时就悄悄卖出。作手让他的朋友广泛散布那只股票看涨的消息，然后亲自出马，到交易所场内拉抬股价。此时，场内交易者也会助其一臂之力，因为他们都将其视为一位正直的人物。通过精心挑选合适的股票，他轻而易举地就将股价拉升了三四个点。最后，他安排在对赌行的那群人在获利丰厚时依计划获利了结。

有个同行告诉我，在扣除支付给手下的费用和报酬后，这个组织者净赚了 7 万美元。他在全国各地多次施展同样的把戏，把纽约、波士顿、费城、芝加哥、辛辛那提和圣路易斯的大型对赌行狠狠地修理了一番。他最中意的一只股票是西联汇款（Western Union），因为对于这样一只半死不活的股票，他能够轻易地操控其价格上下波动几个点。他的手下会在某个价位买入这只股票，有 2 个点的利润就获利了结，然后反手做空，再多拿 3 个点的利润。

顺便说一句，前几天我读到一则新闻，这位曾经风光一时的作手已经离世，死时穷困潦倒，无人关注。如果他在 1896 年去世的话，无疑会登上纽约各大报纸的头版头条，而现在，他却只占据了报纸第五版上短短的两行文字。

* 布莱恩恐慌大致从 1896 年 7 月民主党人布莱恩被提名为总统候选人开始，到当年 11 月共和党人麦金莱当选结束。布莱恩被提名后，因为商人担心民主党的货币政策会导致严重的经济衰退，于是股票遭到大量抛售，大宗商品价格暴跌，银行贷款中断，工业活动因需求骤降而放缓。到 8 月中旬，随着商业破产的增加，股市达到了十七年来的最低点。布莱恩恐慌是美国历史上一次深刻且影响深远的经济萧条，给当时的社会和经济带来了严重的冲击和动荡。——译者注

第二章　首战纽约

我逐渐意识到，如果3个点的保证金和1.5个点的溢价款都不足以击败我的话，大都会极有可能会对我采取更为卑鄙的手段。不仅如此，他们也已经暗示过我，无论如何都不想接我的单子了。因此，很快我便下决心到纽约去，在那里，我可以直接在纽约证券交易所会员经纪行的营业厅里进行交易。我不想去波士顿的分行交易，因为那儿的报价必须通过电报传输，我想更加靠近报价的源头。于是，在我21岁那年，我带着全部家当——2500美元，只身来到了纽约。

我曾告诉过大家，在我20岁时，我已经累积了1万美元。并且，在糖业公司的那笔交易中，我缴纳的保证金就超过了1万美元。当然，交易之路并非一帆风顺，输赢并存。然而，得益于完善的交易策略，我盈利的次数远多于亏损。倘若我能够坚持我的交易策略，或许十次交易，我就能对七次。事实上，只要在交易前我确信自己的判断是正确的，那么我就总是能够赚到钱。我之所以失败，皆因未能坚定地遵循自己的交易策略。也就是说，只有在确信价格波动有利于我的交易时，我才能入场交易。万物有时，而当时我尚未领悟这一真谛，这也是华尔街上许多人失败的原因，但他们早已超越了普通的傻瓜阶层。普通的傻瓜，随时随地都会出错，而华尔街上的傻瓜，则认为他必须一刻不停地交易。遗憾的是，没有人能够每天都找到足够的理由去买卖股票，也没有人有足够的智慧能够确保自己的每一次交易都是明智之举。

我证明了一点：每当我根据经验解读行情纸带时，我总能赚钱；而当我像无脑傻瓜一样交易时，我便总是亏钱。我也不能例外，不是吗？巨大的报价板冷冷地凝视着我，报价机不停地滴答作响，人们不辞辛劳地忙于交易，眼睁睁地看着自己手里的成交单被“兑换”成现金或者“变成一张废纸”。在这样的环境下，我让追求刺激的欲望战胜了理智的判断。

在对赌行，由于你的保证金少得可怜，所以你不太可能去做长线，这导致你很容易被快速淘汰出局。在华尔街，许多交易者甚至是职业交易者，都因忽视基本形势，盲目频繁地交易，最终招致损失。他们觉得每天都应该带些钱回家，仿佛这是一份有固定收入的工作。

不要忘了，那时我还是个孩子，我不知道我后来会学到什么样的知识。但在 15 年后，正是基于这些后来学到的知识，为了能够安全地买入一只我极度看好的股票，我可以耐心地等待长达两个星期之久，并且在那只股票已经上涨了 30 个点之后，我才决定出手。我那时破产了，正努力东山再起，因此我不能鲁莽行事。我不出手则已，一出手就要赢，所以我必须耐心等待最佳时机。那是 1915 年的事情，说来话长，我会在适当的时候详细讲述。

现在，让我们回到当前的话题。多年来，我在对赌行可以算得上是常胜将军了，但最终还是让他们夺走了我的大部分盈利。这一切就发生在我眼皮子底下，而且，这也不是我交易生涯中遭遇的唯一一次。作为一名股票作手，必须与自己内心的诸多敌人进行代价高昂的斗争。

不管怎么说，我带着 2500 美元来到了纽约。这里没有一家可以信赖的对赌行，在证券交易所和警方的两面夹击下，作手们已无立锥之地。此外，我想找一个不限制资金规模的地方。尽管我的资金并不雄厚，但我不希望它会永远如此微薄下去。一开始最主要的事情，就是找一个不用担心遭受不公平对待的地方。于是，我选择了一家在纽约证券交易所注册的会员经纪行，该经纪行在我的家乡设有分支机构，我认识那里的一些职员，不过他们早就不在那里干了。然而，由于我不喜欢其中一个合伙人，因此，我在那里没待多久。

随后，我转到了 A.R. 富乐顿经纪行（A. R. Fullerton & Co.）。他们应该对我之前的事迹早有耳闻，因为我过去没多久，他们就开始叫我“交易小子”。尽管我的外表比实际年龄显得更为年轻，这在一定程度上为我带来了不便，但这也促使我更加努力，更加坚定地为自己而战，因为我知道很多人试图利用我的年轻来“以大欺小”。那些对赌行的家伙看到我还是个孩子，便误以为我只不过是个“幸运的傻瓜”，这正是我经常打败他们的唯一原因。

呃，不到六个月我就破产了。作为一名相当活跃的交易者，并且享有“常胜将军”的美誉，我想自己支付的佣金加起来应该相当可观。尽管我账户里的资金曾一度大幅增长，但最终还是输了个底儿掉。虽然我操作时小心翼翼，但失败的结局仍旧无法避免。让我来告诉你这到底是为什么：这一切，正是源于此前我在对赌行取得的巨大成功！

只有在对赌行里，我的交易方法才能盈利。在那里，我押注的是价格的波动，我对行情纸带的解读仅限于此。当我买进的时候，价格就写在我面前的报价板上，甚至在我买进之前，我就已经确切地知道我的成交价是多少，并且，我总能在第一时间卖出去。我之所以能够成功地“抢帽子”，是因为我的交易速度快如闪电。我可以迅速地截断亏损，让利润奔跑。例如，有时候，我确定某只股票至少会波动一个点。嗯，我用不着太过贪心，我可以缴纳一个点的保证金，使我的本金迅速翻倍，或者只赚半个点也行。即便我每天只交易一两百股，月底的收益也不会太差，对吧？

当然，这种方式存在一个切实的问题，即使对赌行拥有雄厚的资金来承担持续的亏损，他们也不会这么做。他们不可能让一个总是赢钱的客户留在他们那里，这样的客户未免太不识相了。

不管怎样，在对赌行里行之有效的交易系统，在富乐顿营业厅是行不通的。在富乐顿，我实际上是在真金白银地买卖股票。当富乐顿营业厅行情纸带上显示糖业公司的股价是 105 美元时，我能预见它将下跌 3 个点。然而，实际情况是，就在报价机行情纸带上打出 105 美元的那一刻，交易所的实际价格可能已经滑落至 104 或 103 美元了。当我的 1000 股卖出指令传给富乐顿的场内交易员执行时，最终的执行价可能会更低。因此，在我从柜员手中接过成交报告之前，我根本不知道自己以什么样的价格卖出了这 1000 股。原本在对赌行肯定能稳赚 3000 美元的一笔交易，在证券交易所的会员经纪行里，我可能一分钱也赚不到。

诚然，我列举的这个例子略显极端，但实际情况与之相去不远。就我的交易系统而言，富乐顿经纪行的行情纸带传递给我的，往往是一些严重滞后的历史报价，而我当时却并没有意识到这一点。

此外，如果我的单子相当大的话，我自己的卖单往往会进一步压低股价。在对赌行，我根本无须考虑自己的交易对价格的影响。我在纽约之所以亏损累累，是因为整个游戏已经今时不同于以往。我亏钱，并不是因为来到纽约做合法的交易所致，而是源于我对这个游戏一无所知。过去，人们总夸我是解读行情纸带的行家里手，如今我深刻地体会到，仅仅精通解读行情纸带并不能避免亏损的命运。倘若我是一名场内交易者，能直接参与场内的实时交易，我可能会做得更好。因为置身于场内交易者之中，我可能会根据眼前的情况，适时地调整我的这套交易系统。不过，即便置身场内，如果我依旧像现在这样大规模地操作，我这套交易系统同样会难以为继，因为我的交易量足以对市场价格产生影响。

总而言之，我对股票投机这个行当可谓是一知半解，只知冰山一角。不过，即便是这冰山一角，一直以来也对我至关重要。然而，凭借我所知道的一切，终究还是无法逃脱失败的命运。那么，对于那些初涉此道的新手而言，又有多少胜算呢？更具体地说，他们盈利的概率又有多大呢？

没过多久，我就意识到，我的交易系统存在问题，但我无法确定问题到底出在哪里。有时，我的交易系统运行得非常完美，但突然间，一连串的打击就会接踵而至，令人猝不及防。要知道，那时我才 22 岁。并不是我刚愎自用，不愿探究问题的根源，而是对于那个年纪的人来说，看待问题本就是懵懵懂懂的。

在营业厅里，每个人都对我非常友善。然而，由于富乐顿经纪行对保证金设有限额，这使我无法随心所欲地下注，但老富乐顿（A. R. Fullerton）和公司员工都对我非常友好。在经历了六个月的频繁交易后，我不仅输光了自己带来的所有资金，还搭上了在那里赚到的每一分钱，甚至还倒欠了公司几百美元。

一个此前从未离开过家门的毛头小子，就这样输得一文不名。我深知，问题不是出在我自己身上，而在于我的交易系统。我不知道我表达清楚了没有，但有一点是毋庸置疑的：我从来不会和股票市场赌气，也从来不会与行情纸带争辩，对市场发脾气起不到任何作用。

我迫不及待地想要重新开始交易，一刻也不愿耽搁。于是，我跑去找到了老富乐顿，对他说："喂，老富乐顿，借给我 500 美元。"

"借钱做什么？"他问道。

"我需要一些钱。"

"借钱做什么？"他再次问道。

"当然是缴保证金了。"我回答道。

"500 美元？"他皱着眉头说，"你知道的，他们希望你能维持 10% 的保证金，这意味着交易 100 股就需要 1000 美元。不如我给你开个信用额度吧。"

"不，"我说，"我不打算用这里的信用额度。我已经欠公司一些钱了，我只是想借你 500 美元，去外面赚点钱就回来。"

"你打算怎么做？"老富乐顿问道。

"我打算去一家对赌行交易。"我告诉他。

"就在这儿做吧。"他说。

"不，"我回答道，"我无法确定在这里能否赚钱，但我确信我可以从对赌行赚到钱，因为我知道在那里该怎么玩。不过，我有种感觉，我已经意识到我在这里的问题所在了。"

最终，老富乐顿借给我 500 美元，我离开了他的营业厅。在富乐顿经纪行这里，那个被称作"对赌行恐怖小子"的人，输得体无完肤。我不能回家乡，因为那里的对赌行不接我的单子。我也不能留在纽约，因为这里的对赌行已经被查封殆尽。我曾听闻，昔日布罗德街和新街遍地都是对赌行，但当我需要在他们那儿交易的时候，却一家也没有了。

经过深思熟虑，我决定前往圣路易斯。我听说那里有两家对赌行，生意做得非常大，业务遍及整个美国中西部地区。他们的分支机构遍布数十个城镇，想必他们的利润一定相当惊人。我听说，美国东部地区没有一家对赌行的交易量可以与他们相匹敌。他们敞开大门做生意，最优秀的交易者可以在那里毫无顾忌地做交易。有个同行甚至告诉我，其中一家对赌行的老板还是商会的副会长，尽管不一定是圣路易斯的。无论如何，这就是我怀揣着 500 美元要去的地方。我准备从那儿赚一笔本钱回来，用来充当我在纽约证券交易所会员经纪行 A.R. 富乐顿经纪行的保证金。

抵达圣路易斯后，我住进了一间酒店，洗漱一番后，便出去寻找对赌行。这里有两家知名的对赌行，J. G. 杜兰公司（J. G. Dolan Company）和 H. S. 泰勒公司（H. S. Teller & Co）。我知道我可以赢他们，但我打算谨慎行事，稳稳当当地交易。我唯一担心的是有人会认出我，把我出卖了，因为"交易小子"的大名早已传遍了全国各地的对赌行。这些对赌行如同赌场一般，能打探到所有职业玩家的各种信息。

相较于泰勒公司，杜兰公司离我更近，所以我先去了那里。我希望在他们把我扫地出门之前，我能在这里安心做几天交易。我走进杜兰公司，他们的营业厅非常宽敞，至少有数百人聚集在里面，目不转睛地盯着报价板。这样的环境让我感到非常满意，因为在如此喧嚣的人群中，可能就不会有人注意到我了。我站在那里，仔细地观察着报价板，直至选出了我要交易的第一只股票。

我环顾四周，目光锁定在负责处理订单的柜员窗口，这是客户交纳保证金并领取成交单的地方。里面的柜员正看着我，于是我走上前去问道："请问这里可以交易棉花和小麦吗？"

"当然，小伙子。"他说。

"也可以买股票吗？"

"当然可以，只要你有钱。"他说。

"哦，我明白了，好的。"我说话的语气，像极了爱吹牛的孩子。

"你明白了，是吗？"他笑着说。

"100 美元能买多少股？"我故作生气状。

"100 股，如果你真的有 100 美元的话。"

“我不但有 100 美元，还有 200 美元呢！”我对他说。

“哦，我的天啊！”他惊叹道。

“给我买 200 股。”我厉声说道。

“买 200 股什么？”他问。说到正事，他严肃起来。

我又看了看报价板，假装要好好猜一猜，然后告诉他：“买 200 股奥马哈（Omaha）。”

“好的！”他收下钱，点了点，给我开了一张成交单。

“你叫什么名字？”他问我。我答道：“霍勒斯·肯特（Horace Kent）。”

他把成交单递给我，我走到客户中间坐下，等着盈利入账。

我快进快出，当天就进行了好几次交易。第二天同样如此。短短两天时间，我就赚了 2800 美元。我希望他们能让我在这里继续交易完这个星期，以我现在的盈利速度，预计一周下来，收益将会相当可观。接着，我将转战另一家对赌行。如果在那里也能保持这样的好运气，我便可以带着一笔可观的资金返回纽约大展拳脚了。

第三天早上，当我像前两天一样，佯装忐忑地走到窗口前，准备买进 500 股伯灵顿时，柜员对我说：“喂，肯特先生，我们老板想要见你。”

我意识到游戏到此结束了。尽管如此，我还是装模作样地问道：“他找我有什么事？”

“我不知道。”

“他在哪里？”

“在他的私人办公室，从那边走。”他指着一扇门说道。我走进去的时候，杜兰正坐在他的办公桌前。他转过身，指着一把椅子对我说：“坐，利文斯顿。”

我最后的希望破灭了。我不知道他是怎么认出我来的，或许是通过酒店的登记簿查到的。

“找我有何贵干？”我问道。

“听着，小子，我不想和你过不去，明白吗？一点都不想，明白吗？”

“不，我不知道您在说什么。”我说。

他从转椅上站起身来，展示出他那魁梧的身材。“利文斯顿，请过来，这边走。”他走到门口，打开门，指着大厅里的客户问道：“看见了吗？”

“看见什么？”

“那些家伙。小子，好好看看他们，足足有300个，相当于300个冤大头！他们是我和我家人的衣食父母，明白吗，300个冤大头！然后，你来了，仅仅两天的时间，你赚到的钱，比我从这300个冤大头身上搜刮两个星期赚到的还要多。生意可不是这么做的，小子，赔本的买卖我可不做！我不想和你过不去，你赚到的钱，我无意再追究，但不能再这样继续下去了，我不会让你再从我这里拿走一分钱！”

“为什么，我……”

“到此为止吧。前天你进来的时候，我就看你很不顺眼。坦白地说，很不顺眼。一看你就是个老鸟，为此，我把那头蠢驴叫了过来。”他指的是那个犯了错的柜员。“我问他你都做了些什么，他向我说明了情况后，我对他说，‘我不喜欢那个家伙的样子，他是个老鸟！’可那头蠢驴却说：‘老板，他可不是什么老鸟！他叫霍勒斯·肯特，不过是个装腔作势、故作老成的毛头小子，他没问题的！’于是，我就让他自己看着办。可结果呢？这个该死的家伙让我白白损失了2800美元！过去的事情我不再追究，小子，但现在，保险箱已经对你上锁了。”

“听我说，”我刚要开口。

“还是听我说吧，利文斯顿，”他打断我，继续说道，“关于你的事，我早有耳闻。我是靠那些冤大头下注赚钱的，你，并不属于这里。我是个讲原则的人，已经到手的钱，你拿走好了。但既然我现在已经知道你是谁了，再让你继续留在这里赚钱，那我岂不是成了冤大头？快走吧，小子！”

于是，我怀揣着2800美元的利润离开了杜兰的场子。

泰勒的场子就在同一个街区。据我了解，泰勒财力雄厚，他同时还经营着多家赌场。我决定去他的对赌行看看。我寻思着到底采用哪种交易方式会更好些，是谨慎行事，从少量交易开始，逐步增加至1000股，还是一上来就玩大的——我预计在那里的交易可能不会超过一天，因为一旦他们遭受损失，很快就会变得非常警觉。我确实想要买进1000股伯灵顿，因为我确信能够从中赚取4到5个点的利润。然而，我也深知，如果他们对我起了疑心，或者有太多的客户都做多这只股票，他们根本就不会让我交易。因此，我觉得最好一开始先进行分散交易，从小额交易开始。

这里的营业厅虽然不及杜兰那般宽敞，但设施却更加精致，显然这里的客户群体属于更为富有的阶层，这正合我意。于是，我决定买入1000股伯灵顿。我走到相应的窗口前，对里面的柜员说："我想买一些伯灵顿，请问限额是多少？"

"没有限额，"柜员说，"只要你有钱，想买多少就买多少。"

"买1500股。"我边说边从口袋里掏出一卷钞票，柜员开始给我开单子。

就在这时，一个红发男人突然闯入我的视线。他一把将柜员从柜台旁推开，然后探过身来对我说："听着，利文斯顿，滚回杜兰那里去吧，我们这里不接你的单子。"

"等我拿到成交单再说。"我说，"我刚买了点伯灵顿。"

"这里没有你的单子。"他说。此时，其他职员纷纷站在他身后，目光齐刷刷地投向我，"永远不要来这里交易，我们不接你的单子，明白吗？"

和他们生气或争吵没有任何意义，于是我回到酒店，支付了账单。接着，我搭乘第一班火车回到纽约。我太难了，原本想搞点钱回来，没承想泰勒竟然连一次交易机会都不肯给我。

回到纽约后，我把那500美元还给老富乐顿，然后用我在圣路易斯赚到的钱再次开始交易。我的操作时好时坏，但总体来说还是略有小赚，毕竟，我没有必要把过往的知识全然摒弃。我只需要明白这样一个事实：股票投机这个行当，远比我来到富乐顿营业厅交易之前所理解的复杂得多。就像那些字谜爱好者一样，他们热衷于在周日增刊上做填字游戏，不全部填完绝不罢休。我也是如此，我当然也很想找到谜题的答案。我本以为在对赌行的交易中已经找到了答案，但是，我错了。

在我回到纽约大约两个月后，富乐顿营业厅里来了一个老赌徒，他与老富乐顿是老相识。据传，两人曾共同拥有一群赛马，很明显，他曾经风光过。经人引荐，我有幸结识了老麦克德维特（Old McDevitt），他正兴致勃勃地向众人讲述西部赛马场上的一群骗子。据他所述，这群骗子刚刚在圣路易斯干了一票，为首的家伙，是一个名叫泰勒的赌场老板。

“哪个泰勒？”我问他。

“就是大个子泰勒，H.S. 泰勒。”

“我认识那个鸟人。”我说。

“他不是什么好鸟。”麦克德维特说。

“岂止，简直坏透了，”我说，“我还有笔账，要和他算算。”

“怎么算？”

“我能收拾这些卑鄙小人的唯一途径就是掏空他们的钱袋子。现在在圣路易斯我还不能碰他，但总有一天我会的。”然后，我向麦克德维特详细讲述了我对他不满的缘由。

“嗯，”老麦克说，“他曾试图在纽约开一家店，可惜未能如愿。于是，他在霍博肯（Hoboken）* 另开了一家。有消息说，那边的交易不设限额，而且他的资金实力雄厚，即便磐石山（Rock of Gibraltar）** 与其相比，也如同矮脚鸡身上的跳蚤般微不足道。”

“这是个什么场所？”我以为他说的是赌场。

“是对赌行。”麦克德维特说。

“你确定它开张营业吗？”

“是的，我见过几个去过那里的伙计，他们和我说的。”

“那只不过是些道听途说，”我说，“你能不能确认一下它是否正在营业，

---

* 美国新泽西州东北部的一个城市。——译者注

** 位于地中海西南端西班牙南部直布罗陀港城附近的一处悬崖，象征十分安全或坚如磐石。——译者注

以及他们的交易限额到底是多少？”

“当然可以，小伙子，”麦克德维特说，“我明天早上亲自去一趟，回来告诉你。”

第二天早上，他真的去了。泰勒的生意看来已经做得很大了，而且照单全收，来者不拒。那天是星期五，市场那周持续走高。提醒一下，这话说的是20年前。毫无疑问，星期六即将公布的银行报表，超额准备金必然会出现大幅减少，这为场内大型交易者入市震仓提供了绝佳契机，他们意图将那些资金薄弱的经纪行客户震出场外。在交易的最后半小时，尤其是那些公众参与度极高的活跃股，回调将如往常一样出现。当然，这些股票也正是泰勒的客户扎堆做多的股票。对于此类股票的做空行为，对赌行自然是喜闻乐见。没有什么比从冤大头身上两头赚更美好的事情了，而且，也没什么比这更容易的了——他们只需要缴纳1个点的保证金而已。

那个星期六早上，我来到了泰勒在霍博肯开设的对赌行。这家对赌行拥有一间宽敞的营业厅，悬挂着一块高档的报价板。营业厅内不仅配备了众多职员，甚至还配有一名身穿灰色制服的特别保安。当时，营业厅内约有25名客户。

我同那里的经理聊了起来。他问有什么可以为我效劳的，我告诉他没有。然后，我对他说，与其在股市中赚点鸡零狗碎的钱，没准还要等上好几天，还不如去马场碰碰运气，在那里可以赚得更多。马场提供的赔率*更为诱人，而且下注方式更为自由，我可以一次性投入所有资金，并且可能在短短几分钟内就赢得成千上万美元。听到这里，他开始对我说股市多么安全，以及他们的一些客户赚了多少钱。

听他这一番话，你几乎会误以为他真的是一位在交易所里帮你买卖股票的正规经纪人。他还说，只要一个人的交易量足够大，那么在股市中同样能够实

*赔率创始于1790年的欧洲，其发明者是英国人奥格登。最初的赔率出现在中世纪的赛马场。赔率的定义是：将某项竞技或者比赛进行数字量化后，得出的科学、客观的结果预测。——译者注

现丰厚的收益。他一定以为我要去某个赌场，企图在我输光之前分一杯羹，因此他催促我尽快行动，因为股市在星期六 12 点就会收市，这样我就能腾出整个下午的时间去玩别的了。他还补充说，如果我选对了股票，没准还能带着更多的钱去马场呢。

我装出满腹狐疑的样子，他一直喋喋不休地劝我。我瞥了一眼挂钟，指针指向 11 点 15 分时，我说，“好吧”。随后，我向他下达了几只股票的卖空指令。接着，我拿出 2000 美元现金，他欣然收了起来。他告诉我，他觉得我会赚很多，并且希望我能经常光顾。

一切正如我所预料的那样发展。场内大户们猛烈地打压那些他们认为能够触发最多止损盘的股票，结果不出所料，股价开始下跌。交易者通常会在收市前最后 5 分钟回补空头头寸，从而引发行情出现反弹。在这之前，我果断地平掉了自己的仓位。

我总共赚了 5100 美元的利润，我决定将这些利润兑现。

“我很高兴能够光临贵地。”我向经理表示，同时递上了我的成交单。

“哎呀，”他对我说，“我现在无法一次性为您全部兑现。我没想到您会赢这么多，我保证在星期一早上全部兑现给您。”

“好吧。但首先，请将目前能够兑现的部分全部兑现给我。”我说。

“您得让我先兑付完那些小户，”他说，“我先把您的保证金退给您，剩下的部分，等我兑付完其他单子，有多少给您多少。”于是，我便在那里等着他兑付其他赢家。我知道我的钱是安全的，这个场子的生意如此兴旺，泰勒是不会爽约的。而且，即使他真的赖账，除了兑现当场能兑现的，我还有什么更好的办法吗？最终，除了拿到了自己投入的 2000 美元保证金，我还拿到了 800 美元的盈利，这是他们营业厅里的全部现金。我告诉那位经理，我会在星期一早晨过来，他发誓会准备好钱等着我。

星期一临近正午时分，我来到了霍博肯。我看到一个家伙正在和那个经理说话，泰勒让我回杜兰的那天，我在圣路易斯的营业厅见过这个人。我马上就明白了，肯定是经理给总部拍了电报，总部派人来调查此事。骗子是信不过任何人的。

“我来兑现剩余款项。”我对经理说。

“就是这个人吗？”圣路易斯的那个家伙问道。

“是的。”说着，经理从口袋里掏出一沓黄背纸币。

“等等！”圣路易斯来的那个家伙对他说。然后他转身冲我说：“喂，利文斯顿，我们不是告诉过你，我们不接你的单子吗？”

“先把钱给我。”我对经理说。他递给我两张1000元的，四张500元和三张100元的。

“你刚才说什么？”我对圣路易斯来的家伙说。

“我说我们警告过你，不欢迎你来我们的场子交易。”

“是的，”我说，“这正是我来这里的原因。”

“行了，别再来了，给我滚远点！”他愤怒地对我咆哮道。此时，那位身穿灰色制服的保安走了过来，一副漫不经心的样子。圣路易斯来的家伙对经理挥舞着拳头喊道：“你这个可怜的笨蛋，你应该知道这个家伙是谁，他就是利文斯顿，你接到过命令的。”

“听着，你，”我对来自圣路易斯的那个家伙说，“这里可不是圣路易斯。你甭想像你老板对付贝尔法斯特男孩那样，在这里要什么花招。”

“你给我滚出这间营业厅！你不能在这里交易！”他喊道。

“如果我不能在这里交易，那么其他人也不行。”我告诉他。“你们那套做法在这里行不通。”

听到这里，来自圣路易斯的家伙立刻软化了他的态度。

“听我说，伙计，”他可怜兮兮地说，“帮帮忙，讲点道理！你知道的，你天天这样为难我们，我们真的吃不消。要是老板知道谁在这里捣乱，他肯定会大发雷霆的。发发慈悲吧，利文斯顿！”

“我会尽量手下留情的。”我向他保证。

“讲点道理吧，好吗？看在上帝的份上，请你离开吧！我们刚来到这里，让我们有个好彩头，行吗？”

“我下次来的时候，不想再受到这样傲慢无礼的对待。”话音一落，我便转身离开了，留下他在那儿连珠炮似地对经理喋喋不休。我此番前来，意在从他们手中取回在圣路易斯所受之辱的补偿，同他们发火或企图让他们关门歇业，对我而言没有任何意义。回到富乐顿营业厅，我将整个事件的来龙去脉告诉了麦克德维特。然后，我对他说，如果他愿意的话，我想让他到泰勒的场子里，以 20 股或 30 股的数量开始交易，先混个脸熟。等我瞅准大赚一笔的好机会时，我会打电话给他，届时他便可大举入市了。

我给了麦克德维特 1000 美元，他去了霍博肯，照我说的，他成了那里的常客。后来有一天，当我察觉到市场即将迎来一次向下突破时，便悄悄传话给麦克。随即，他在对赌行允许的范围内全力卖空。那天，扣除给麦克的费用和回扣后，我净赚了 2800 美元。我猜测麦克自己也趁机卖空了一些。然而，不到一个月的时间，泰勒在霍博肯的分行便关门大吉了，警方为此忙碌了好一阵子。尽管我只在那里交易过两次，但他们并没有从我身上赚到钱。当时，我们遇到了一个疯狂的牛市，即便是一个点的保证金，股市的回撤幅度也很难将其打掉。当然，在此期间，所有的客户都是多头，并且随着盈利的增加不断加码，全国各地有无数对赌行因此倒闭。

经纪行交易的游戏规则已经今非昔比。相较于信誉卓著的经纪行，在老式对赌行交易有一些明显的优势。首先，当保证金触及平仓线时，老式对赌行将自动进行平仓处理，这实际上是最好的止损单，确保交易者的损失仅限于投入的保证金。其次，也不存在交易指令执行不力的风险。我听说，纽约的对赌行对客户的慷慨程度，远不及西部的对赌行。在纽约，对赌行常常把某些股票的利润空间限制在两个点之内，如糖业公司和田纳西煤铁公司（Tennessee Coal and Iron）。即便这些股票在十分钟内波动了十个点，客户也只能在每张单子上赚取两个点的利润。他们认为，如果不对利润设限，客户的胜率就太高了——用一美元就能赚十美元。有时，包括那些最大对赌行在内的所有对赌行，都会拒绝接受某些股票的单子。比如，1900 年，总统大选的前一天，当威廉·麦金莱（William McKinley）* 当选已成定局时，全国范围内没有一家对赌行允许客户买入股票。当时，麦金莱赢得大选的赔率是 3:1，如果在周一买入股票，便可以赚 3 到 6 个点或者更多。如果有人押注的是威廉·J. 布莱恩（William J. Bryan）**，买进股票也照样能赚到钱，因此，对赌行当天拒绝接受多单。

如果不是因为他们拒绝接我的单子，我就永远不会停止在他们那里交易。这样一来，我就永远也不会明白，股票投机这个行当可不单单是追逐几个点的波动而已。***

* 威廉·麦金莱（William McKinley，1843 年 1 月 29 日—1901 年 9 月 14 日），第 25 任美国总统。——译者注

** 威廉·J. 布莱恩（William J. Bryan，1860 年 3 月 19 日—1925 年 7 月 26 日），美国政治家，民主党和平民党领袖。——译者注

*** 交易者必须培养从多元视角审视市场的能力。正是对赌行对利文斯顿的拒绝，促使他不断突破自我，最终成就了“投机之王”的美誉。若他一生囿于对赌行的狭隘框架，恐怕永远都是那个长不大的“投机小子”。——译者注

第三章　回到起点

一个人往往需要经历漫长的岁月，才能从他的所有错误中汲取全部教训。人们常说，凡事都具有两面性，但股市只有一面——既非牛市的一面，也非熊市的一面，而是正确的一面。在投机这个行当中，相较于掌握众多技术性知识，我花费了更长的时间，才将这一基本原则深深地印在我的脑海里。

我听说，在股票市场上，有些人以模拟操作为乐，用虚幻的美元来证明自己的正确性。有时，这些虚幻的赌徒甚至能赚取数百万美元，这可真是成为一名投机家的捷径。这让我想起一则古老的故事，讲的是一个人第二天要去决斗。

他的助手问他："你的枪法如何？"

"嗯，"决斗者说，"我能在二十步开外射断酒杯的杯柄。"他说话的样子，看起来还挺谦虚的。

"那很好，"助手不以为然地说。"但是，如果酒杯上有一把上了膛的手枪正瞄准你的心脏，你还能射断杯柄吗？"

我必须用赚到的钱来支撑自己的观点，损失教会了我"胜兵先胜，而后求战"，只在有把握的情况下才发起行动，绝不打无把握之仗。我的意思并不是说，当一个人错了的时候，不应该控制自己的损失。相反，理当如此，并且应该避免优柔寡断。我一生中犯过很多错误，但在亏损的过程中，我获得了经验，积累了无数宝贵的"戒条"。我曾多次陷入身无分文的境地，但亏损并不代表彻底失败，否则，我今天也不会出现在这里。我始终相信，我还有翻盘的机会，并且我不会再重蹈覆辙。我相信自己。

如果一个人想以交易为生，就必须相信自己和自己的判断，这正是我不相信任何消息（提示）的原因。倘若我盲目跟随史密斯（Smith）的建议购买股票，那么我势必要按照他的建议卖出，这意味着我必须全然依赖他。然而，假如卖出时机来临时，史密斯正好外出度假呢？不，先生，没有人能通过别人的提示赚到大钱。通过我的亲身经历，我深刻认识到，除了自己的判断，没有人能提供一条或一系列消息让我赚到更多的钱。我花了五年的时间才学会如何更明智地进行交易，以便在我判断正确的时候赚到大钱。

实际上，我的经历并非如你想象的那般有趣。我的意思是，从现在的视角回顾过去，学习投机之道似乎并未留下太多惊心动魄的印记。我曾经多次陷入破产的境地，这从来都不是什么令人愉快的事情。我亏钱的方式和华尔街上所有人亏钱的方式并无二致，投机，是一份艰苦卓绝的事业。投机者必须自始至终全身心地投入其中，否则，他很快便会失业。

我的任务看似简单，但在富乐顿遭遇挫折后，我才深刻领悟到：要从另一个角度看待投机。遗憾的是，当时我并未意识到这一点。投机领域的许多真谛并非在对赌行里能够学到的，在那里，我以为自己打败了投机行当，实际上我只是打败了对赌行。然而，在对赌行的交易中培养起来的看盘能力，以及对记忆力的训练，对我来说弥足珍贵，我轻而易举地就拥有了这两种能力。

作为一名交易者，我早期的成功要归功于这两种能力，而不是我的头脑或者知识，因为我的头脑未经训练，我的知识非常匮乏。是投机行当本身教会了我如何投机，而且，它在教育我时，从不吝啬对我当头棒喝。

至今，我还清晰地记得来到纽约第一天的情形。我曾向你提及，因为那些对赌行拒绝接我的单子，迫使我寻找一家声誉卓著的经纪行。我第一份工作所在的那间营业厅里有一个伙计，他当时在哈丁兄弟公司（Harding Brothers）工作，该公司是纽约证券交易所的会员。那天早上，我来到纽约这座城市，不到中午 1 点，我就在哈丁兄弟公司开立了账户，准备开始交易。

自然而然，我在经纪行依旧像在对赌行那样交易。我所做的就是押注波动，捕捉那些微小但具有确定性的价格变化。没有人向我指明这两者的本质区别，更没有人来纠正我的错误。但话说回来，即便真的有人向我指出我的方法在这里难以奏效，我还是会亲自试一试。因为当我犯错的时候，只有一件事可以说服我，那就是亏钱。同样，唯有赚钱，才能证明我是对的。这就是投机。

那是一段生机勃勃的岁月，市场也非常活跃。这样的情形总是让人倍感欢欣鼓舞，身处其中，一股宾至如归的亲切感立刻油然而生。我面前挂着的，是那块我再熟悉不过的报价板，它显示着我不到 15 岁就已经掌握的一门语言。如同我工作过的第一间营业厅，这里也有一个男孩，正做着和我当年一模一样的活计。客户们依旧重复着过去的老一套，有的目光紧盯报价板，有的站在报价机旁大声喊着报价，还有的三五成群地围在一起讨论市场走势。设备也与我过去使用过的别无二致，这种氛围，就如同我当年从伯灵顿上赚到第一桶金（3.12 美元）时感受到的如出一辙。同样的报价机，同样的玩家，玩着同样的游戏。请记住，我那时才 22 岁，我觉得我已经对这个行当了如指掌，有什么是我做不到的呢？

我观察着报价板，发现某只股票非常不错，表现得很好，于是，我以 84 美元的价格买入了 100 股。不到半小时，我就在 85 美元的价位离场了。紧接着，我又发现了一只心仪的股票，于是我如法炮制，在很短的时间内，我便赚取了四分之三个点的利润。可谓是出手即赢，不是吗？

现在请记住这一点：那天，是我成为纽交所一家知名会员经纪行客户的第一天，短短两个小时的时间，我就进进出出交易了 1100 股。然而，当天操作的最终结果却是，我损失了整整 1100 美元。也就是说，初次试水，近一半的本金便化为乌有了。请注意，尽管其中有一些交易我是盈利的，但是当天我净损失了 1100 美元。

我并未因此感到任何不安，因为我没有看出自己哪里出了问题，而且我的操作也无可挑剔。同样的操作，若放在以前的大都会对赌行，我绝对不会亏，甚至可能会赚得更多。损失的 1100 美元清楚地告诉我，肯定是机器出了问题。只要机械师能够确保设备正常运行，我就没有什么好担心的。无知者无畏。对于一个 22 岁的年轻人来说，这算不上什么大的缺陷。

这样交易了几天后，我内心涌起一个念头："我不能再这样继续交易下去了，这里的报价机太不给力！"然而，我却未能深入挖掘问题的根源所在。我仍旧频繁地进行交易，期间有赚有赔，直到彻底赔光为止。于是，我找到老富乐顿，向他借了500美元。随后，我便带着赢来的资金从圣路易斯凯旋而归——正如我之前告诉你的那样，在对赌行，我总是能够稳赚不赔。

回来后，我开始更加谨慎地交易。在一段时间内，我的操作逐渐有了起色。经济状况一有好转，我便开始享受生活，呼朋唤友，好不自在。别忘了，那时的我还不到23岁，独自一人在繁华的纽约，口袋里装着轻松赚来的钱。我内心坚信，我已经开始明白这台新报价机的运行原理了。

我开始为我的单子在交易所场内实际的执行价格预留出空间，并且在操作上也变得更加谨慎。然而，我仍然对行情纸带情有独钟，这导致我忽视了交易的基本原则。只要我坚持这样的想法，就不可能发现交易中真正的问题。

1901年，美国进入大繁荣时期，我因此大赚了一笔——对于一个年轻人来说。你还记得那段岁月吗，这个国家出现了空前的大繁荣。我们不仅进入了一个前所未有的产业整合和资本联合的时代，公众也蜂拥入市。我听说，在以往的繁荣时期，华尔街经常自我标榜其日成交量高达25万股，日换手达2500万美元（按面值计）。然而，1901年的盛况更胜一筹，我们的日成交量跃升至惊人的300万股，每个人都在赚钱。"钢铁帮"自然也不甘寂寞，这群百万富翁挥金如土，仿佛醉醺醺的水手般毫无顾忌地挥霍，唯一能让他们得到满足的游戏就是股市。

华尔街上涌现出了一批前所未见的豪赌客：以"赌一百万美元"著称的约翰·W.盖茨和他的朋友们，如约翰·A.德雷克（John A. Drake）、劳亚尔·史密斯（Loyal Smith）等人；里德－利兹－摩尔集团（Reid–Leeds–Moore crowd）卖掉了其所持有的部分美国钢铁，并用所得资金在公开市场上买进了洛基岛铁路（Rock Island system）的大部分股份；还有施瓦布（Schwab）、弗里克（Frick）、菲普斯（Phipps）和"匹兹堡帮"（Pittsburgh coterie）等，也在那个时代留下了浓墨重彩的一笔。当然，还有众多在洗牌中被淘汰出局的人，放在其他任何时候，他们都算得上了不起的豪赌客。

在那个时代，人们可以自由地进出任何股票。詹姆斯·R. 基恩（James R. Keene）* 在为美国钢铁造市期间，经纪行甚至能在几分钟内为客户卖出 10 万股股票。那是一段多么美好的时光，盈利之丰厚令人咋舌。更值一提的是，卖出股票还无须缴税！可谓“钱途”一片光明。

当然，没过多久，我便听到了许多悲观的论调。老手们纷纷表示，“众人皆醉，唯我独醒”。然而，除了他们，每个人都在赚钱。当然，我知道，上涨总有尽头，这种盲目扫货的日子终将画上句号，于是，我开始看空了。然而，每当我卖空时，结果总是以亏损告终。如果不是我跑得足够快，恐怕会亏得更多。尽管我期盼市场向下突破，但在实际操作中，我始终保持谨慎：通过做多赚钱，做空时便又输了回去。考虑到我一直习惯于大手笔交易，你们或许会认为我在这次大繁荣中肯定赚了个盆满钵满，事实上，我在这场繁荣中根本没赚到多少钱。

有一只股票我从未做空过，那便是北太铁路（Northern Pacific）。在这只股票上，我阅读行情纸带的能力派上了用场。我认为，大多数股票的买盘都已经陷入停滞状态，但是从“小北太”（Little Nipper）的表现来看，它似乎还会冲高。现在我们都知道了，库恩－洛布－哈里曼集团（Kuhn–Loeb–Harriman combination）当时正在稳步吸纳它的普通股和优先股。

那时，我做多了 1000 股北太铁路普通股，并且不顾营业厅里所有人的劝告，坚决一路持有。当股价攀升至 110 美元附近，也就是我拿到 30 个点的利润时，我果断进行了平仓。这使得我在经纪行的账户余额一度飙升至将近 5 万美元，这是我当时能够积累到的最大一笔钱。对于一个几个月前曾在同一间营业厅里输光了所有钱的人来说，这样的结果还算不错。

还记得吗？当时哈里曼集团（Harriman crowd）知会摩根（Morgan）

---

*詹姆斯·R. 基恩（James R. Keene，1838 年 2 月 8 日—1913 年 1 月 3 日）是 19 世纪美国享有盛誉的交易巨匠。当利弗莫尔在华尔街崭露头角时，基恩已经是声名远扬的交易先驱。基恩有一句名言广为流传：“生命本就是一场投机，人类自打娘胎里出来就带着投机精神。”——译者注

和希尔（Hill），表示他们打算入股伯灵顿－大北方－北太平洋联合公司（Burlington–Great Northern–Northern Pacific combination）。紧接着，摩根集团迅速采取行动，他们最初指示基恩买入5万股北太铁路（N. P.）股票，以维持他们的控制权。然而，据我所知，实际上，基恩指示罗伯特·培根（Robert Bacon）买入了15万股，并且投行方面照做了。不管怎样，基恩派他的经纪人埃迪·诺顿（Eddie Norton）介入了北太铁路，买进了10万股。随后，他们又追加了一道买入指令，我想应该是那另外的5万股。就这样，一场著名的股权争夺战拉开了序幕。

1901年5月8日市场收盘后，全世界都知道这场金融巨头之间的战斗已经打响。两个如此庞大的资本集团针锋相对，在这个国度是史无前例的。哈里曼对阵摩根——无坚不摧的长矛对阵坚不可摧的盾牌。

5月9日早上，我手中握有近5万美元现金，手中已无一股。如我之前所言，这几天我一直坚定看空，现在机会终于来了。我知道接下来会发生什么——先是出现一轮猛烈下跌，出现一批极好的便宜货，随后，市场将出现一轮快速反弹。对于那些捡到便宜货的人来说，无疑将获得巨额的利润。这不需要请出夏洛克·福尔摩斯*，就能看得一清二楚。我们有机会同时抓住市场涨跌带来的双向利润，这不仅仅是一次赚大钱的机会，更是一次捡钱的机会。

一切正如我预见的那样，我完全正确。然而最终我却输得一无所有，我被一些不同寻常的事情彻底击败了！如果从未发生过不同寻常的事情，人们之间就不会存在任何差异，生活也就失去了乐趣，这个行当也将变成简单的加减法运算，这将使我们变成一群头脑迟钝的记账员。正是推测激发了人们的智力，想想看吧，为了猜对答案，人们需要付出多少努力。

如我所料，市场相当火爆，成交量巨大，波动幅度更是前所未有。我在市场上布下了很多卖单。然而，当我看到开盘价的那一刻，我大吃一惊，用“惨绝人寰”来形容市场的崩跌也不为过。我的经纪人兢兢业业，和其他人一样，

*夏洛克·福尔摩斯，柯南·道尔所著侦探小说《福尔摩斯探案集》系列中的主角。——译者注

他们能力出众，并且尽职尽责。然而，即便如此，当他们执行我的交易指令时，股价也已经下跌了20多个点。行情纸带远远落后于市场的实时行情，而且由于业务繁忙，成交报告迟迟未能送达。我发现，行情纸带显示价格为100美元时我下达的卖空指令，经纪人的实际执行价却是80美元，这个价格比前一晚的收盘价低了30到40个点。对我来说，做空这些股票的交易价格，正是我计划低价买进的价格。我深知市场不可能无止境地跌下去，因此，我当机立断平空转多。

随后，我的经纪人开始执行买入操作。然而，买入的价位却不是我空翻多时的交易价位，而是他们的场内交易员接到我的交易指令时，证券交易所的实时价格，他们的平均买入价比我预估的价格高出了整整15个点。一天之内，我便损失了35个点，这对任何人来说，都是难以承受的。

我被报价机彻底打败了，因为它的报价远远落后于市场。长久以来，我都将行情纸带视为我最值得信赖的伙伴，因为我是根据它的报价来下注的。这一次，行情纸带却背叛了我，纸带上的报价与实际市场价格之间的巨大差异让我损失惨重。这次失败比上一次有过之而无不及，相同的原因让我再次栽了跟头。现在看来，已经再明显不过了：不管经纪人的执行速度快慢，光看纸带是远远不够的。令我深感困惑的是，为何当时我没有看明白这一点，并找出解决办法呢？

实际上，我的行为比未察觉问题时还要糟糕。我并未因此停止交易，而是继续不停地买进卖出，完全无视交易指令的执行情况。你知道，我从来不进行限价交易，我渴望抓住市场机会，我的目标是整个市场，而不是某个特定的价格。当我认为应该卖出时，我就卖出；当我认为股价会上涨时，我就买进。正是我对投机这一基本原则的坚守挽救了我。若只是简单地进行限价交易，那无异于将我以前在对赌行的那套老玩法生搬硬套在正规经纪行。如此，我将无法真正领悟股票投机的精髓，只能继续根据有限的经验去押注那些确定性的东西。

每当我试图通过限价交易来规避报价滞后给市场交易带来的不利影响时，

都会发现市场早已绝尘而去。这种情况一再发生，我唯有作罢。很难向你解释清楚，我怎么花费了那么多年才明白，与其下注在接下来的几个报价上，不如专注于预测即将到来的大行情。

在经历 5 月 9 日的不幸之后，我并未停止交易。尽管我已经对交易方法进行了改进，但依然存在缺陷。如果我真的一分钱也赚不到的话，或许能更早地洞察市场的真谛。然而，我赚到的钱足够让我优哉游哉，享受与朋友的欢聚时光。那年夏天，如同众多华尔街成功人士一样，我选择在泽西海岸（Jersey Coast）度过悠闲的时光。然而，现实情况是，我所赚的利润用来填补损失的同时维持开销，着实有点捉襟见肘。

我继续坚持交易并非出于固执，只是因为我当时无法看清自己的问题所在，更不用说解决问题了。在这个话题上，我之所以反反复复说这么多，是为了将我在真正赚钱之前的经历展示出来。我的旧猎枪与霰弹枪显然无法与那些火力强大的连发步枪匹敌。

那年初秋，我再次被“洗劫一空”，这使我彻底厌倦了这场似乎永无胜算的游戏。于是，我决定离开纽约，到别的地方另谋出路。自 14 岁起，我便踏入了交易领域。15 岁时，我赚得了人生第一个 1000 美元。不到 21 岁，我便赚到了人生第一个 1 万美元。之后的日子里，1 万美元像跑马灯似地，来了去，去了来。在纽约的日子里，我曾赚了几千美元，但最终都化为乌有。

我最多时赚到过 5 万美元，但短短两天后，它便离我而去。除了交易，我对于其他生意和行当几乎一无所知。多年的打拼，最终却回到了起点。不，甚至更糟，因为我已经养成了大手大脚花钱的习惯和生活方式，当然，这一点并不像犯错那样深深地困扰我。

第四章　落魄返乡

就这样，我回到了家乡。当我踏入家门的那一刻，一种强烈的意识如闪电般击中了我：我这辈子只有一个追求，那就是筹措本金，再战华尔街。放眼整个美国，那是唯一可以让我大施拳脚的舞台。我坚信，总有一天，我会掌握一套行之有效的交易方法，到那时，我需要那片广阔的天地来实现我的抱负。做正确的事，正确地做事——发财，就好比例行公事。

虽然我并没有抱太大的希望，但内心还是渴望重回对赌行试一试。如今，对赌行已经大不如前，而且其中几家还是完全由陌生人经营的。那些还记得我的对赌行，不肯给我任何向他们证明自己的机会——从纽约铩羽而归后，我是否还算得上一名合格的交易者？我把我的遭遇如实地告诉了他们：我在纽约输光了在家乡赚到的每一分钱；我知道的并不像我过去认为的那么多；现在他们没有任何理由拒绝我交易，对他们而言，这笔生意很划算。然而，他们仍旧不为所动。至于那些新开的对赌行，更是靠不住，他们的老板认为，即使客户有十足的把握，也应该恪守“绅士风度”，最多只买20股。

一方面，我急需资金，另一方面，那些大型对赌行正肆无忌惮地从他们的老客户身上榨取利润。于是，我让我的一个朋友去一家对赌行里交易，而我则装作若无其事地进去看看。我试着让接单员接受我的一个小单子，哪怕只有50股也行，可还是遭到了对方无情的拒绝。为了能让交易顺利进行，我精心设计了一套暗号，让我的朋友能够按照我的意图进行买卖。然而，这仅仅能为我赚点零用钱而已。后来，对赌行对我朋友的单子也开始颇有微词了。终于有一天，当我的朋友试图卖空100股圣保罗（St. Paul）时，他们毫不犹豫地拒绝了他的交易。

我们事后才得知，有位客户看到我们在外面交谈，便跑到营业厅里通风报信。当我的朋友走到接单员那里，准备卖空 100 股圣保罗时，接单员说：

“圣保罗的卖单，我们一概不接，特别是你的单子。”

“为什么，怎么了，乔？”我的朋友问。

“不为什么，就是这样。”乔回答道。

“难道这钱有什么问题吗？请仔细数数，分文不少。”说着，我的朋友递过去 100 美元——我的 100 美元——10 张 10 美元的票子。我的朋友尽力装出一副愤愤不平的样子，而我则装出一副没事人的样子。此时，其他大多数客户纷纷围拢过来。但凡对赌行和客户之间发生激烈争吵或者轻微的争执，他们就会这样。他们想要了解整个事件的是非曲直，以便弄清楚这家对赌行的偿付能力。

那个接单员乔应该是个经理助理之类的，他从柜台后面走了出来，径直走向我们，来回打量我和我的朋友。

“真有意思，”他一字一顿地说，“真他妈的有意思，当你的朋友利文斯顿不在的时候，你什么也不做，只是坐在那里，盯着报价板，一看就是几个小时，大气都不喘一下。然而，一旦利文斯顿走进营业厅，你就突然像变了个人似地，忙得不亦乐乎。也许真的是你自己在操作，但我们营业厅不欢迎你。我想，肯定是利文斯顿在暗中指使你，我们不会上你们的当。”

就这样，我断了财路。不过，在扣除所有开销之后，我仍然赚了几百美元。我不知道如何更好地利用这些钱，因为我需要积攒足够的资金重回纽约，这样的心情比以往任何时候都更加迫切。我觉得，下次我会做得更好，因为我现在有时间去反思自己的一些愚蠢操作。隔着一定的距离，才能更好地看清事情的全貌。眼下的当务之急，便是筹措一笔新的本金。

一天，我在一家酒店大堂里和一些相识的同行聊天，他们都是些盈利相当稳定的交易者。大家你一言我一语地谈论着股票市场，我评论道，没人能在这场游戏中胜出，因为经纪行的执行能力糟糕透顶，尤其是像我这样按市价交易的人。

一位同行突然插话，问我指的是哪些经纪行。

我对他说："业内最顶尖的那几家。"然而，他并未就此罢休，继续追问到底是哪几家。看得出来，他根本不相信我曾经在一流的经纪行里交易过。

我告诉他："我指的是纽约证券交易所的那些会员。倒不是说他们不讲信用或者不负责任，而是当交易者发出市价买入指令时，在收到经纪行的成交报告之前，他永远不知道那只股票的实际成交价会是多少。市场上 1 到 2 个点的小幅波动远多于 10 到 15 个点的大幅波动。然而，由于订单执行问题，场外交易者几乎无法捕捉到这些小幅的上涨或下跌。因此，如果对赌行允许大额交易的话，我宁愿天天去那儿做。"

和我说话的那个人，我之前从未见过，他的名字叫罗伯茨（Roberts）。他看上去非常友好。他把我拉到一旁，问我是否在其他交易所做过交易，我回答说没有。他告诉我，他知道一些经纪行，这些经纪行是棉花交易所、农产品交易所和小型股票交易所的会员。他们非常尽职尽责，特别注重订单的执行情况。他还说，这些经纪行与纽约证券交易所规模最大、实力最强的会员公司建立了密切的合作关系。通过他们的私人关系网络以及每个月数十万股的保底交易量，这些经纪行能够获得比个人客户更加优质的服务。

"他们真的非常照顾小客户，"他说。"他们很擅长处理外地的单子，无论是 10 股还是 1 万股的单子，他们都一样用心。总之，他们非常专业，并且非常讲诚信。"

"嗯。不过，如果他们需要向股票交易所支付 1/8 的常规佣金*，那他们是如何确保盈利的呢？"

"是的，他们应当支付 1/8 的佣金。不过，你懂的！"他朝我使了个眼色。

"嗯，"我说。"不过，想让股票交易所降低佣金，这比登天还要难。交易所理事会宁愿会员犯下谋杀、纵火或重婚这样的罪行，也不愿意看到他们以低于规定比例的佣金（1/8）为非会员提供服务。会员们是否遵守这一规定，关乎股票交易所的生死存亡。"

---

* 这里应该指的是佣金率，通常是按照交易金额的一定比例来计算的。下同。——译者注

他一定是察觉到我和股票交易所的人有过交流，于是他说："听我说！因为违反那条规定，时不时就会有一家道貌岸然的股票交易所会员被禁业一年，对吧？返佣的手法层出不穷，没有人能一一揭发。"他大概看出了我脸上的狐疑之色，于是继续说道："此外，在某些特定的业务上，我们——我指的是那些电报经纪行——除了收取 1/8 的常规佣金外，还要收取 1/32 的附加佣金。不过，在这一点上，他们倒是很通情达理，通常只在特殊情况下，且客户账户活跃度极低时，才会收取这笔附加佣金。你知道的，如果不这么做，他们也就无利可图了。他们是开门做生意的，可不是来搞慈善的。"

这时，我才恍然大悟，原来他是在为一些冒牌经纪招揽客户。

"你知道这类经纪行中哪一家比较靠谱吗？"我询问道。

"当然是全美规模最大的那一家，"他说，"我自己也在那里交易。他们在美国和加拿大的 78 个城市都设有分行，生意做得非常大。如果不是凭借严格的诚信经营，他们怎么可能年复一年地保持这样的业绩呢？"

"当然不能，"我赞同道。"他们那里交易的股票和纽约股票交易所一样吗？"

"那是自然，而且还包括场外市场、国内其他交易所以及欧洲的股票。他们还提供小麦、棉花、谷物的交易，几乎能满足你的任何交易需求。他们的联络员遍布全国各地，并且以自身或他人名义在各大交易所里拥有会员资格。"

现在我全明白了，但我想引他继续说下去。

"嗯，"我说，"这并不能改变一个事实：交易指令终究需要有人去执行。没有人能够掌控市场的走势，也没有人能够确保报价与交易所场内的实际价格完全一致。等到报价传到客户那里，提交交易指令，再将其以电报方式发至纽约，早已错过了宝贵的交易时机。我想，我还是回纽约去，在一个正儿八经的经纪行里亏钱，我也认了。"

"我从未体验过亏钱的滋味。我们的客户压根没这个习惯，在我们的关照下，他们从来都是稳赚不赔的。"

"你们的客户？"

“嗯，我对这家经纪行印象不错，我当然愿意为他们引荐一些业务。他们一直待我不错，我通过他们赚了不少钱。如果你愿意，我可以把你介绍给他们的经理。”

“这家经纪行叫什么名字？”我问他。

他把名字告诉了我，我对这家经纪行早已有所耳闻。他们在各大报纸上大肆刊登广告，吹嘘那些听从他们内幕消息买卖热门股票的客户赚取了巨额的利润，这是这家经纪行的一大专长。他们不是一家普通的对赌行，而是一家所谓的“对赌经纪行”（bucketeers）。他们自诩为正规经纪行，实则干着截留客户交易订单的勾当。他们费尽心思地伪装，企图让外界相信他们是从事合法业务的正规经纪行。这家经纪行可谓是此类冒牌经纪公司的开山鼻祖。

当时，这家公司在同类经纪行中具有很强的代表性，然而，今年此类经纪行却纷纷陷入破产倒闭的境地。尽管他们欺骗公众的手法不尽相同，但背后的基本原则和方法却如出一辙。每当老套路被大众识破，他们便会在某些细节上作出调整。

这些人常常通过发送大量电报的方式，向客户们提供股票买卖建议。一方面，他们向一部分客户发送数百封电报，建议他们立即买入某只股票；另一方面，又向另一部分客户发送数百封电报，建议他们卖出同一只股票，这种做法与昔日赛马贴士客（racing-tipster）使用的手法如出一辙。随后，买入和卖出的单子就会蜂拥而至。这家公司会通过一家声誉良好的股票交易所会员买入或卖出一定数量的股票（例如，1000 股），并获取一份正式的成交报告。如果有人胆敢质疑公司截留了客户的交易指令，他们就会毫不犹豫地向他出示这份报告。

他们还经常在营业厅里设立所谓的“全权委托资金池”（discretionary pools）。作为对客户的一种莫大的“恩惠”，他们允许客户以书面形式授权他们，按照他们认为最佳的策略使用客户资金，以客户的名义进行交易。这样一来，即使是最难缠的客户，在资金亏损后，也无法通过法律途径寻求补偿。他们先在账面上做多某只股票，诱使客户跟风买入，随后通过传统的“对赌行做盘”手段，让数百个资金微薄的保证金账户血本无归。他们不会放过任何人，其中妇女、教师和老人是他们最钟爱的目标。

“我厌倦了所有的经纪行，”我对那个掮客说，“我得好好考虑一下。”说完，我转身便走了，免得他再跟我喋喋不休。

我打听了一下这家公司的情况，了解到他们拥有数百名客户，尽管公司有些常见的流言蜚语，但我并没有发现任何一例客户赢了钱却拿不到钱的情况。然而，要在他们的营业厅找到赢过钱的人也并不容易，但我还是找到了。当时，市场似乎正朝着对他们有利的方向发展，这意味着即使有一笔交易对他们不利，他们也不太可能赖账。当然，大多数此类公司最终都会走向破产。对赌经纪行大规模倒闭的现象时有发生，就像一家银行倒闭后，其他几家银行也会跟着发生挤兑一样。这是因为其他银行的客户开始陷入恐慌，纷纷涌向银行取款。不过，在美国，也有很多对赌经纪行老板顺利干到退休的。

嗯，关于这位掮客所在的公司，我并未听到任何耸人听闻的事情。他们从始至终，一刻不停地忙于捞钱，而且并不总是言行一致。他们的专长在于收割那些幻想一夜暴富的冤大头。不过，在收割客户的资金之前，他们总是先取得客户的书面许可。

有个朋友告诉我，有一天，他看到该公司发出了 600 封电报，建议客户买入某只股票。与此同时，他们又发出 600 封电报给其他客户，强烈建议他们立即卖出同一只股票。

“是的，我知道这个把戏，”我对这位朋友说。

“嗯，”他说，“但是第二天，他们又给同一群人发了电报，建议他们平掉手中的所有股票，然后买入或卖出另一只股票。我询问了当时在营业厅里的一位资深合伙人，‘你们为什么要这么做？开头的做法我能理解，即使你们的客户最终和其他人一样亏损，但至少一部分客户会在一段时间内获得一定的账面利润。但现在你们又发出这样的电报，明摆着是要将他们一网打尽，这背后的真正意图是什么？’”

“是这样，”他坦言道，“不管客户买什么，怎么买，在哪里买或者什么时候买，他们终究是要亏损的。当他们血本无归时，我也就失去了这些客户。这是迟早的事情，不如尽可能地从他们身上多捞点，然后再寻找新的客源。”

好吧，坦率地说，我并不关心这家公司的商业道德。我告诉过你，我对泰勒公司的行为愤愤不平，唯有报复他们，才能平复我心中的怒火。但对于这家公司，我并没有这样的感觉。他们可能确实是骗子公司，也可能并非外界所传的那么不堪，但我压根就没打算让他们替我做任何交易，也没打算跟随他们的消息做交易，更不会听信他们的谎言。我唯一的目标是筹集一笔本金，重返纽约，找一间正规的营业厅进行大额交易。在那里，你无须像在对赌行那样，时刻担心警察突击检查，也不必害怕邮政当局突然将你的资金冻结。一旦资金被冻结，如果运气好的话，一年半载之后或许能要回个仨瓜俩枣。

不管怎样，我决心去看看，与所谓的合法经纪行相比，这家公司在交易上能够提供哪些优势。我没有多少钱可以充当保证金，在这方面，那些拦截交易指令的公司自然要宽松得多。因此，在他们的营业厅，区区几百美元就能玩一阵子。

我来到他们的营业厅，与经理本人进行了一番交谈。当他得知我是个交易老手，曾在纽约多家证券交易所会员那里开过户头，并且把我带去的钱亏得一分不剩时，他便不再夸口说如果让他们帮我投资，就能让我在 1 分钟内赚取 100 万美元。他认定我是个无可救药的傻瓜，就是那种屡赌屡输、屡输屡赌的赌棍。在他看来，正是我这种人为经纪行提供了稳定的收入——无论是与客户对赌的冒牌经纪行，还是满足于赚取佣金的正规经纪行。

我告诉经理，我追求的是单子得到有效执行。因为我总是进行市价交易，所以我不想看到成交价和报价之间有半点误差。

他以名誉担保，他们会严格按照我的要求行事。他们之所以想要承揽我的业务，是因为他们想让我看看什么才是一流的经纪服务。他们汇聚了业界最顶尖的人才，事实上，他们正是凭借出色的订单执行能力而享有盛誉。若报价与成交价之间真的存在差异，那也一定是对客户有利。当然，他们不能保证这种情况始终如此。总而言之，若我在他们那里开设账户，我就能够按照电报传来的实时价格进行交易，因为他们对自己的经纪商很有信心。

自然，这意味着我可以像在对赌行那样在他们这里进行交易，也就是说，他们允许我按照最新报价进行交易。我不想表现得过于急切，于是我摇了摇头，告诉他，我当天不打算开户，决定开户的话会及时通知他。他极力劝说我立即开户，因为现在的市场不错，是赚钱的大好时机。对他们来说，这确实是一个大好时机——市场平淡无奇，价格略有波动，正是让客户介入所谓的“消息股”，然后再利用猛烈打压让客户血本无归的好时机。最终，我费了一番周折才成功脱身。

我把我的姓名和地址给了他。就在同一天，我开始收到预付费的电报和信件，催促我赶紧买入某只股票。他们声称有个内部资金池正在操作这只股票，准备将股价拉升 50 个点。

我忙着四处打探，尽可能了解其他几家同样具有对赌性质的经纪行。在我看来，如果能够确保从他们手中拿回盈利，那么在这些与对赌行相差无几的经纪行里交易，将成为我积累一笔可观本金的唯一途径。

经过充分了解，我在三家公司开立了账户。随后，我租下了一间小办公室，并搭建了可以直连这三家经纪行的电报线。

我从小额开始交易，以免一上来就吓跑他们。总的来说，我赢多输少。不久，他们便告诉我，他们期待与他们营业厅有直连电报线的客户能进行大额交易，他们不想与那些小打小闹的客户打交道。在他们看来，我交易得越多，就损失得越多，被扫地出门的速度就越快，他们赚得也就越多。这种看法不无道理，这些人平时面对的大多都是普通客户，而普通客户向来都会在短时间内迅速亏光。一个破产的客户自然无法继续交易了，而一个亏了钱却未破产的客户，则可能会到处抱怨、指责或者散布谣言，甚至制造各种麻烦，这无疑会给公司的业务带来负面影响。

我还与当地一家正规公司建立了紧密的合作关系，这家公司拥有一条直连纽约代理商（纽约股票交易所会员）的电报线。随后，我安装了一台报价机，开始保守地交易。就像我告诉你的那样，这与在对赌行交易没什么两样，只不过节奏稍微慢了点。

这是一场我可以获胜的比赛，而且我确实赢了。虽然没有达到每战必胜的程度，但总体上来说，我每周都能实现盈利。我的生活再次变得滋润起来，但我仍会坚持留下一部分资金，以增加我日后重返华尔街的资本。此外，我还与另外两家类似的对赌经纪行建立了直连电报线。至此，我一共与五家这样的经纪行建立了直连电报线，当然，其中有一家是值得信赖的正规公司。

有时，我的交易计划也会出现偏差，股票的表现并不符合预期，甚至与过往的先例完全相反。然而，这些偏差并没有给我造成重创，也不可能重创到我，因为我的保证金少得可怜。我和经纪行的关系还算融洽，遗憾的是，他们的账目和记录并不总是与我的相符，而这些差异总是不利于我。难道这真的是巧合吗？当然不是！但我会与他们据理力争，通常最后我都能如愿以偿。他们总是希望从我手中拿回我已经赚到的钱，我想，他们大概是把我的盈利当成了放给我的一笔临时贷款。

他们确实毫无公平精神，不满足于仅仅收取佣金，为了赚钱，他们不择手段。他们的客户在股市中下注总是输钱，因此他们从未真正涉足过投机交易。你可能会认为这些人经营的是一种介于合法与非法之间的业务，事实并非如此。他们似乎从未听说过那句古老而寓意深刻的谚语："照顾好你的客户，你就会变富。"他们并不满足于简单的对赌游戏。

他们多次试图用老把戏来欺骗我，由于我一时疏忽，竟然几次中招。特别是当我的头寸比平时小时，他们更是频频出手。我指责他们做事不够光明磊落，毫无诚信，他们却置若罔闻，一概否认。最终，我只能选择像往常一样继续交易。与骗子做生意其实也有好处，只要你继续与他们合作，即便你当场揭穿了他们，他们也不会轻易与你翻脸。对他们来说，这没什么，他们愿意为你做出让步，多么"宽宏大量"啊！

话休饶舌。我下定决心，绝不允许骗子们的伎俩对我积累本金的速度造成任何阻碍，因此我决定还以颜色。我精心挑选了一只股票，它曾是一只投机热门股，但如今已归于沉寂。我清楚，若选择一只从未活跃过的股票，势必会引起他们的怀疑。于是，我向五家对赌经纪行下达了买入这只股票的指令*。当他们收到指令，等待行情纸带上出现新的报价时，我迅速通过我的证券交易所会员下达了市价卖出100股（同一只股票）的指令，并催促他们尽快执行。

你可以想象，这个卖单进入交易所场内后，会产生怎样的效果——一家与外地有业务往来的经纪行，急于卖出一只不活跃的股票，自然会有人来捡便宜货。而这次交易在行情纸带上显示的价格，恰好就成了我那五个买单需要支付的价格。这样一来，我便以极低的价格净买入了400股。当电报经纪行询问听到了什么风声时，我告诉他们，我得到了一个内部消息。

在市场即将收盘之际，我迅速向那家正规经纪行发出了回补那100股的指令，并告诉他们不要有任何延误，任何情况下我都不愿做空，价格再高也要给我买回来。于是，他们立即向纽约发送了电报，这道回补100股的指令很快便导致股价出现了大幅上涨。同时，我也已经向那五家对赌经纪行下达了卖出之前买入的那500股的指令。整个操作过程进行得十分顺利，效果非常令人满意。

他们并未因此收敛，我不得不反复使用相同的招数来对付他们。但是，我没敢对他们施加他们应得的严厉惩罚，每100股的收益很少超过1到2个点。即便如此，这些利润也有助于增加我重回华尔街的资本。有时，我会改变玩法，通过卖空某只股票来获取利润，但也不会做得过火。每次操作，我都能净赚600到800美元，对此我已经十分满意了。

一天，我的操作非常成功，引发了一轮远超预期的10个点的大幅波动，这并非我的本意。好巧不巧，那天我在一家经纪行操作了200股，而非平常的100股。不过，其他四家经纪行仍然还是100股，这让他们感到极为不满，对此十分恼火，开始在电报里说三道四。因此，我决定去见那位经理，就是当初极力让我开户的那位。每次他试图对我使诈，被我识破时，他总是表现得异常"宽容"。不过，以他的身份来说，他说话的口气可真够大的。

*原文中虽未明言具体购买数量，但根据后续描述，应该是向五家对赌经纪行分别下达了买入100股的指令，总计买入了500股。——译者注

“那只股票的交易是虚假的，我们一个子儿都不会给你！”他发誓道。

“你当初接我的买单时，可没说交易有假。既然你那时允许我入场，现在你也必须让我安全离场。公平起见，你总不能回避这个问题吧？”

“可以，我可以！”他咆哮道，“我可以证明有人在暗中搞鬼。”

“谁在暗中搞鬼？”我问。

“是谁你清楚！”

“请你明说，到底谁在搞鬼？”我追问道。

“肯定是你朋友搞的鬼。”他说。

我告诉他：“你很清楚，我一向都是单枪匹马做交易。这个地方的人，从我涉足股市第一天起，就对此一清二楚。现在，我想给你一条友善的建议：尽快派人把钱给我送过来，我不想闹得不欢而散，请照我说的去做。”

“我不会付这笔钱的，这分明是一笔人为操纵的交易！”他怒吼道。

我厌倦了他这套说辞，于是正告他：“现在，就在这里，把钱给我！”

他又咆哮了一会儿，断然指责我就是那个幕后主使。然而，他最终还是把钱给了我。

相比之下，其他几家则没有这么闹腾。其中一家营业厅的经理，一直在研究我操作的那些不活跃的股票。当他收到我的交易指令时，不仅为我买入了这些股票，还会为自己买入一些，因此赚了一些钱。这些家伙并不担心被客户以欺诈的罪名起诉，因为他们通常都有一套完备的法律层面的技术性辩护策略。我无法申请冻结他们银行里的资金，因为他们非常谨慎，不会让任何资金暴露在此类风险中，但他们却担心我可能会申请查封他们的设备。

对他们而言，被冠以“狡诈”的名声或许无关紧要，但一旦背上“赖账”的恶名，则足以致命。客户在经纪商那里赔点儿钱，并不是什么稀罕事。但若是客户赚了钱却拿不到，这无疑是犯下了投机这一行中最为严重的罪行。

我成功地从各大经纪行收回了我的盈利。然而，那次 10 个点的价格波动终结了我“虎口拔牙”的冒险乐趣。对于他们那些用来欺诈成百上千无辜客户的手段，他们自己也变得警觉起来。随后，我重新回归了常规交易模式。但我的交易系统并非万能，有时也会出现失灵的情况。换句话说，由于他们对订单规模的限制，当我察觉到能大赚一笔的良机时，却无法全力出击。

不知不觉间，我已经这样做了一年多。在这期间，我绞尽脑汁地在这几家电报经纪行里通过交易赚钱。我的生活过得相当滋润，我买了辆车，花钱如流水。我深知必须积累一笔资本，但我也明白，生活同样重要。如果我的头寸正确，我赚的就比花得多，因此总能存下一些；如果我的头寸错误，我就赚不到钱，自然也就无钱可花。正如我之前所说，我已经积累了一笔相当可观的资金，而且在这五家电报经纪行也赚不到多少钱，于是我决定重返纽约。

我自己有车，于是邀请了一位同为交易者的朋友一同驾车前往纽约。他欣然接受了我的邀请，我们随即踏上行程。途经纽黑文（New Haven）* 时，我们停车共进晚餐。在酒店里，我遇到了一位交易界的老熟人，他告诉我，这座城市有一家配备电报设备的对赌行，生意非常红火。

离开酒店后，我们踏上前往纽约的旅程，恰好经过那家对赌行所在的街道，我不禁产生了看一看它的门面的念头。我们找到了那家对赌行，便不由自主地停下了车，决定进去一探究竟。这家对赌行虽然算不上豪华，但那块熟悉的报价板非常醒目，顾客们熙熙攘攘，游戏正在如火如荼地进行中。

经理是一个小伙子，看上去像是个演员或者街头演说家，给我留下了极为深刻的印象。他打招呼说“早上好”时，仿佛是用显微镜经过十年的寻觅后，终于发现了早晨的美好，并愿意将这发现连同那明媚的天空、温暖的阳光以及公司的信用额度一并作为礼物赠送给你。他看到我们是开着时髦的跑车来的，再加上我们两人都显得很年轻、很率性——我猜他一定觉得我还不到20岁——他自然而然地以为我们是来自耶鲁大学的学生。我并没有告诉他我们并非学生。

没等我们开口，他便开始了他的演说：非常高兴能见到你们，请坐下享受一段快乐的时光吧！你们很快就会感受到今天市场的慷慨，它正在热切地呼唤

---

* 纽黑文市又称纽海文市、纽哈芬市，为美国康涅狄格州第二大城市，位于纽黑文县境内，纽黑文港上，长岛海湾北岸。——译者注

着，希望为大学生提供更多的零花钱。有史以来，再聪明的大学生也会感到囊中羞涩。但此刻，得益于市场的仁慈，只需一笔小小的初始投资，便能带来丰厚的回报，股市正迫不及待地想要给你们提供用之不竭的零花钱。

好吧，我想，若不接受这位对赌行热心人的好意，那将是一大憾事。于是，我告诉他，就按他说的办，因为我听说很多人在股市上赚了大钱。

一上来，我的交易非常谨慎。然而，随着盈利稳步积累，我开始逐步增加我的头寸。我的朋友也紧跟我的步伐。

我们在纽黑文住了一夜。第二天早上，差五分十点，我们再次踏入了那家热情好客的对赌行。演说家一见到我们，脸上就露出了欣喜的神色，显然，他以为今天终于轮到他大显身手了。出乎他的意料，我当天又成功净赚了近 1500 美元。第三天早上，我们再次见到了这位伟大的演说家，递给他一张卖空 500 股糖业公司的委托单。他犹豫了一下，最后还是一声不吭地接了过去。随后，股票价格下跌了一个点，我果断地选择了平仓，并将成交单递给他。

凭借 500 美元的保证金，我成功赚取了 500 美元的利润。他从保险柜中取出 20 张 50 美元的钞票，不紧不慢地点了三遍，又当着我的面点了一遍。他的手指似乎因为紧张而微微冒汗，钞票仿佛黏在了他的手上。尽管如此，他还是把钱递给了我。他双臂交叉，紧咬着下唇，目光紧盯着我身后窗户的顶梁。

我告诉他，我想卖空 200 股美国钢铁。他听后却毫无反应，仿佛没听到我的话。于是，我再次重复了一遍，并改口为 300 股。这时，他把头转了过来。我等着他发表演讲，但他只是默默地看着我，随后舔了舔嘴唇，咽了口唾沫，仿佛即将对那些贪腐的政敌长达五十年的恶行进行一场激烈的批判演说。

最后，他朝我手里的黄背纸币挥了挥手，说:“把那玩意儿拿走！”

“拿走什么？”我说。我不太明白他的意思。

“你们要去哪里，大学生？”他说话的口气令人印象深刻。

“纽约。”我告诉他。

“很好，”他说道，与此同时，他差不多点了 20 次头。“这再好不过了，离开这儿就对了，因为现在我知道了两件事，两件事！大学生！我知道你们是什么人，也知道了你们的真实身份！我知道了！我知道了！我知道了！”

“是吗？”我礼貌地问。

“是的。你们两个——”他微微一顿，随即放下了他的官架子，愤怒地咆哮起来：“你们两个，简直就是整个美利坚合众国最大的骗子！大学生？哼，我看你们一定是刚入学的新生吧！呸！”

我们任由他独自在那里喃喃自语。他或许并不太在意那笔钱，毕竟，没有哪个职业赌徒过分计较输赢，这本就是一场“风水轮流转，今天到我家”的游戏。然而，真正让他感到愤怒的，是我们愚弄了他，这深深地伤害了他的自尊。

这就是我第三次重返华尔街的历程。期间，我深入研究，试图找出我的交易系统存在的具体问题，这些问题正是导致我在 A. R. 富乐顿经纪行失败的原因。在我 20 岁时，我赚得了人生中第一个 1 万美元，但随后又全部输光。我深知其中的原因：我总是不管不顾、一刻不停地交易，没有坚守基于市场研判和多年经验形成的交易系统，这是盲目赌博。我寄希望于侥幸获胜，却忽视了市场本身的运行模式。

在我 22 岁左右时，我的本金累积到了 5 万美元，但在那一年的 5 月 9 日，我再次输得精光。我清楚地知道，这次失败是因为行情纸带的滞后和那天市场异常剧烈的波动。令我困惑的是，从圣路易斯归来后，或者在 5 月 9 日的恐慌之后，我为何还会遭受损失？为此，我总结了一些经验教训，针对交易中的一些问题找出了解决方案，但这些都需要通过实际操作来检验。

在这个世界上，没有什么比失去你所拥有的一切更能深刻地教会你什么是不该做的了。当你认识到不做什么才能避免亏损的时候，你才开始学会做什么才能赢钱。明白了吗？开始学吧！

第五章　这是牛市

我觉得，典型的行情追踪者，就是那些常被戏称为“行情纸带虫”的人，他们的失误往往源于过度专业化，而非其他因素。这种过度专业化导致他们在操作中缺乏必要的灵活性，最终付出沉重的代价。投机并非完全遵循数学或既定规则的游戏，尽管其基本法则相当严苛。以我个人为例，在解读行情纸带时，我不仅会运用算术，还会融入多种其他技巧。其中，“股票行为”便是我特别关注的一点，它帮助我判断股价是否会按照历史先例运行。若某只股票表现欠佳，那就对其敬而远之。因为若无法确切洞察问题的根源，就无法准确预测其未来的走势。没有准确的判断，就无法做出可靠的预测；没有可靠的预测，利润便无从谈起。

关注股票行为并深入研究其历史表现，是一种早已有之的方法。当我第一次来到纽约时，在一家经纪行的营业厅里，有一个法国人经常热衷于谈论他的图表分析技术。起初，我以为他是公司养的一个怪人，因为公司的人对他都很和善。后来我才发现，他是一个能说会道、极具说服力的人。他说，唯一不会说谎的就是数学，因为它根本不会说谎。他通过绘制走势图，便能够预测市场动向，并对其进行深入的分析和解读。例如，他能详细解释为何基恩在艾奇逊铁路（Atchison）优先股上的多头操作取得了成功，以及为何后来在南太铁路（Southern Pacific）资金池的操作中却遭遇了失败。

尽管许多职业交易者在不同阶段都尝试采用这位法国人的系统，但最终他们还是回到了过去那种缺乏科学依据的交易方法。他们认为，那种“碰运气”的方法成本更低。我听说，这位法国人曾宣称基恩承认图表方法 100% 准确，但同时指出这种方法太慢，在活跃的市场上不实用。

当时，有一间经纪行开始记录并绘制股价的日线走势图，这些图表能够清晰地展示每只股票在数月内的价格变动情况。客户们只需通过比较个股走势图与整体市场走势图，并结合一定的规则，就能够判断那些基于不可靠的消息买入的股票是否真的具备上涨潜力，这些图表成了他们获取额外信息的有效补充。如今，许多经纪行都能提供类似的交易图表，这些图表由经纪行的统计专家精心绘制，内容不仅涵盖股票，还包括各类商品。

应该说，图表对于那些能够读懂它的人来说确实大有裨益，特别是对于那些能够融会贯通图表信息、洞悉其背后含义的人。然而，许多普通的图表阅读者却常常陷入误区，认为图表的波峰、波谷、主要趋势和次级运动就是股票投机的全部。盲目自信一旦压倒了理智，他们便会不可避免地走向破产。

有一位才华横溢的人，他不仅是某知名股票交易所会员公司的前合伙人，还是一位训练有素的数学家，他毕业于一所著名的技术学院。基于对多个市场（股票、债券、谷物、棉花、货币等）价格行为细致入微的研究，他设计了详尽的图表，并回溯了多年的历史数据，以追踪市场的相关性和季节性走势。多年来，他一直在股票交易中使用自己设计的这些图表。实际上，他成功的秘诀在于他巧妙地运用了某种高明的平均算法。据说，他一度盈利颇丰，直到世界大战*的爆发打破了所有先例。我听说，他和他的大批追随者在决定止损前损失了成百上千万美元。然而，即便是在世界大战这样的极端情况下，当基本形势看涨时，股市依然会步入牛市；当基本形势看跌时，股市也会步入熊市。一个人要想在股市中赚钱，他需要知道的，就是如何准确地评估市场的基本形势。

我并没有刻意偏离主题，但每当回想起在华尔街度过的最初几年，便总是不由自主地说起这些。现在的我，对那时不甚了解的事情有了更为清晰的认识。我时常想起那些因无知而犯下的错误，因为这些错误正是普通股票投机者

* 本书成书于20世纪20年代，因此，书中所有“世界大战”的表述，均特指第一次世界大战。——译者注

年复一年所犯的错误。

回到纽约后，我第三次尝试通过股票交易所的会员经纪行来击败市场。我的交易相当活跃，我并没有指望能取得对赌行那样的辉煌战绩，但我坚信，用不了多长时间，随着我的头寸规模逐渐扩大，我的表现将更为出色。然而，现在我意识到，我的主要问题在于没有理解股票赌博和股票投机之间的根本区别。尽管如此，凭借我七年阅读行情纸带的经验和与生俱来的投机天赋，我的交易虽然未能带来巨额财富，但回报率却相当可观。

像以前一样，我依旧有输有赢，但总体而言，盈利始终占据上风。我赚得越多，花得也越多，这是大多数人的通常做法。倒不一定非得是那些来钱容易的人才会这样做，只要不是守财奴，人人都会这样做。有些人，比如老罗素·塞奇（Russell Sage）*，他既擅长赚取财富，又懂得如何守成，自然，他到死都富得流油。

每天上午 10 点到下午 3 点，我全身心投入到打败市场的游戏中。而下午 3 点过后，我便转而享受生活。别误会，我从不允许享乐干扰我的交易。当我亏损时，是因为我操作错误，而不是因为放纵或过度享乐。我从未因精神恍惚或醉酒影响我的交易，我绝不能容忍任何让我身心不适的因素。即便现在，我也通常会在晚上十点前上床休息。年轻时，我就从不熬夜，因为我知道，只有充足的睡眠，才能确保我在交易中保持最佳状态。我的交易还算不错，盈利大于亏损，因此我认为，没有必要牺牲生活中的美好事物。市场总是能够满足我的需求，于是我逐渐建立起了一种自信，这种自信源于我对自己谋生方式所秉持的专业和冷静态度。

时间因素，是我在交易中做出的第一个改变。我不能再像对赌行那样，被动地等待确定性的机会出现，然后从中赚取一两个点的利润。若想在富乐顿营业厅内捕捉到价格的变动，我就必须及早动手。换句话说，我必须研究将要发

---

*罗素·塞奇（Russell Sage，1816—1906），金融界的传奇人物。他发明的期权交易，成了日后华尔街重要的金融衍生工具。他与臭名昭著的杰伊·古尔德（Jay Gould）建立了深厚的友谊，两人常常狼狈为奸，联手操纵股价。——译者注

生的事情，预测股价走势。虽然这听起来似乎是些陈词滥调，但你应该能够明白我的意思。转变自己对这个行当的态度，对我来说至关重要。这种转变使我逐渐领悟，下注于市场的波动与预测市场不可避免的涨跌之间，以及赌博与投机之间，存在着本质的区别。

在深入研究市场时，我不得不回溯一个小时以上的历史数据，这是我在世界上最大的对赌行永远也学不到的。我逐渐对贸易报告、铁路收益、金融和商业统计数据产生了浓厚的兴趣。诚然，我热衷于进行大额交易，因此他们将我称为“投机小子”。但除此之外，我也喜欢研究市场价格走势。总的来说，只要有助于我更明智地进行交易，我对任何事物都不会感到厌烦。在解决问题之前，我必须先清晰地界定问题。一旦我认为找到了解决方案，我就必须证明自己是对的。我只知道一种证明的方法，那就是用自己的真金白银去尝试。

尽管现在看来，我的进步缓慢，但考虑到我总体上是盈利的，在这种背景下，我觉得我学习的速度不可谓不快。如果我的亏损次数多一些，也许会促使我更加持之以恒地学习，这样一来，我肯定会发现并改正更多的错误。然而，亏损是一把双刃剑，如果亏损过多，我可能缺乏资金来检验我交易方法的改进效果。

复盘我在富乐顿营业厅盈利的交易后，我发现，尽管我对于市场的判断常常是百分之百正确，也就是说，我对基本形势和整体趋势的判断百分之百正确，但我实际赚取的利润却不能与我对市场的“精准把握”相匹配。这其中的原因是什么呢？

如同在亏损的交易中可以学到很多东西一样，从局部盈利的交易中，我同样能够汲取到很多宝贵的经验。

举例来说，牛市伊始，我就已经看多了，并且知行合一，买入了股票。正如我所预见的那样，股价随后出现了上涨。到目前为止，一切都很顺利。然而，接下来我又做了什么呢？哎，我听从了老前辈们的忠告，努力克制住了自己年轻时的冲动，我下定决心要明智地、谨慎地、稳健地交易。众所周知，这样做的方法就是先落袋为安，待市场出现回调时再重新买回。我就是这么做的，或者更确切地说，这就是我努力要做到的。为此，我经常在获利了结后，等待市场出现回调，但回调却迟迟未来。然后，我眼睁睁地看着我的股票又上涨了 10 个点，而我却只能坐在一旁，稳健的口袋里揣着 4 个点的微薄利润。人们常说，见好就收永远不会让你变穷，此言极是。但是，在牛市中，仅仅赚取 4 个点的利润也绝对不会让你变富。

在我本应该赚两万美元的时候，却只赚了两千美元，这就是“保守”给我带来的结果。我意识到，我原本应该赚得更多，却只赚了个皮毛。与此同时，我还发现，根据经验的多寡，傻瓜之间也各有不同。

新手往往一无所知，这是包括他自己在内的所有人都心知肚明的事实。但是下一级，或者说第二级的新手，却认为自己知道很多，并试图给人留下同样的印象。实际上，他们不过是一些经验有限的傻瓜，他们研究的不是市场本身，而是更高层级的傻瓜对市场的一些评论。这些二级傻瓜知道一些避免像新手那样出现亏损的方法，然而，正是这些“半瓶子醋”而非那些完全一无所知的新手，养活了靠佣金为生的经纪行。平均而言，“半瓶子醋”可以在市场上存活三年半的时间，相比之下，那些初入华尔街的新手往往只能坚持 3 到 30 周的时间。半瓶子醋们开口便是著名的交易格言，闭口便是各种游戏规则，对老手口中的各种交易禁忌更是烂熟于心。遗憾的是，他们往往忽略了最重要的一条：不要成为一个“傻瓜”！

这些半瓶子醋属于自作聪明的那一类人，因为他们热衷于在价格下跌时买入。他们总是在等待这样的“抄底”机会，将价格从高位回落的点数作为衡量交易优劣的标准。在大牛市中，那些对交易规则和先例一无所知的新手，因盲目看涨而大肆买入，从而短暂地大发其财。一旦市场出现一次正常的回调，他们就会被洗劫一空。而那些谨慎的半瓶子醋们，却往往像我一样，自以为在按照他人的智慧进行明智的操作，实则不过是在拾人牙慧。我深知自己需要改变对赌行那套交易方法。我曾以为任何改变都能解决我的问题，尤其是盲目跟随客户中那些所谓经验丰富的交易前辈们的建议。

大多数人——我们姑且称他们为客户吧——都是一样的。你会发现，鲜少有人能够坦然地承认华尔街不欠他们分文。在富乐顿，也有这样一群人，各种层次都有！然而，其中有一位与众不同的老伙计，一来，他的年纪要比其他人大得多；二来，他从不主动给别人提供建议，也从不炫耀自己的战果。他非常擅长倾听别人的意见，但似乎不太热衷于打探消息，也就是说，他从不向谈话者追问他们听到了什么或知道什么。但是，每当有人向他透露消息时，他总是礼貌地向消息提供者表示感谢。有时，当消息被证实时，他还会再次表达感谢。即使消息有误，他也从不抱怨，因此，没人知道他到底有没有根据那个消息进行了交易。营业厅里都在传，说这个老家伙很有钱，可以调动相当规模的头寸。但在佣金方面，他并没有给公司带来多少贡献，至少从表面上看是如此。他的名字是帕特里奇（Partridge），人们背地里都戏称他为“火鸡”，因为他的胸膛很厚实，而且习惯将下巴抵在胸前，昂首阔步地穿梭于各个房间。

客户们都渴望根据别人的建议进行交易，以便将失败的责任归咎于他人。他们时常会找老帕特里奇，告诉他某个内部人士的朋友的朋友建议他们如何操作某只股票。他们会说自己尚未按照那个建议行动，希望先听听老帕特里奇的看法。然而，不论他们收到的建议是买入还是卖出，老家伙的回答总是始终如一。

客户讲出自己的困惑后，会问他：“你觉得我应该怎么办？”

老火鸡把头一歪，脸上带着慈父般的微笑，凝视着这位客户。最后，郑重其事地对他说道：“这是牛市，你懂的！”

我不止一次地听他说：“嗯，这是牛市，你懂的！”他这话仿佛给了你一道价值连城的护身符，外面还紧紧包裹着一份价值百万美元的意外保险单。然而，当时我并未领悟其中的深意。

一天，一个名叫埃尔默·哈伍德（Elmer Harwood）的家伙急匆匆地冲进了营业厅，迅速填写了一份委托单递给柜员，然后便跑到了帕特里奇先生那里。帕特里奇正彬彬有礼地听约翰·范宁（John Fanning）讲故事。故事是这样的：一次，约翰无意中听到基恩给他的经纪商下达的一个交易指令，于是，他便跟着买入了 100 股，但最终只赚了微不足道的 3 个点的利润。然而，就在他卖出之后，那只股票却在短短三天内暴涨了 24 个点。这至少是约翰第四次向帕特里奇先生讲述这个悲伤的故事了，但老火鸡脸上却依旧挂着怜悯的微笑，仿佛他第一次听到这个故事一样。

埃尔默走到老火鸡跟前，对约翰·范宁连个招呼也不打，便开口说：“帕特里奇先生，我刚刚抛掉了我持有的克莱麦斯汽车（Climax Motors）。我的人告诉我，市场会出现回调，将来我可以用更低的价格接回来。如果你手上还有的话，最好也这样做。”

埃尔默满腹狐疑地打量着老火鸡，正是他最初向老火鸡透露了买入的消息。这些业余的或无偿的消息提供者总是自以为是地认为，消息接收者应该对他们言听计从，即便他们自己都不清楚这些消息能否带来预期效果。

“是的，哈伍德先生，我仍然持有它。当然！”老火鸡感激地说。埃尔默还惦记着这位老伙计，真的很不错。

“很好，现在是时候获利了结了，等待下一次市场回落时再介入。”埃尔默说道，仿佛他已经为这位老人填好了存款单。然而，他没有从受益者的脸上看到热烈的感激之情，于是，埃尔默又补充道：“我刚刚卖掉了我所有的股票！”

从他的声音和态度来看，保守地估计，他至少持有 1 万股。然而，帕特里奇先生却遗憾地摇了摇头，为难地说：“不！不！我不能那么做！”

“什么？”埃尔默大喊道。

“我就是不能卖！”帕特里奇先生面露难色地说。

“难道不是我建议你买入的吗？”

“是您，哈伍德先生，我非常感激您。真的，由衷地感激您，先生。但是……”

“等等！听我说！那只股票不是已经在 10 天内上涨了 7 个点吗？难道不是吗？”

“确实如此，我非常感谢您，亲爱的朋友，但我就是没有打算卖掉它。”

“你不卖？”埃尔默问道，他开始变得心虚起来，因为大多数提供消息者都有接收消息的习惯。

“是的，我不能卖。”

“为什么不能卖？”埃尔默凑近了一些问。

“为什么？因为这是牛市！”老家伙说，仿佛他已经给出了一个冗长而详尽的解释。

“好吧。”埃尔默说，因为失望，他显得有些生气。“我当然也清楚现在是牛市，但我认为你最好先卖掉股票，等回调时再买回来，这样可以降低你的成本。”

“我亲爱的朋友，”老帕特里奇一脸愁容地说，“我亲爱的朋友，如果我现在卖掉那只股票，我就会失去我的头寸，我该如何是好？”

埃尔默·哈伍德摊了摊手，摇了摇头，走到我身边，想寻求我的同情：“是不是很莫名其妙？”他对我高声耳语道：“你说呢？”

我没接茬。于是他继续说道：“我向他透露了关于克莱麦斯汽车的消息，他买进了 500 股。现在已经赚取了 7 个点的利润，我建议他赶紧出掉，然后趁着回调再买回来。你猜他怎么回答我？他说，如果他卖掉这些股票，就会丢掉他的饭碗。对此，你怎么看？”

“请原谅，哈伍德先生，我并没有说我会丢掉饭碗，”老火鸡插嘴道，“我是说我会失去我的头寸。等你到了我这个年纪，像我一样经历过那么多次的繁荣和恐慌后，你就会明白，失去头寸是任何人都无法承受的，就连约翰·D. 洛克菲勒（John D. Rockefeller）也不例外。先生，我希望这只股票能有所回调，这样您能够以更低的价格买回您的头寸，但我自己只能根据多年的经验来交易。为了得到这些经验，我付出了高昂的代价，我可不想再交第二次学费。但无论如何，我都非常感激您。这是牛市，你懂的。”说完，他昂首阔步地走开了，只留下茫然不知所措的埃尔默。

对当时的我而言，老帕特里奇先生的话并没有太大的意义。然而，当我开始反思为何在对整体市场判断如此准确的情况下，我却仍旧屡次遭遇失败，未能赚到应得的利润时，我才真正领悟到其中深意。随着研究的深入，我愈发感受到这位老先生的睿智。显然，他在年轻时也经历过类似的挫折，从而深知人性的弱点。因此，他从不使自己轻易陷入那些难以抗拒的诱惑之中，因为经验告诉他，这些诱惑只会让他付出沉重的代价。对此，我也感同身受，深受启发。

我认为，当我最终领悟到老帕特里奇先生不断向其他客户强调的那句“嗯，这是牛市，你懂的”时，我的交易素养取得了显著的进步。他实际上是在告诫人们，赚大钱不在于个别的市场波动，而在于对市场主要趋势的把握。也就是说，赚大钱不在于阅读行情纸带，而在于对整个市场及趋势的全面评估。

在此，我想分享一些心得：在华尔街摸爬滚打多年后，经历了数百万美元的盈亏起伏，我深刻体会到，赚大钱的关键从来不在于我的深思熟虑，而在于我的“坐功”。明白吗？坐着不动！在市场中做出正确的判断其实并不难，在牛市中，你总能找到那些早早便看多的人；在熊市中，也总能找到那些早早便看空的人。我遇到过很多人，他们总能在最佳时机做出正确的判断，在最有利可图的价格水平上开始买入或卖出股票。然而，他们的经历却总是与我如出一辙——他们并没有因此赚到大钱。

既能判断正确又能坚持不动的人实在是凤毛麟角，我发现，这是交易中最难学的一部分。但是，只有当股票交易者真正掌握了这一点，他们才有望赚到大钱。一个确凿无疑的事实是：一个交易者在掌握了交易之道后，赚取数百万美元要比一无所知时赚取几百美元容易得多。

原因在于，一个人可能目光如炬，能够将行情看得一清二楚，然而，当市场按照自己的节奏运行，并未如他所料的那样迅速变化时，他往往会变得不耐烦，甚至开始自我怀疑。这就是为什么华尔街上有那么多人，他们并非毫无经验的傻瓜，甚至连三级傻瓜都算不上，却依然会蒙受损失。事实上，他们并非被市场打败，而是败给了自己。因为他们虽然有聪明的头脑，却缺乏耐心和毅力。老火鸡的所言所行是明智的，他不仅有勇气坚守自己的信念，更有耐心等待的智慧。

忽视大幅度波动，频繁地进出市场，对我而言无疑是致命的。没有人能抓住所有的波动，在牛市中，明智的做法就是买入并持有股票，直到你确信牛市即将结束。为此，你需要深入研究基本形势，不被影响个别股票的小道消息或特殊因素左右。一旦你决定退出市场，就要清仓所有股票，彻底退出，耐心等待，直到你清晰地看到或者你认为看到了市场的转折点，即基本形势开始逆转的征兆。要做到这一点，你需要充分发挥你的智慧和洞察力，否则，我的建议将变得毫无意义，就像告诉你“高抛低吸”一样空洞。人们能学到的最有价值的经验之一，就是避免试图抓住行情最初和最后的八分之一。这两个阶段往往是最昂贵、风险最高的，它们已经让无数股票交易者付出了惨痛的代价，其累积的资金足以修建一条横跨美洲大陆的水泥公路。

随着我的交易逐渐变得理智，在富勒顿营业厅里深入研究我的交易记录时，我注意到一个明显的现象：我的初始操作很少出现亏损。这一发现让我决定加大交易规模，只要我不被外界的建议或自己偶尔的不耐烦动摇，我就对自己的判断充满信心。在这个行当里，缺乏对自己判断的坚定信念，注定无法取得长远的成功。这便是我学到的全部——深入研究市场基本形势，建立仓位并坚持不动。我能够耐心等待时机的到来，不会感到一丝不耐烦。即使已经预见到市场将会出现回撤，我也能毫不动摇。因为我知道，这只是暂时的。

有一次，我做空了 10 万股，并准确预见到了一轮大反弹即将来临。我认为这轮反弹是不可避免的，甚至对整个市场都是有益的，但这同时也意味着，我的账面利润将会因此减少 100 万美元。然而，我依旧坚持不动，眼睁睁地看着我的账面利润被抹去了一半。自始至终，我都没有动过这样的念头：先回补空头头寸，待反弹来临时再卖出。因为我知道，如果这样做，我可能会失去我的头寸，进而失去一次赚大钱的确定性机会。只有把握住大行情，才能赚到大钱。

我之所以学得这么慢，主要是因为我是从错误中汲取教训的。从犯错到意识到错误，通常需要一段时间。从意识到错误到准确地找出问题所在，则需要更多的时间。然而，在那段时期，我的生活还算惬意。毕竟我还年轻，有足够的时间和机会来弥补。

那时，我大部分盈利仍然部分归功于我对纸带行情的解读，因为当时的市场状况与我的交易方法相当契合。与初到纽约时相比，我亏损的次数减少了许多，也不再那么令人烦恼。尽管如此，这并没有什么值得骄傲的，毕竟在不到两年的时间里，我已经经历了三次破产。不过，正如我之前所说，破产的确是一所非常高效的“教育机构”。

我的资金增长速度并不算快，因为我总是按照自己的喜好和节奏享受生活。我这个年龄和品味的人想要的东西，我都尽量满足自己，包括拥有一辆自己的汽车。在我看来，既然我从市场中获得了收益，就没必要在生活上过分节俭。要明白的是，报价机只有在星期天和节假日才会停止运行。

每当我找出一个亏损的原因，或者犯错的来由时，我都会在我的资产清单中增添一条全新的“戒条”。让我不断增长的资产变现的最好方式，就是不削减我的生活开支。当然，我的经历中既有有趣的地方，也有平淡无奇之处，若一一细述，恐难以穷尽。但真正令我铭记在心的，是那些在我的交易中给我带来重要价值的经历。这些经历不但增加了我对这个行当的了解，也使我能够更加清晰地看清自己！

第六章　联太铁路*

1906年春天，我去大西洋城（Atlantic City）度了个短假。当时，我手上已经没有股票了，只是想换个环境，好好休息一下。顺便说一句，此时我已经回到了我的第一家经纪公司——哈丁兄弟公司交易，我的账户变得相当活跃，可以动用三四千股的头寸。相较于我20岁时在大都会对赌行的操作规模，其实并没有增加多少，但是，这两者在保证金上的要求却有着明显的不同。在对赌行，我只需缴纳1个点的保证金；但在哈丁兄弟公司，他们要在纽约股票交易所为我的账户进行实际的股票买卖，因此，他们对保证金的要求更为严格。

你还记得我给你讲过的那个故事吗？当时，我在大都会对赌行做空了3500股糖业公司，我预感到有什么地方不对劲，觉得最好是平仓离场。嗯，我时常会有这种奇怪的预感，通常我都会跟着这种感觉走。但有时候，我也会对这种感觉嗤之以鼻，我告诉自己，盲目地根据这种突如其来的冲动改变自己的头寸，简直是愚蠢至极。我把这种预感归因于神经紧张，可能是抽了太多雪茄，睡眠不足，或者生活节奏不规律等原因造成的。然而，每当我说服自己不理会这种冲动，选择坚持不动时，事后总会让我后悔不已。

我记得有很多次，我没有按照直觉卖出股票，结果第二天进城后，看到市场表现非常强劲，甚至可能会继续上涨。这时我就会想，如果当时听从了这种盲目的冲动而卖出的话，那可真是太愚蠢了。但是，接下来的一天，市场却出现了大幅下跌。一定是什么地方出了问题，如果我当初不那么明智和理性，我本可以赚到钱的。显然，原因不是生理上的，而是心理上的。

---

*联合太平洋铁路公司，简称为联太铁路。——译者注

我想与你分享其中的一次经历，因为它对我影响深远。那是在1906年春天，当时我在大西洋城度假。我是和一个朋友一起去的，他也是哈丁兄弟公司的客户。在那段时间，我对市场毫无兴趣，只想好好享受假期的时光。除非市场异常活跃，并且我的持仓较重，否则我就能够轻松地将交易搁置一边，全身心地投入到享受生活中去。我记得当时正值牛市，整体经济形势向好。虽然股市的上涨势头有所减缓，但市场基调依然稳固，所有迹象都预示着股市将再创新高。

一天早晨，在享用完早餐并浏览所有纽约的早报后，我们开始欣赏海鸥的精彩表演。它们轻巧地叼起蛤蜊，飞升到二十英尺的高空，然后精准地将蛤蜊扔向海边坚硬潮湿的岩石，以此方式摔开蛤蜊，作为自己的早餐。当我们对海鸥的表演感到有些厌倦时，我和我的朋友便沿着海滨步道开始散步，这算得上我们白天最激动人心的活动。

时间尚未到中午，我们慢慢地走着，享受着海边咸鲜的空气，以此消磨休闲时光。哈丁兄弟公司在海滨步道上拥有一个分店，我们每天早上都会去那里看看开盘的情况，这主要是出于习惯，因为我当时并没有进行任何具体的操作。

我们发现市场很强劲，交投很活跃。我的朋友对市场非常乐观，他在比现在低的位置买入了适量的仓位。他热情地向我阐述，持股待涨是一种更明智的举措。我心不在焉地听着，懒得去应和他的观点。我看着报价板，注意到了一些变化，大多数股票都在上涨，唯独联太铁路（Union Pacific）是个例外。我有种感觉，应该卖空它，至于原因，我也难以言明，就是单纯地感觉应该这么做。我反复问自己为何会有这种感觉，却找不出任何做空联太铁路的理由。

我死死地盯着报价板上的最新价格，直到我的视线渐渐模糊，看不见报价，看不见报价板，甚至看不见其他任何东西。我只知道，我想卖空联太铁路，但我却不知道为什么我想这么做。我当时看起来一定很古怪，因为站在我旁边的朋友突然用胳膊顶了顶我，问道：“嘿，你怎么了？”

“我不知道。”我回答道。

“要睡会儿吗？”他问道。

“不，”我说，“我不打算睡觉。我打算卖空那只股票。”我深知，跟着直觉走，我总能赚到钱。于是，我走到一张摆着空白委托单的桌子旁，填写了一张市价卖出1000股联太铁路的单子，然后递给了经理。我的朋友也跟了过来，他在我填写委托单时便面带微笑，接过单子时笑容依旧。然而，当他阅读到单子上的内容时，脸上的笑容却瞬间凝固了，只是呆呆地看着我。

“你确定吗？”他问我，但我只是盯着他，他便急忙将单子递给了操作员。

“你在做什么？”我的朋友问道。

“我要卖空它！”我告诉他。

“卖空什么？”他冲我喊道。如果他是多头，我怎么可能是空头呢？这其中必有蹊跷。

“1000股联太铁路。”我说。

“为什么要这样做？”他情绪激动地问我。

我摇了摇头，表示自己并没有明确的理由。但他一定以为我掌握了什么重要的消息，于是他抓住我的胳膊，领着我走到外面的走廊，以便躲开其他客户和闲人的耳目。

“你听到什么消息了？”他急切地问我，情绪很激动。联太铁路是他一直看好的股票之一，因为这家公司的盈利能力和前景都很不错。不过，他并不排斥听听关于该股的二手利空消息。

“我什么也没听到！”我说。

“你真的什么都没听到吗？”他的话语中带有明显的怀疑。

“是的，我什么都没听到。”

“那你为什么要卖空它呢？”

“我真的不知道。”我如实地告诉他。

“哦，快说吧，拉里。”他催促道。

他深知我的交易习惯，我每一次交易都是有原因的。现在，我卖空了1000股联太铁路，在市场如此强劲的情况下，我一下子卖空这么多股票，背后肯定有一个非常充分的理由。

“我不知道，”我重复道，“我只是感觉有事情要发生。”

“发生什么事？”

“我不知道。我没法给你任何理由，我只知道我想卖空那只股票，而且，我打算再卖空 1000 股。”

我走回营业厅，果断下单又卖空了 1000 股。倘若首次卖空 1000 股的决定是明智的，那么我理应进一步加大卖空的力度。

“究竟会发生什么？”我的朋友坚持追问道。他犹豫不决，不知是否应该跟随我的行动。倘若我告诉他，我听说联太铁路的股价将要下跌，他肯定会毫不犹豫地把它卖掉，不会多问一句我是从何处得知的消息，或者我为什么会这么做。

“究竟会发生什么？”他再次追问道。

“任何情况都有可能发生，我不确定会出现哪一种。我无法给出任何理由，也不能未卜先知。”我告诉他。

“那你可真是疯了，”他说，“简直是疯了，无缘无故地卖空那只股票。你真的不知道为什么要卖空它吗？”

“我真的不知道为什么我想要卖空它，我只知道我确实想这么做，”我说，“我就是想卖，很想很想。”这种欲望如此强烈，于是我毫不犹豫地再次卖空了 1000 股。

这对我朋友来说简直是太过分了。他焦急地抓住我的胳膊，急切地说，“嘿，我们得赶紧离开这儿，不然你就要把这家公司的全部股本都卖光了！”

卖空的数量已经达到了我的心理预期，于是没等到最后 2000 股的成交报告，我便跟着他离开了。对我来说，即便是在有最佳理由的情况下，卖空这只股票的数量也已经相当可观了。特别是在没有任何明确的理由，且整个市场势头强劲，又未见任何看跌迹象的情况下，我卖空的数量确实显得有些过多。但我清晰地记得，在过去，每当我产生同样的卖空冲动却未能付诸行动时，事后总会让我追悔莫及。

我曾经向朋友们讲述过这类故事，他们中的一些人告诉我，这并非凭空猜测，而是潜意识，是一种创造性的思维活动，艺术家创作时毫无来由的灵感便源于此。对我而言，或许是一种累积的效果，一系列看似琐碎的小事，汇聚起来却拥有巨大的力量，也可能是朋友们不明智的看多态度激发了我的逆反心理。我之所以选择做空联太铁路，是因为它被捧得太高了。我无法说明白产生这种直觉的原因或动机，我只知道，在上涨行情中，我做空了3000股联太铁路。当我离开哈丁兄弟公司大西洋城分部时，我的内心却毫无波澜。

我想知道最后2000股的成交价是多少，于是，午餐过后，我们悠闲地漫步至营业厅。我很欣慰地看到，整个市场非常强劲，联太铁路也涨得更高了。

“我看你完了。”我朋友说。不难看出，他很庆幸自己一股没卖。

第二天，整体市场继续上涨了一些。尽管耳朵里充斥着朋友愉快的话语，但我依然坚信，我卖空联太铁路是明智之举。每当我感觉自己是正确的时候，我总能保持足够的耐心。为什么不呢？那天下午，联太铁路便停止了上涨，临近收盘时开始下跌。很快，股价便跌到了我之前卖空那3000股的均价之下1个点的水平。这一刻，我深知自己站在了正确的一方，比以往任何时候都更加确信。既然如此，我自然要加大卖空力度，于是，在收盘之前，我又追加卖空了2000股。

就这样，我仅凭直觉，就卖空了5000股联太铁路，这是我在哈丁兄弟公司的保证金允许我卖空的最大限额。我觉得，在假期期间，这个仓位太重了，于是我放弃了休假，连夜赶回了纽约。我不知道将要发生什么，我觉得自己最好还是能够亲临现场，必要时可以快速采取行动。

接下来的那天，我们就听到了旧金山大地震的消息，这是一场可怕的灾难。不过，市场仅仅低开了几个点，牛市的力量仍然在起作用。公众从来不会独立地审视新闻，向来如此。举例来说，当牛市根基稳固时，即便报纸大肆渲染其背后存在人为操纵，这些报道也不会产生如同华尔街深陷熊市时那样的巨大冲击，一切都取决于当时的市场情绪。在此次事件中，华尔街并未急于对灾难的影响作出评估，因为它尚未有此打算。在当天临近收盘之际，价格便又涨了回来。

我卖空了 5000 股，利空也来了，然而，我的股票却没有下跌。我的直觉堪称一流，但我的银行账户却未能因此出现增长，甚至账面上也未能显示出一丝利润。那位和我一道去大西洋城，看着我做空联太铁路的朋友，此刻的心情也是复杂难明，喜忧参半。

他对我说："伙计，你的直觉真的不错。然而，话说回来，当人气和资金都站在多头一边的时候，与之抗衡又有什么用呢，他们终将获得胜利。"

"给点时间。"我说，我指的是行情。我不会平仓的，因为我知道地震造成的损失极为惨重，而联太铁路是首当其冲的受害者之一。然而，令人气愤的是，华尔街对这一切却视而不见。

"给点时间？你的皮将和其他熊（空头）的皮一起被架到太阳底下晒干。"他言之凿凿地说。

"那你会怎么做？"我问他，"在南太铁路和其他铁路公司遭受了成百上千万美元损失的情况下，你去买入联太铁路吗？等他们弥补了这些损失之后，从哪里筹钱分红派息？你能指望的最好的结果是，情况并不像新闻报道中描述的那样严重。但是，这是买入这家遭受重创的铁路公司的股票的理由吗？请回答我。"

我的朋友只是回答说："是的，听起来是这么回事。但我要告诉你的是，市场并不认同你的看法。行情纸带不会说谎，是吧？"

"它并不总是立刻向你揭示真相。"我说。

"听着，就在黑色星期五之前，有人曾与吉姆·菲斯克（Jim Fisk）* 有过一次深入的交谈，那人列举了 10 条看空黄金的理由。他越说越激动，最后干脆告诉菲斯克，他要大举卖空几百万美元的黄金。然而，吉姆·菲斯克只是看着他，对他说：'去吧！尽管去做！卖空它，然后记得邀请我参加你的葬礼。'"

"是的，"我说，"如果那个家伙当时真的卖空了黄金，看看他会获取多么

---

* 吉姆·菲斯克，即詹姆斯·菲斯克（James Fisk，1834—1872），美国金融界享有盛名的金融家及股票投机大师。——译者注

巨大的利润！或许，你也应该考虑卖空一些联太铁路。”

“我才不呢！相较于逆水行舟，我更喜欢搭顺风船。”

接下来的那天，随着更详细的报道不断传来，市场开始出现下滑，但即便如此，其下跌的剧烈程度依然不及预期。我深知此次大跌已势不可挡，于是，我再次加倍卖空，又卖空了 5000 股。哦，到那时，大多数人都已经看得很清楚，因此我的经纪商也愿意配合我。这并不是他们或我的轻率之举，而是基于对市场形势的精准判断。随后一天，市场开始大幅下跌，局势急转直下。我自然要顺势而为，再次加倍卖空。我又卖空了 1 万股，这是我当时唯一能做的选择。

我当时并没有多想，只知道自己是对的，完全正确。这是一个天赐良机，我必须把握住，因此我进一步加大了卖空的力度。我是否想过，在如此庞大的空头仓位下，市场只需轻微反弹一下，就可能让我所有的账面利润化为泡影，甚至危及我的本金？说实话，我并不确定当时是否考虑过这一点。即便考虑过，也不会对我产生太大的影响，因为我并非在盲目地孤注一掷，实际上，我的操作非常谨慎。没有人能够消除这场地震的影响，不是吗？他们无法在一夜之间修复那些坍塌的建筑，更不可能不费分毫地重建一切，不是吗？再者，即便将全世界的资金全部都用上，在灾难发生后的短短几个小时内，也难以发挥太大的作用，不是吗？

我不是在盲目地赌博，也不是一个疯狂的空头。我并没有因胜利而得意忘形，更没有认为旧金山遭受灾难后，就意味着整个国家将走向衰败。不，我没有！我并没有期待市场会陷入恐慌。第二天，我就平仓离场了，总共赚取了 25 万美元。这是我到那时为止的最大一笔盈利，而且是在极短的时间内赚到的。地震发生后的头一两天，并未引起华尔街足够的关注。他们可能会说，这是因为最初的报道并不那么令人担忧。但我认为，真正的原因是，公众改变对证券市场的看法需要相当长的时间。即使是那些职业交易者，也大多反应迟缓，缺乏远见。

无论是基于科学还是常识，我都无法给出任何解释，我只能告诉你我做了什么，为什么这么做，以及这样做的结果如何。比起那个神秘的预感，我更关心的是它为我带来了 25 万美元的利润。这意味着，一旦时机到来，我将有能力动用比以往任何时候都更大的头寸。

那年夏天，我去了萨拉托加温泉（Saratoga Springs）。原本计划享受一段宁静的假期，然而，我却始终关注着市场。首先，我并没有疲倦到一想到市场就感到厌倦的地步。再者，我在那里结识的每个人，无论现在或过去，都对市场抱有浓厚的兴趣。自然而然，我们的话题会涉及市场。我渐渐发现，纸上谈兵和实际交易之间有着天壤之别。其中一些人在谈论市场时，他们的态度和行为让我联想到那种愣头青式的职员，他们对待他们脾气暴躁的老板，就像训斥一条小狗一样。

哈丁兄弟公司在萨拉托加拥有一间分部，他们的众多客户常聚集于此。不过，我猜想，他们选择在这里设立分部的真正原因，在于其巨大的广告价值。在风景如画的度假胜地开设分部，无疑是一种高端的广告宣传方式。我经常造访此地，与其他客户围坐闲谈。那里的经理是从纽约总部派来的一位能干的青年，他热情洋溢地给新朋旧友提供服务，尽其所能地拓展业务。这里不仅是交流赛马、股市等小道消息的天堂，也是服务员们赚取小费的宝地。营业厅上下都知道，我向来不热衷于打探消息，因此经理也不会特意凑近我耳边，低声告诉我他刚从纽约总部得到的最新动态。他会直接给我递上电报，简单地告诉我，“这是总部发来的消息”，或者诸如此类的话。

当然，我一直密切关注着市场。对我而言，观察报价板和解读市场信号是一回事。我注意到，我的“好朋友”联太铁路似乎正蓄势待发，即将上涨。虽然股价已高，但其表现却透露出有人正在悄然吸筹。我连续观察了数日，并未急于出手。随着观察的深入，我愈发确信有人在大力吸筹。这位幕后买家不仅资金雄厚，而且对市场走势了如指掌，其吸筹手法相当高明。

等我确定了这一点，便开始果断买入这只股票，当时的价格大约是 160 美元。只要股价运行良好，我便以每次 500 股为单位持续买入。随着我买入量的增加，其走势愈发强劲，且未出现任何短期内暴涨的现象，这让我感到非常安心。看不出有什么理由能够阻止这只股票继续大幅上涨，至少从行情纸带上看不出来。

突然，经理走到我面前，说他们收到了一条来自纽约的消息——他们和纽约有一条直连电报线——询问我是否在营业厅。当他们回答说我在时，立即又收到了另一条消息："让他别走，告诉他，哈丁先生想要和他通话。"

我告诉他我会等着，然后，我再次买入了500股联太铁路。我完全猜不透哈丁先生想要跟我谈什么，我认为应该与交易无关，因为就我买入的股票而言，我的保证金绰绰有余。没过多久，经理便来通知我，埃德·哈丁先生想通过长途电话与我联系。

"你好，埃德，"我开口说。

他却说："你究竟怎么了？是不是疯了！"

"你疯了吧？"我说。

"你究竟在做什么？"他问道。

"你这话是什么意思？"

"你买了那么多股票！"

"怎么，我的保证金不够吗？"

"这不是保证金的问题，而是你简直太容易被忽悠了。"

"我不明白你的意思。"

"你为什么要买那么多联太铁路？"

"因为它正在上涨啊。"我说。

"上涨？别傻了！你不知道这是内部人士正在把股票倒给你吗？你就是他们眼中最佳的猎物。你还不如把钱输在赛马上，那样输了还能图个乐子，别让他们把你当猴耍了！"

"没人把我当猴耍，"我告诉他，"我没有和任何人提起过这件事。"

他反驳我说："你不能总是幻想每次介入这只股票时都会有奇迹出现。趁现在还有机会，赶紧抽身吧，"他警告我说，"尤其是当那些幕后大佬正在疯狂抛售时，以当前的价位做多这只股票，简直就是在犯罪。"

“可是从行情纸带上来看，他们正在积极买入。”我坚持道。

“拉里，自打你的单子进来后，我的心脏病都快要发作了。看在上帝的份上，别再犯傻了。快出来吧！马上出来！这只股票随时都有可能崩盘。我已经尽到责任了，再见！”说完，他挂断了电话。

埃德·哈丁是个极其精明的人，他见多识广，品格高尚，无私且善良，是一位值得信赖的朋友。更重要的是，我知道他渠道广泛，总能听到各种消息。在我买入联太铁路时，我主要是基于多年来对股票行为的研究，以及对某些特定征兆的敏锐感知。经验告诉我，这些征兆一旦出现，往往预示着股价将大幅上涨。然而，我并不知道自己当时为何会听从他的劝告。但我猜想，我一定是认为行情纸带显示的吸纳现象，只是内部人士巧妙操纵的结果，他们让行情纸带发出了虚假的信号；亦或许是埃德·哈丁的真诚和坚持打动了我，他费尽心思地极力劝阻我，以免我犯下他眼中的重大错误。无论是他的智慧还是他的用心，都没有什么值得怀疑的。至于我为何最终决定听从他的劝告，具体原因我也说不清楚，但我确实照做了。

于是，我卖掉了所有联太铁路的股票。显然，如果做多这只股票是不明智的，那么同样地，不做空亦非明智之举。因此，在我彻底清仓手中的多头头寸后，便反手卖空了 4000 股，其中大部分成交价格在 162 美元附近。

第二天，联太铁路董事会宣布派发 10% 的红利。起初，华尔街没人相信，因为这简直就像是走投无路的赌徒在孤注一掷，各大报纸也纷纷报道并质疑董事会的决定。可就在华尔街的精英们犹豫不决时，市场沸腾了，联太铁路成为了市场领头羊，以巨量创出了历史新高，一些场内交易者在短时间内便赚取了巨额的财富。我后来听说，一个反应相当迟钝的职业交易者因为操作失误，结果却稀里糊涂地赚了 35 万美元。接下来的那个星期，他便卖掉了自己的席位，并在接下来的那个月摇身一变成为了一名乡绅。

当我听到董事会宣布派发前所未有的 10% 的红利时，我即刻意识到，这是我应得的教训，因为我未能倾听经验的声音，反而盲目地听从了消息提供者的建议。我动摇了自己的信念，仅仅因为朋友的质疑——他平时公正无私，而且通常能够做出明智的决策。

当我看到联太铁路的股价创出新高时，我喃喃自语道："这绝非我应该卖空的股票。"

我的全部身家都作为保证金，放在了哈丁兄弟公司的营业厅里，然而，这并未给我带来丝毫鼓舞，也未能坚定我的信念。显然，我准确无误地解读了行情纸带，却愚蠢地让埃德·哈丁动摇了我的决心。责备他人无济于事，我没有时间浪费在木已成舟的事情上，于是，我果断下达了回补平仓指令。当我下单以市价买入 4000 股联太铁路时，其股价约为 165 美元。在这个价位，我损失了 3 个点。然而，在我的经纪商执行回补命令的过程中，部分股票的成交价在 172 至 174 美元之间。当我拿到成交报告时，我发现埃德·哈丁那出于好意的干预，让我付出了高达 4 万美元的代价。对于一个没有勇气坚持自己信念的人来说，这个代价不算高昂，堪称廉价的一课！

我一点也不担心，因为行情纸带显示价格仍将继续上涨。这轮行情非比寻常，董事会的决策也无前例可循。但这一次，我做了我认为应该做的事情。当我下达第一笔指令，买入 4000 股以回补空头头寸时，我立即决定按照行情纸带的指示进行操作，果断反手做多。我买入了 4000 股，并坚定持有至第二天上午，随后我顺利离场。此次操作，不仅成功弥补了先前的 4 万美元亏损，还额外赚取了约 15000 美元的利润。若不是埃德·哈丁"善意"地试图为我减少损失，我本可以赚得更多。然而，他的这一举动实际上也对我帮助巨大，我坚信，正是这次经历带给我的教训，为我交易者的学业画上了一个完美的句号。

这一课，不仅让我认识到不应轻信小道消息，更要坚守自己内心的判断和意愿。更重要的是，它赋予了我自信，使我能够彻底摒弃旧有的交易方式。萨拉托加的这次经历，标志着我最后一次盲目、凭运气的操作。从那时起，我开始关注市场的基本形势，不再局限于单只股票的表现。在投机这份充满挑战的事业中，我成功地将自己提升到了一个新的高度，虽然这是漫长而艰难的一步。

第七章　糖业公司

我总是毫不犹豫地告诉人们我是看涨还是看跌，不过，我不会明确建议人们买入或者卖出某只特定的股票。在熊市中，所有的股票都会下跌，而在牛市中，它们都会上涨。当然，我并不是说，在战争引发的熊市中，军工股就一定不会上涨，我这里讨论的是一般情况。然而，普通人往往并不关心现在是牛市还是熊市，他们只想知道具体应该买入或者卖出哪只股票。他们渴望不劳而获，甚至不愿花时间去思考。对他们来说，数一数从地上捡到的钱都会觉得麻烦。

嗯，我并不是那种懒惰的人。但我发现，分析个股要比分析大市容易得多。我更倾向于分析个股的波动，而非市场的整体趋势。我意识到我必须做出改变，并且我做到了。

想要抓住股票交易的基本要领似乎并非易事。我经常说，在上涨的市场中买入股票，是最为稳妥的策略。此时的关键，并不在于以尽可能便宜的价格买入或者在顶部卖出，而在于把握正确的买卖时机。当我看空并决定卖空股票时，我会确保每次的卖出价格都低于前一次。反之亦然，当我看多并决定买入股票时，我会随着股价的上涨逐步增加买入量，但不会在股价下跌时盲目买入。

让我们举例说明一下。比如，我正在买入某只股票，我在 110 美元的价位买入了 2000 股。如果随后股价上涨到了 111 美元，那么我这次操作就是正确的，至少暂时如此。因为股价上涨了 1 个点，已经为我带来了利润。既然我的操作是正确的，所以我会再次出手，追加买入 2000 股。如果市场继续上扬，我会买入第三笔2000股。假设股价上涨到了114美元，我认为当前的仓位已经足够，就会停止买入。至此，我已经构建起了稳固的交易基础。我以111–3/4美元的均价买入了6000股，而当前的市价为114美元，这时我不会再买进了。我会一边观望，一边等待时机。

我预计，在股价上涨过程中的某个阶段，会出现一次回撤，我想看看回撤过后，市场会作何反应。股价可能会回撤到我第三次买进时的水平，假设股价冲高回落到了112–1/4美元，之后重拾升势，那么，当股价回升到113–3/4美元时，我会果断下单，以市价买入4000股。嗯，如果这4000股的成交价恰好是113–3/4美元，我就知道什么地方出问题了，此时，我会发出一道测试指令，也就是说，我会卖出1000股，以观察市场的反应。不过，当我在113–3/4美元的价位入场时，若我那4000股的买入指令中有2000股在114美元成交，500股在114–1/2美元成交，500股在115–1/2美元成交，其余的在股价上涨过程中成交，这时我就知道，我的操作是正确的。

这4000股的成交方式告诉我，我在那个特定时间买入这只特定的股票是否正确。当然，我的这一系列操作是基于一个前提，那就是我已经对基本形势进行了充分的分析，并得出了大市看涨的结论。买入股票时，我从不希望买得太便宜，或者轻轻松松就能买到。

我记得曾听说过一则关于S.V.怀特执事（Deacon S. V. White）* 的故事，当时他是华尔街的大作手之一。他不仅是一位极其杰出的长者，而且聪明绝顶，勇气过人。据我所知，在他所处的时代，他曾经做出过许多令人瞩目的壮举。

过去，糖业公司曾是市场上持续走俏的热门股之一，当时的公司总裁H.O.哈夫迈耶（H. O. Havemeyer）** 正处于人生和事业的巅峰时期。通过与老一

＊执事（Deacon）或助祭是一个在基督教教会体系中担任重要角色的神职人员，位于牧师（pastor）和教区会友（congregation members）之间。他们负责慈善事业和社区事务，是教会的重要组成部分。——译者注

＊＊H.O.哈夫迈耶（H.O.Havemeyer，1847—1907），是美国杰出的实业家和企业家，以其卓越的商业头脑和深远的影响力，在制糖业留下了浓墨重彩的一笔。1891年，他创立了美国糖业公司并担任总裁，展现了他对该行业的深刻洞察力和卓越领导力。——译者注

辈的交谈，我得知哈夫迈耶和他的拥趸们凭借雄厚的资金和精妙的计谋，能够随心所欲地操纵他们公司的股票。他们告诉我，哈夫迈耶在这只股票上收割的中小职业交易者的数量，远超其他内部人士在其他股票上的纪录。通常而言，场内交易者更可能打乱内部人士的操盘计划，而不是推波助澜。

一天，一个认识怀特执事的人急匆匆地冲进营业厅，激动地对他说："执事，你曾经嘱咐过我，一旦我获得任何有价值的消息，就要立刻通知你，如果你认为这个消息有用并决定采纳，就会给我买几百股。"他停下来喘了口气，等待执事予以确认。

执事打量着他，以其特有的方式沉思着，然后说："我不记得我是否真的那么告诉过你，不过请你放心，如果消息真的对我有用，我愿意为此支付酬劳。"

"嗯，我已经为您打探到了。"

"哦，那真不错。"执事和蔼可亲地说道。消息提供者得意地说，"是的，执事先生。"然后他凑近了些，以免被其他人听到，低声道："H.O. 哈夫迈耶正在买入糖业公司。"

"是吗？"执事异常平静地问道。

这让消息提供者感到些许不悦，他郑重其事地回道："是的，先生。他正在全力买入，执事。"

"朋友，你确定吗？"老怀特追问道。

"执事，我确定。此事千真万确，那帮老谋深算的内部人士正在尽可能多地买入股票。这与税率密切相关，普通股将会迎来大涨，甚至会超越优先股。这意味着，动动手就能稳赚至少 30 个点。"

"你真这么想吗？"老怀特透过眼镜上沿打量着他。这是一幅老式银边眼镜，老怀特戴上它是为了看行情纸带。

"我这么想吗？不，这不是我想不想的问题，我只知道事实就是如此，千真万确！嗨，执事，当 H.O. 哈夫迈耶和他的朋友们像现在这样买进糖业公司的时候，没有 40 个点的净利润，他们不会满足的。在他们满仓之前，市场随时有可能一飞冲天，对此我一点也不感到惊讶。相较于一个月前，经纪行营业厅里的流动筹码已经没那么多了。”

“他正在买进糖业公司，嗯？”执事心不在焉地重复道。

“买进？嘿，他们简直是在疯狂抢筹，根本不考虑价格。”

“是吗？”执事回了句，就俩字。

这足以激怒消息提供者。他说，“是的，先生，绝对没错！千真万确，如假包换。”

“是吗？”

“是的，这消息应该价值不菲。您打算使用这条消息吗？”

“哦，是的，我打算用它。”

“什么时候？”消息提供者狐疑地问道。

“立刻。”执事喊道：“弗兰克（Frank）！”这是他那位聪明绝顶的经纪人的名字，当时他正在隔壁房间。

“我在，先生。”弗兰克说。

“我要你立刻跑一趟交易所，卖出 1 万股糖业公司。”

“卖出？”消息提供者喊道。他的声音充满了痛苦，以至于已经跑出去的弗兰克都突然停下了脚步。

“嗯，是的。”执事温和地回答道。

“但我告诉你的是，H.O. 哈夫迈耶正在买入！”

“我知道，我的朋友，”执事平静地说。然后转身对经纪人说：“快点，弗兰克！”

经纪人飞也似地执行指令去了，消息提供者的脸“唰”地一下子红了。

“我来到这里，”他愤怒地说，“带着我最可靠的消息，把它透露给了你，因为我觉得你值得信赖。我把你当朋友，指望你能据此行事。”

“我正在根据你提供的消息采取行动啊。”执事用平静的语气打断了他。

“可我告诉你的是，H.O. 哈夫迈耶一伙正在买入！”

“是的，没错。我听清楚了。”

“买进！买进！我说的是买进！”消息提供者尖声喊道。

“是的，买进！我明白你的意思。”执事向消息提供者保证。他站在报价机旁，看着行情纸带。

“可是，你要卖出啊。”

“是的，1 万股。”执事点了点头。“当然，是在卖出。”

他停止了交谈，全神贯注地盯着行情纸带。消息提供者凑上前去，想看看执事在看什么，因为他是只狡猾的老狐狸。正当他从执事的肩膀上打量过去时，一个职员拿着一张纸走了进来，显然这是来自弗兰克的成交报告。执事只是匆匆瞥了一眼，因为他已经从行情纸带上看到了单子的执行情况。

他对那个职员说：“告诉他，再卖出 1 万股糖业公司。”

“执事，我向你发誓，他们真的是在买进这只股票！”

“是哈夫迈耶先生亲口告诉你的吗？”执事平静地问道。

“当然不是！这种事他不会告诉任何人。眨眨眼就能帮他最好的朋友赚到钱的事，他通常都不会去做。但我知道，这消息千真万确。”

“不要激动，我的朋友。”执事看着纸带，举手示意他说。消息提供者苦涩地说：“早知道你会做出与我预期完全相反的决定，我根本不会浪费你我的时间。不过，当你遭受巨大损失而不得不回补那只股票时，我也不会为此幸灾乐祸。我会替你感到惋惜，执事。真的！如果您不介意的话，我要到别的地方，根据自己的信息采取行动。”

“我正在根据你的信息采取行动。我承认，我对这个市场的了解程度可能不如你和你的朋友 H. O. 哈夫迈耶，但好歹也算是略知一二。经验告诉我，根据你提供给我的信息，我正在采取的行动完全是明智之举。像我这样在华尔街摸爬滚打多年的人，对于任何向我表示惋惜的人，我都会心存感激。我的朋友，请保持冷静。”

那人默默地注视着执事，他对执事的判断力和胆识怀有极高的敬意。

不一会儿，那位职员又走了进来，递给执事一份报告。执事看了一眼，说：“现在告诉他，买进 3 万股糖业公司，3 万股！”

那位职员匆匆离开了，消息提供者只是哼了一声，便将目光投向了这位老狐狸。

“我的朋友，”执事友善地解释道：“我丝毫没有怀疑你所说的话的真实性。但是，即使我听到的是H.O.哈夫迈耶本人亲口告诉你的，我还是会这么做。因为只有一个办法可以确认H.O.哈夫迈耶是否真的如你所说正在买入股票，那就是像我刚才所做的那样去做。头1万股相当容易就卖掉了，但这并不完全具有说服力。然而，第二笔1万股也被持续上扬的市场吸纳了。市场吃进2万股的能量向我证明，确实有人愿意承接被抛出的所有筹码。事情发展到这一步，究竟是谁在买入已经不重要了。因此，我回补了我的空头头寸，并反手做多了1万股。到目前为止，我认为你的消息绝对可靠。”

“可靠到什么程度呢？”消息提供者问道。

“你在这间营业厅里拥有了500股，价格是我做多的那1万股的均价。”执事说。“祝你好运，我的朋友，下次冷静点。”

“嗨，执事，”消息提供者说，“你卖掉自己的股票时，能不能也把我的一起卖掉？其实我了解的并不如我想象的那么多。”

道理很简单，这就是为什么我从来不廉价买入股票的原因。当然，我总是试图以一种行之有效的方式买入，以便帮助我在市场中占据有利的位置。至于卖出股票，道理同样显而易见，除非有人愿意接手，否则没人可以卖得掉。

如果你是大规模操作，就必须时刻牢记这一点。首先，要研究基本形势；其次，要认真制定操作策略；最后，按部就班，采取行动。如果一个人动用了一大笔头寸，并且积累了一大笔账面利润，那么他就不能随心所欲地卖出。他不能指望市场吸纳5万股像吸纳100股那样容易，因此，他必须耐心等待，直到市场有能力承接为止。市场上的购买力足够强大之日，便是时机成熟之时。当机会来临时，必须将其一把抓住。一般来说，他必须时刻保持警惕，也就是说，他必须在能卖的时候卖，而不是想卖的时候卖。为了精确择时，他必须进行观察和测试。

判断市场何时能吸纳他的抛盘其实并不难，不过，在一轮行情启动初期便满仓操作，是极不明智的，除非能够确保对基本形势的判断完全正确。记住，股票永远不会高到不能买，也不会低到不能卖。在进行第一笔交易之后，除非给你带来了利润，否则，不要进行第二笔交易。要耐心等待和留心观察，这正是行情纸带阅读能力派上用场的时候——选择开始交易的时机。交易的成败，很大程度上取决于交易的时机是否正确。我花费了很多年的时间，缴纳了高昂的学费，才终于认识到这一点的重要性。

当然，一个人可以通过金字塔交易法*赚到大钱——如果不采用这种策略是无法赚到钱的——但是，我的意思并不是建议人们持续不断地进行金字塔式加码。我真正想说的是：假设一个人只有 500 股头寸，如果他是在投机，那么他就不应该全仓买进；如果他纯粹是在赌博，我能给他的唯一建议就是——不要赌博！

假设他买入了第一个 100 股，随后立即出现了亏损。那么，他为什么还要继续买入更多股票呢？他应该立刻意识到自己错了，至少暂时错了。

*指当投资者买入某只股票后，随着股价的上涨，继续分批追加买入，以此逐步增加其持仓量，从而将潜在收益最大化。——译者注

第八章　时间之锁

1906年夏天在萨拉托加联太铁路一事上的遭遇，让我变得比以往任何时候都更加独立，我不再依赖他人的任何建议和言论。不管他们多么友善，能力多么出众，总之，我决心不再被他人的观点、推测和怀疑左右。不是因为我自负，而是事实证明，我阅读行情纸带的能力，比周围绝大多数人都要准确得多。与哈丁兄弟公司的普通客户相比，我更具优势，因为我完全摆脱了投机偏见的束缚。对我来说，做空并不比做多更具吸引力，反之亦然。此刻，我只有一个坚定不移的“偏见”，那就是避免犯错。

在我还是个少年时，我就能从我所观察到的事实中得出自己的结论，这是我理解事物本质的唯一方式。我无法从别人告诉我的事实中得出自己的结论，事实之所以是事实，是因为它们是我自己观察到的。你明白吗？如果我相信某件事，可以肯定，那一定是因为我不得不信。当我做多股票时，一定是因为我对基本形势的解读使我看多。然而，你会发现，很多徒有虚名的聪明人，他们之所以看涨，是因为他们持有股票。我绝不允许我的持仓，或者先入之见影响我的思考。这就是为什么我一再强调，我从不和行情纸带争辩。仅仅因为市场不如你所愿，或者不合逻辑地与你对着干，你就火冒三丈，这就像是得了肺炎却责怪你的肺一样荒谬。

我逐渐意识到，股票投机不仅仅是阅读行情纸带那么简单。老帕特里奇一再强调，在牛市中持续看多至关重要。这无疑让我深刻地认识到，确定当前市场的类型才是首要任务。我开始领悟到，赚大钱的机会只存在于大的市场波动中。事实上，无论触发大波动的最初驱动力量源自何处，它之所以能够持续运行，既不是因为资金池的操纵，也不是因为金融家的计谋，而是取决于市场的基本形势。并且，无论是谁，都无法阻挡行情按照驱动力量所决定的幅度、速度和时间继续运行。

经萨拉托加一役，我开始更加清晰地认识到，或许应该说更加充分地认识到，既然整个市场的股票都随着主要趋势运行，那么研究个股的走势或者运行方式，就没有我之前想象得那么必要了。与此同时，以大势为着眼点，交易者在进行交易时将不再受到限制，他可以买卖整个市场上的所有股票。对于某些股票而言，如果卖空的数量超过了总股本的一定比例，空头头寸就会变得非常危险。这个比例取决于持有者是谁，以何种方式持有以及持股成本是多少。但是，如果价格合适，将整个市场的股票作为交易标的，那么即便卖出100万股，也不会有被逼空的风险。过去，内部人士经常利用空头们对垄断和逼空的恐惧心理，每隔一段时间就会从他们身上大赚一笔。

很明显，正确的做法是，在牛市中看多，在熊市中看空。听起来很傻，不是吗？可是，只有首先牢牢掌握了这条基本原则，才能明白将其付诸实践的真正意义——站在大概率的一边。我花费了很长时间才学会按照这些原则进行交易。不过，说句实话，直到那时，我都没有足够的资本按照这样的方式进行投机。如果头寸规模足够大，大波动则意味着赚大钱，而要动用一大笔头寸，就必须在经纪商的账户里拥有一大笔资金。

我总是必须，或者觉得必须从股票市场上赚到我的日常开销，这妨碍了我积累用于做大行情所需本金的努力。做大行情意味着可以获取更多的利润，但来钱相对较慢，即时成本相对较高。

现在，我不仅对自己越来越有信心，我的经纪商也不再把我当作一个偶尔幸运的“投机小子”了。过去，他们从我身上赚取了大笔佣金，现在，我正在逐步成为他们的明星客户。对他们而言，明星客户的价值要比具体的交易量大得多。对任何经纪行营业厅来说，赚钱的客户都是一笔宝贵的财富。

从我不再仅仅满足于研究行情纸带的那一刻起，我便不再只关注特定股票的日间波动。相反，我必须从另一个不同的角度来研究这个行当——从报价板回到基本原则，从价格波动回到基本形势。

当然，长期以来，我一直按时阅读每日的市场信息。在这一点上，所有的交易者概莫能外。不过，其中大部分都是些流言蜚语，有些甚至是故意编造的虚假消息。其余的，则纯粹是撰稿人的个人观点。当然，也有些声誉卓著的每周评论，但当他们论及基本形势时，也不能令我完全满意。一般来说，我的观点会与那些金融编辑的观点大相径庭。对他们来说，整理出相关事实，并从中得出结论，并非至关重要，但对我来说却是至关重要的。此外，在对时间因素的看法上，我们之间也存在着巨大的差异。对我而言，对过去一周的分析，远不如对未来几周的预测重要。

多年来，我一直被缺乏经验、年少无知和资金不足这三大不足所累。不过，我现在已经品尝到了作为一名发现者的喜悦。我对这个行当全新的看法，解释了为什么我过去在纽约屡屡受挫，一直未能赚到大钱的原因。现在，我已经拥有了足够多的资金、经验和信心，我迫不及待地想要尝试一下这把新钥匙，以至于根本没有注意到门上还有另一把锁——时间之锁！对我而言，出现这样的疏忽，完全在情理之中。像往常一样，每前进一步，我都必须支付一大笔学费。

研究了1906年的形势后，我认为经济前景极其严峻。全世界的许多物质财富都已被摧毁，迟早，人们会感到手头拮据，人人自顾不暇，没有人能帮助他人。这一次，不是可以用一幢价值1万美元的房子换取一车价值8千美元的赛马那样的艰难时期，而是房子被大火彻底烧毁，大部分马匹在铁路事故中死亡。

在布尔战争（Boer War）* 中，大量的硬通货在炮火中化为了灰烬，成百上千万美元被用于养活南非那些不事生产的士兵，这意味着英国的投资者不会再像过去那样给我们提供任何帮助。此外，这次旧金山大地震和火灾以及其他灾

* 这里是指第二次布尔战争（Second Boer War），这场战争发生在1899年10月11日至1902年5月31日之间，是英国与荷兰移民后代阿非利卡人（布尔人）所建立的德兰士瓦共和国和奥兰治自由邦之间，为争夺南非的领土和资源而进行的一场旷日持久的战争。——译者注

难波及了每一个人，包括制造商、农民、商人、工人和富豪，铁路行业也必将遭受重创。我想，没有什么能够阻止这场巨大的危机，在这种情况下，唯一能做的就是卖空股票！

之前对你说过，我已经注意到，一旦确定了交易方向，我的第一笔交易往往就会给我带来利润。现在，我决定大力卖空。既然我们毫无疑问正在进入一个真正的熊市，我确信，这将会给我带来职业生涯中最大的一笔盈利。

市场先是跌了下去，然后又涨了回来，随即开始企稳，最后开始稳步上扬。我的账面利润被一扫而光，账面亏损却在与日俱增。直到有一天，看起来似乎没有哪只熊能活着走出来，向人们讲述这次真正的熊市了。我实在忍受不了这种煎熬，于是便回补了我的空头头寸。这个做法是明智的，否则，我可能会亏到连一张明信片都买不起。我这头熊差点被拔光了毛，好在我活了下来。留得青山在，不怕没柴烧。

我犯错了。可错在哪里呢？我在熊市中看空，这是明智之举；我卖空股票，也无可挑剔。我错在操之过急，卖得太早了，这让我付出了高昂的代价。我的头寸是正确的，但我的操作是错误的。然而，每过一天，市场都会距离不可避免的崩溃更近一步。于是，我等待着，当涨势开始变得犹豫并陷入停滞时，我让他们尽可能多地卖出股票，在我那已经大幅减少的可怜的保证金所允许的范围之内尽可能多地卖出股票。这一次我对了，但只对了一天，因为第二天价格便重拾升势，市场又狠狠地咬了我一口！于是，我继续研读行情纸带，然后回补了头寸，并继续等待。后来，我又不失时机地再次卖空，市场再次令人满怀希望地出现了下跌，然而，随之而来的则是更为猛烈的反弹。

看起来，市场似乎正在竭尽全力地把我打回原形，意图让我重拾过去在对赌行使用的那套简单把式。这是我第一次根据具有明确前瞻性的计划进行操作，该计划涵盖了整个市场，而不仅仅是一两只股票。我觉得，只要能够坚持下去，就一定能赢。当然，那时我还没有形成自己的下单方法，不然的话，我原本可以在下跌的市场中建立空头头寸，就像我上次向你解释的那样，这样我就不会损失那么多保证金了。当然，我也可能会犯错，但总不至于伤筋动骨。

你瞧，我观察到了一些事实，但还没有把它们融会贯通。不全面的观察不仅没有帮助我，反而拖累了我。

我发现，通过研究自己的错误，我总能从中获益。最终我意识到，在熊市中持有空头头寸是明智的，但无论何时，都应该通过阅读行情纸带，以确定最佳的操作时机。如果入场时机正确，那么已经盈利的头寸就不会受到严重威胁，然后就能更加从容地坚守头寸。

当然，如今我对自己观察的准确性变得更有信心了。在观察过程中，既不会受到个人主观愿望的影响，也不会被个人偏好左右。同时，我也拥有了更多手段来验证我观察到的事实，并且可以通过各种方式来检验我观点的正确性。但是，在 1906 年，一连串的反弹行情无疑对我的保证金造成了严重侵蚀。

我那时还不到 27 岁，已经在这个行业摸爬滚打了 12 年。然而，这是我平生第一次根据即将到来的危机进行交易。我发现，我一直在用望远镜观察着这场危机的到来。从第一次瞥见暴风云的那一刻，到真正能够在暴跌中大赚一笔，两者之间的时间跨度显然比我想象的要长很多，以至于我开始怀疑，我是否真的看到了我自以为看得很清楚的东西。我们已经收到了许多警告，而且短期拆借利率也出现了惊人的飙升。尽管如此，一些金融巨头的言论仍然信心满满，至少他们对报纸记者是这样说的。随之而来的股市反弹，也让那些灾难预言家们的谎言不攻自破。我看空市场到底是犯了根本性错误，还是仅仅因为过早卖空犯了暂时性错误？

我意识到，是我操之过急了，可是我实在控制不住自己。随后，市场开始出现抛售潮。我抓住了这个机会，尽全力卖空股票。然而，股市却再次出现了反弹，并回升到一个相当高的水平。

我被扫地出门了。

我判断对了，却变得身无分文！

这件事简直太不可思议了。事情是这样的：我向前望去，看到了一大堆美元，上面插着一块牌子，写着“任君采撷”几个大字。旁边停着一辆卡车，车身上印着“劳伦斯·利文斯顿货运公司”的字样。我手中握着一把崭新的铲子，四周一个人也没有，因此，在这场掘金大赛中，我没有竞争对手，这便是比别人先看到这堆美元的好处之一。如果有人停下来看看，本来是可以看见的，但他们当时不是在看棒球比赛，就是在开车兜风，或者正在买房子——他们本可以用我看到的这堆钱来支付房款的。这是我平生第一次看到这么多钱摆在我面前，自然而然地，我饿虎扑食般冲了过去。然而，还没等我跑到那堆美元跟前，风向却变了，我被重重地掀翻在地。那堆美元还在那里，但我的铲子却丢了，卡车也不见了踪影。我真是太心急了！我太急于向自己证明我看到的是真金白银，而不是海市蜃楼。我看到了，我知道我看到了，我一心只想着自己的好眼力为我带来了丰厚奖赏，却没有考虑到与那堆美元的距离。我应该不慌不忙地走过去，而不是饿虎扑食般地冲过去。

事情就是这样：没等到合适的时机，我便孤注一掷地站到了空头一边。在这种情况下，我本该借助我的行情纸带阅读能力，我却没有这么做。这件事让我认识到：即使一个人在熊市伊始就已经恰如其分地开始看空，但是，在确保发动机没有回火的危险之前，最好不要大笔做空。

这些年来，我在哈丁兄弟公司的营业厅里交易了成千上万股股票，而且这家公司对我非常信任，我们之间的关系非常融洽。我认为，他们肯定觉得用不了多久，我就会东山再起。他们很了解我，知道我喜欢乘胜追击，我需要的不过是一笔启动资金，就能加倍赚回失去的一切。他们已经从我的交易中赚取了不菲的佣金，而且将来会赚得更多，因此，只要我的信用记录保持良好，我就可以继续在那里交易，不会遇到任何问题。

接二连三的打击，让我变得不再那么自以为是，或许应该说是不再那么粗心大意。我知道，我离彻底完蛋只有一步之遥。我现在所要做的，就是小心翼翼地耐心等待，这本是我一猛子扎进去之前就应该做的。这并不是说我是在亡羊补牢，只是下次尝试时，我必须确保自己能够成功。如果一个人从不犯错，那么用不了一个月，他就能拥有整个世界。可是，如果一个人不能从错误中吸取教训，那么他终将变得一无所有。

好吧，先生，一个美好的早晨，我来到市区，再次感到信心满满。这一次毫无疑问了，我在所有报纸的金融版上都读到了一则广告，这正是我此前豪赌时没有耐心等待的明确信号。这是一则北太铁路和大北方铁路（Great Northern）联合增发新股的公告，公告上说，为了方便股东认购，将采用分期付款的方式。如此贴心的认购方式，在华尔街上还是头一遭。不过，在我看来，这实属一个不祥之兆。

多年来，对于大北方铁路的优先股来说，这一直是一个屡试不爽的利好题材。公告一出，说明他们又要分瓜了，因为这意味着幸运的股东们有权按面值认购大北方铁路增发的股票。这些权利价值不菲，因为股票的市场价格总是远高于其面值。然而，现在的银根是如此紧缩，即便国内实力最强的投行，也不能确定股东们是否有这么多现金来完成这笔交易，而当时大北方铁路优先股的价格大约是 330 美元！

一到营业厅，我就对埃德·哈丁说："现在就是卖空的最佳时机，就是我应该采取行动的时刻，你看看那则广告吧。"

待他看过那则广告之后，我向他阐述了我对投行采取这一举措的看法。但是，他还是不能完全看清这场已经濒临崖边的崩溃。他觉得，鉴于市场现在已经习惯于出现大幅反弹，因此，在大规模做空之前，最好还是耐心等待一段时间。等待可能导致卖空时的价格更低一些，但操作起来更加稳妥。

"埃德，"我对他说，"市场盘得越久，当下跌真正开始的时候，其势头就会愈发猛烈。那则广告，简直就是一份带有银行家集体签名的自白书。他们所惧怕的，正是我所期待的，这无疑是我们登上这趟熊市列车的明确信号，万事皆已俱备。假如我手握 1000 万美元，此刻，我会毫不犹豫地押上每一分钱。"

我不得不继续和他软磨硬泡。从那则令人诧异的广告中，一个理性的人只能得出唯一的推断，但他却并不满足于此。这对我来说已经足够，但对营业厅里的大多数人来说还不够。结果，我只卖空了一小部分，少得可怜。

几天后，圣保罗铁路也"好心"地发布了一则公告，宣布将发行自己的证券——是股票还是债券，我忘记了，但这并不重要。重要的是，读完这份公告后，我立刻注意到，圣保罗铁路的缴款日期被设定在了大北方铁路和北太铁路缴款日之前，而后两者的缴款日期早已公布。事情再明显不过了，这简直就像是拿着麦克风大声宣布，历史悠久的圣保罗铁路正试图抢在其他两家铁路公司之前，争夺华尔街上少得可怜的流动资金。圣保罗铁路聘用的银行家显然正在担心这点钱不够他们三家分的，他们可不会谦让地说："我亲爱的兄弟，你先请！"如果资金已经如此紧缺，我敢打赌，银行家们早已对此一清二楚。接下来会发生什么？铁路公司迫切需要资金，可是资金有限，结果将会怎样？

卖空它们！当然！大众的眼睛紧盯着那一周的行情，所以看到的只是浮光掠影。而高瞻远瞩的股票作手看到的却是那一年的行情，所以看到的是内在门道。这就是差距。

对我来说，此刻便是结束怀疑和犹豫的时刻，我当即便下定了决心。就在那天早上，按照此后始终不渝遵循的路线，我开始了真正意义上的第一次战役。我把我的想法和立场告诉了哈丁——以 330 美元左右的价格卖空大北方铁路的优先股以及其他高价股，他没有提出任何异议。我从先前那些代价高昂的错误中吸取了教训，这一次我采取了更加明智的卖空策略。

很快，我的声望和信誉便得以恢复，这便是在经纪行营业厅正确行事的美妙之处，无论是否出于偶然。这一次，我冷静地做出了正确的判断，并非依靠直觉或者对行情纸带的熟练解读，而是凭借我对影响股市的基本形势的深入分析。我并不是在猜测，而是在预测不可避免的事情。卖出股票时，我不需要任何勇气，因为除了不断走低的股价，我看不到任何其他可能性。我不得不据此行事，不是吗？除此，我还能做什么呢？

所有股票都疲软无力，不久，便出现了一轮反弹。人们纷纷前来警告我，股市下跌已经见底，那些大鳄们知道空头的敞口非常庞大，他们决定对空头们发起逼空，诸如此类。一旦出现逼空行情，将让我们这些空头们损失数百万美元。大佬们绝不会心慈手软，这是板上钉钉的事情。对于这些好心的"谋士"，我通常报之以感谢，甚至不会与其进行争辩，因为那样一来，他们就会认为我这人不识好歹，把好心当成驴肝肺。

此刻，那位和我一起去大西洋城的朋友正陷于痛苦之中。他能理解我当时的直觉，因为紧随其后便发生了地震。他不得不相信这样的直觉，因为那一次，我明智地听从了自己盲目的冲动，通过卖空联太铁路，从中大赚了 25 万美元。他甚至说，这是上帝以一种神秘的方式让我卖空股票，而他却在看涨。而且，他也可以理解我在萨拉托加对联太铁路的第二次操作。他可以理解涉及单只股票的任何交易，因为无论涨跌，单只股票的走势早就被内部消息提前确定了。但是，预测所有股票都会下跌这件事，却让他大为光火。这种消息究竟对什么人有好处呢？人们又该采取怎样的行动呢？

我回想起老帕特里奇最喜欢说的那句话：“嗯，这是牛市，你懂的。”对于足够聪明的人而言，这句话仿佛就是一句至关重要的内部消息。事实上，也确实如此。令人不解的是，在遭受了 15 到 20 个点的大幅下跌带来的惨重损失之后，那些仍然坚持持有股票的人，竟然因为一次仅仅 3 个点的反弹，便满怀信心地断定市场已经触底，并坚信全面回升已经拉开了序幕。

一天，我的朋友过来问我：“你回补了吗？”

“我为什么要回补？”我说。

“因为世上最好的理由。”

“什么理由？”

“为了赚钱。市场已经触底，怎么下去的就必定怎么上来。不是吗？”

“是的，”我回答道。“首先，尸体要先沉到水底，然后才会浮上来，但不是立刻。它们需要在水下待上几天，直到彻底腐烂。现在还不是这些尸体浮出水面的时候，因为它们还没有完全烂透。”

一位老手听到了我说的话，他是那种喜欢触景生情的人。他说，一次，看空的威廉 · R. 特拉弗斯（William R. Travers）遇到了一位看多的朋友，他们交换了对市场的看法。他的朋友说：“特拉弗斯先生，市场如此坚挺，您怎么还能看跌呢？”特拉弗斯反驳道：“是的！死—死尸般的—僵—硬！”特拉弗斯先生去了一家上市公司办公室，要求查看公司的账簿。职员问他：“你持有本公司的股份吗？”特拉弗斯回答说：“我应—应该说—我有！我卖—卖空了—2 万股！”

嗯，反弹变得越来越弱，于是，我倾尽全力卖空。每当我卖出几千股大北方铁路优先股时，股价就会下跌几个点。我还发现了另外几只走势疲软的股票，并卖空了一些，结果，所有的股票都应声下跌。只有一个例外，令人印象深刻，那就是雷丁铁路（Reading）。

当所有股票都像是坐了雪橇一样急速下滑时，雷丁铁路的股价却坚如磐石，屹立不倒。人们都说这只股票被控盘了，从它的表现来看，也确实如此。他们不断地告诫我，卖空雷丁铁路简直就相当于自杀。营业厅里有些人现在和我一样，他们也看空所有股票。但是，每当有人暗示要卖空一些雷丁铁路时，他们就会大呼救命。我自己也卖空了一些雷丁铁路，并且毫不动摇。与此同时，相较于那些走势坚挺的股票，我自然更倾向于寻找并做空那些疲软的股票。凭借阅读行情纸带的能力，我发现其他股票更容易为我带来赚钱的机会。

我听说了很多关于雷丁铁路资金池的传闻。这是一个财力雄厚的资金池，朋友们告诉我，首先，他们拥有大量的廉价筹码，因此，他们的平均持股成本实际上低于当时的市价。此外，该资金池的主要成员与银行拥有极其友好的关系，他们用银行的钱持有了大量的雷丁铁路。只要股价保持上涨，他们与银行家的友谊就牢不可破。其中一名成员的账面利润已经超过 300 万美元，因此，即使股价有所回撤，也不至于造成严重后果。难怪这只股票能够屹立不倒，藐视空头。间或，场内交易者也会看着它的股价砸砸嘴，然后试着卖空一两千股试试水。但他们无法撼动这只股票，于是只好平空回补，去寻找更容易赚钱的机会。每当我看到这只股票的时候，我也会卖出一些——数量刚好能够用来说服我自己。我遵守了自己新的交易原则，而不是根据自己的喜好选择股票。

在过去，雷丁铁路的坚挺可能会让我产生误判。行情纸带不停地对我说："别碰它！"可是，我的理智却告诉我，情况并非如此。我预见到的是一场全面崩溃，无论有没有资金池控盘，都不会有任何例外。

我一直都是单枪匹马。一开始，我在对赌行的时候就是这样，并且一直如此。这是我思考问题的方式，我必须自己观察，独立思考。不过，我可以告诉你，当市场开始朝我预期的方向运行时，我生平第一次感觉到自己有了盟友——世界上最强大、最可靠的盟友：基本形势，它们竭尽全力地支持我。或许有时候它们在调动储备方面会略显迟缓，但只要我不太急躁，它们就是可靠的。我不是靠解读行情纸带的技巧或者直觉去碰运气，是事件背后的必然规律在为我赚钱。

关键在于判断正确，认清形势并据此行事。我真正的盟友——基本形势发出了命令："下跌！"而雷丁铁路却对这一命令置若罔闻，这简直是在羞辱我们。看到雷丁铁路的股价如此坚挺，仿佛一切都风平浪静，这让我感到非常恼火。它本应该是所有股票中最理想的卖空标的，因为它还未曾下跌。另外，资金池持有大量的股票，一旦资金短缺问题加剧，他们将无力持有这么多股票。终会有一天，银行家的朋友们也将面临与无依无靠的公众相同的命运，这只股票也必将跟随其他股票一同下跌。如果雷丁铁路没有下跌，那么我的推理就站不住脚；若推理有误，那么我依据的事实也不可信；若事实失真，则其背后的逻辑与规律也将失去效力。

我觉得，该股的股价之所以坚挺，是因为华尔街害怕卖空它。于是，有一天，我同时向两家经纪商下达了卖空 4000 股的指令。你应该能想象得到，当这些空单竞相来袭时，这只被控盘的股票，这只卖空它就相当于自杀的股票，瞬间就崩塌了。见此情形，我又让他们卖空了几千股。我刚开始卖空它的时候，股价是 111 美元。几分钟后，我就以 92 美元的价格回补了全部空头头寸。

在那之后，我度过了一段愉快的时光。1907 年 2 月，我全部清仓了。大北方铁路的优先股已经下跌了六七十个点，其他股票也出现了相应的跌幅。这一次，我获利颇丰。我之所以选择清仓，是因为我认为，这次下跌已经充分反映了近期的市场前景。我预期市场将会迎来一轮相当幅度的反弹，但并没有乐观到足以反手做多的地步。我并不打算完全放弃我的立场，但当前的市场状况暂时不适合我进行交易。我之所以赔光了在对赌行赚到的第一个 1 万美元，就是因为我不合时宜地频繁交易，无视市场的基本形势。这样的错误，我不会再犯第二次。另外，值得一提的是，不久前的那次破产，也是因为我过早地预测到了这次下跌，并在时机尚未成熟时便匆忙卖空。

现在，既然我已经累积了一大笔利润，我渴望将其变现，以确信自己的判断是正确的。此前的反弹曾让我蒙受了重大损失，我可不想让下一次反弹再把我洗劫一空。因此，我没有选择坚守，而是去了佛罗里达。我喜欢钓鱼，也需要休息。在那里，我可以同时享受钓鱼的乐趣和宁静的休闲时光。此外，棕榈滩（Palm Beach）* 和华尔街之间还设有专线，这使得我能够随时掌握市场动态。

---

* 棕榈滩（Palm Beach）是坐落于美国佛罗里达州东南部的旅游城镇，一直以来都是美国财富与奢华的象征。它以其独特的地位，扮演着超级富豪聚集地的角色，是美国最为著名的亿万富豪聚居区之一，同时也是美国亿万富豪们钟爱的度假天堂。——译者注

第九章　股市之王

我沿着佛罗里达海岸巡航。海钓总是令我感到无比快乐，无股一身轻，我尽情地享受着这段曼妙时光。一天，在棕榈滩附近，几个朋友乘摩托艇过来找我，其中一个人带来了一份报纸。我已经好几天没看报纸了，也没有想看的欲望。我对报纸上可能刊载的任何新闻都提不起兴趣，但我还是瞥了一眼朋友拿到游艇上的那份报纸，发现市场刚刚经历了一轮大幅反弹，反弹了至少 10 个点。

我告诉我的朋友们，我要和他们一道上岸。偶尔出现温和的反弹是可以理解的，但此时尚处熊市之中，要么是华尔街，要么是愚蠢的大众，亦或是那些绝望的多头势力，他们无视紧缩的银根，亲自上阵或者唆使别人把价格拉高到了不合理的水平。对我来说，这简直太过分了，我必须得亲自看一下市场。我不知道自己会不会采取行动，但我知道，我迫切需要看到报价板。

我的经纪商哈丁兄弟公司，在棕榈滩设有一间分部。我走进去时，发现里面有很多熟悉的面孔，他们中的大多数人都看多。他们都是那种根据行情纸带交易并快速采取行动的交易者，这类交易者不需要看得太远，这是他们的交易风格使然。我之前告诉过你，我在纽约的营业厅是如何被冠以“投机小子”的。当然，人们总是会夸大一个人的盈利和他的交易规模。营业厅里的同行们听说我在纽约做空大赚了一笔，现在，他们预期我会再次大力做空。他们自己认为这次反弹还会持续很长时间，但与此同时，他们也觉得狙击多头是我的职责所在。

我原本是来佛罗里达钓鱼的，此前我一直承受着相当大的压力，急需让自己休个假。可是，当我看到价格反弹的幅度如此之大时，我便觉得不需要休假了。我刚上岸的时候，还没想好下一步要做什么。但是，现在我知道了，我必须卖空股票。我坚信我是对的，而且我必须用我一贯也是唯一的方式来证明这一点，那就是用钱说话。卖空一揽子股票，将是一项恰当的、审慎的、有利可图的甚至是爱国的行动。

报价板上，我第一眼看到的是安纳康达（Anaconda），该股股价即将突破300美元关口。它的股价一路飞速上涨，很明显，其背后有一个咄咄逼人的多头群体。一直以来，我都遵循着一条交易法则：当一只股票的股价首次突破100、200或300美元时，股价通常不会停留在这些整数关口，而是会继续大幅上涨。因此，如果你在股价突破这些关卡时立即买入，几乎可以肯定会给你带来利润。胆小者不喜欢在股价创新高时买入股票，而我则是用此类历史走势作为自己的操作指南。

安纳康达的股票面值只有其他公司的四分之一，也就是说，每股票面价值只有25美元。400股安纳康达，才相当于100股通常面值为100美元的其他股票。我预计，当它的股价突破300美元时，应该会继续上涨，并且可能很快就会触及340美元。

别忘了，我当时是看空的，但我也是一个根据行情纸带交易的人。我深知安纳康达公司，如果它按照我预测的那样发展，股价就会迅速上涨。任何快速上涨的股票，总是对我具有很强的吸引力。我已经学会了耐心等待和如何保持不动，不过，我个人更喜欢快速波动。安纳康达显然不是个慢性子，我之所以买它，是因为它突破了300美元，这是出于我内心深处一种强烈的渴望，我想要验证自己的观察。

就在那时，行情纸带显示买盘强于卖盘，因此，整体反弹势头可能会进一步延续。在做空之前耐心等待，方为明智之举。不过，在等待期间，我同样可以赚取一些利润。从安纳康达上面捞取30个点，利润快速就到手了。看空整个市场，看多一只股票！于是，我买进了32000股安纳康达，也就是8000整股。这是一次漂亮的短线交易，我对自己的预判很有信心。我预计，这笔利润将有助于增加我未来进行空头操作时所需的保证金。

第二天，由于北方发生了风暴或其他类似的情况，电报线路因故中断。我在哈丁兄弟的营业厅里等待进一步的消息。营业厅里的人们议论纷纷，猜测着各种情况，就像股票交易者无法交易时常常会做的那样。然后，我们收到了当天的唯一报价：安纳康达，每股 292 美元。

当时，还有个伙计和我在一起，是我在纽约认识的一位经纪人。他知道我做多了 8000 整股，我怀疑他也跟着买了一些，因为当我们收到那个报价时，他显然有些怒火中烧。他不知道此刻这只股票是不是又下跌了 10 个点，以安纳康达之前的上涨势头来看，它再跌 20 个点也不足为奇。不过，我对他说："别担心，约翰（John），明天就会好起来的。"这真的是我当时的真实感受。但是，他看着我摇了摇头。他觉得自己比谁都清楚情况，他就是这样的人。于是，我笑了笑，继续在营业厅里等着，看是否会有新的报价传来。但很遗憾，并没有。那就是我们得到的唯一报价：安纳康达，292 美元。对我来说，这意味着近 10 万美元的账面损失。我本想速战速决，现在好了，算是如愿以偿了。

接下来的一天，电报线恢复了正常，我们可以照常接收报价了。安纳康达的开盘价为 298 美元，随后涨至 302–3/4 美元。可是很快，涨势便停滞不前了。此外，其他股票的表现也不利于进一步的反弹。我下定决心，如果安纳康达回落到 301 美元，我就必须把它的整轮上涨行情视为假象。在正常的上涨行情中，价格应该一口气涨到 310 美元。如果不涨反跌，那就意味着我此前观察到的先例已经失效，我判断错了。当一个人犯错时，唯一要做的就是停止犯错，并改正错误。因为预期会有 30 到 40 个点的涨幅，我买进了 8000 整股。这不是我第一次犯错，也不会是最后一次。

果不其然，安纳康达跌回到了 301 美元。股价刚一触及这个价位，我立即悄悄地溜到了电报员身边——他们有一条直通纽约营业厅的专线。我低声对电报员说："卖掉所有的安纳康达，8000 整股。"我不想让其他人知道我在做什么。

他抬起头，用近乎惊恐的表情看着我。我只是点了点头，说："我手上所有的股票！"

“您确定，利文斯顿先生，您是要按市价卖出吗？”他看起来就好像会因为一个粗心大意的经纪人拙劣的执行而损失几百万美元似的。不过，我只是告诉他：“立刻卖掉！别多问！”

当时，有两位来自布莱克家族的青年才俊，吉姆（Jim）和奥利（Ollie）也在这间营业厅里，他们应该听不到我和那位电报员的对话。这两位大交易商起家于芝加哥，曾是那里著名的小麦炒家，如今已成为纽约交易所的大宗交易商。他们财力雄厚，而且惯于大手笔交易。

当我离开那位电报员，准备回到报价板前面的座位上时，奥利朝我微笑着点了点头。

“拉里，你会后悔的。”他说。

我停下脚步，问他：“你什么意思？”

“明天你就会把它买回来的。”

“买回什么？”我疑惑地问。除了那位电报员，我没有向任何人透露过此事。

“安纳康达，”他说，“你会以320美元的价格把它买回来。这可不是明智之举，拉里。”他再次朝我笑了笑。

“哪里不明智了？”我装作一脸无辜地问道。

“以市价卖出你那8000股安纳康达。确切地说，是你坚持要这么做。”奥利说。我知道他非常聪明，擅长利用内部消息进行交易。让我百思不得其解的是，他为何会对我的交易情况了如指掌。我确信，营业厅的人没有出卖我。

“奥利，你是怎么知道的？”我好奇地问他。

他笑着告诉我：“我是从查理·克拉泽（Charlie Kratzer）那里得知的。”查理正是那位电报员。

“但他从未离开过岗位呀。”我说。

“我当然听不到你和他的低声交谈，”他咯咯地笑着说。“但是，他发往纽约营业厅的每一条电报的内容，我都能一字不落地听到。几年前，由于发错了信息，我与电报员大吵了一架，之后，我便自学了电报技术。从那以后，每当我像你刚才那样口头给电报员下达指令时，我都会确保电报员发送的信息与我的指令完全一致。电报员以我的名义发送的每一条电报，我都了如指掌。不过，卖掉手中的安纳康达，你一定会后悔的，它会飙升到 500 美元。”

“但不是这次，奥利。”我说。

他盯着我，说：“你太自以为是了。”

“不是我，是行情纸带。”我说。那里没有报价机，所以并没有行情纸带。不过，他明白我的意思。

“我听说过这种家伙，”他说，“他们盯着行情纸带，看到的却不是价格，而是一张股票到站和离站的时刻表。不过，他们最后都被关进了病房，以免伤到自己。”

我没有回答他，因为就在那时，职员递给我一张成交报告，他们已经以 299–3/4 美元的价格给我卖出了 5000 股。我知道，我们这里的报价稍微落后于市场的实时价格。当我给电报员下达卖出指令的那一刻，棕榈滩营业厅里报价板上的价格是 301 美元。我非常确信，就在那一刻，这只股票在纽约证券交易所的实际成交价格肯定更低。如果有人愿意以 296 美元的价格从我手中接过这只股票，我一定会欣然接受。这件事情表明，我从不做限价交易是正确的。假如我把卖出价格限定为 300 美元，结果会怎样？那我可能永远也卖不出去。不，先生！当你想卖出的时候，那就赶快。

现在，我的持股成本大约是 300 美元一股。他们以 299–3/4 美元的价格卖掉了 500 整股；接着，又以 299–5/8 美元的价格卖出了 1000 股；然后，以 299–1/2 美元的价格卖出了 100 股；再接着，以 299–3/8 美元和 299–1/4 美元的价格分别卖出了 200 股；最后，剩下的股票以 298–3/4 美元的价格卖出。哈丁公司最精明的场内交易员足足花了 15 分钟，才将最后 100 股卖掉，因为他们不想引发市场恐慌。

收到最后一笔多头头寸卖出报告的那一刻，我开始做上岸后真正要做的事，那就是卖空股票，我不得不这么做。在经历了肆无忌惮的上涨后，市场向我发出了明确的卖空信号。与此同时，人们又开始抛出牛市论调了。然而，市场走势却告诉我，这轮上涨已经接近尾声。现在卖空是安全的，根本无须多虑。

次日，安纳康达的开盘价低于296美元。奥利正等待着股价进一步上涨，他早早地来到了营业厅，以便能够亲眼目睹股价突破320美元。我不知道他做多了多少股，或者他是否真的做多了这只股票。不过，当他看到开盘价的时候，他并没有笑得出来。当天股价进一步走低时，他更是笑不出来了。我们在棕榈滩收到的报告显示，这只股票已经根本没有市场了。

当然，这足以成为任何人需要的确认信号。不断增长的账面利润时刻提醒我，我的判断是正确的。于是，我卖出了更多的股票，包括各种类型！当时正处于熊市，所有的股票都在下跌。下一天是星期五，是华盛顿诞辰日。我不能继续留在佛罗里达钓鱼了，因为我已经建立了一笔相当可观的空头头寸，我需要坐镇纽约。谁需要我？当然是我自己！棕榈滩太远，太偏僻了，收发电报浪费了我太多宝贵的时间。

我离开棕榈滩，前往纽约。星期一，为了等火车，我不得不在圣奥古斯丁（St. Augustine）足足逗留了三个小时。那里有一间经纪行的营业厅，等车的间隙，我自然要去看看市场的表现。相较于上一个交易日，安纳康达又下跌了好几个点。事实上，直到那年秋天大崩盘，它从来没有停止过下跌。

回到纽约后，我做空了大约四个月的时间。市场依旧会时不时地出现反弹，我就不断地平空再放空。严格上讲，我并没有坚持不动。请记住，在旧金山大地震的崩盘中赚到的30万美元，曾经被我亏得分文不剩。尽管我当时判断正确，却还是破产了。现在，我的操作非常谨慎，因为人在跌入谷底之后，总会渴望着东山再起，哪怕不一定能重回巅峰。赚钱的方法就是赚钱本身，而赚大钱的方法，就是在最恰当的时间做出正确的判断。在这个行当里，一个人必须兼顾理论与实践。投机者不仅仅是研究者，他还必须是个投机者。

以现在的眼光来看，尽管这次战役在战术上仍有不足之处，但对于当时的我来说，表现已经相当不错了。随着夏天来临，市场开始变得沉闷起来。显然，在秋天来临之前，都不会有大行情可做了。我认识的人不是已经去了欧洲，就是在去往欧洲的路上。我觉得，去趟欧洲也不失为一个很好的选择，于是，我清空了所有头寸。当我乘船前往欧洲的时候，我的资金已经增加了超过75万美元。对我来说，总算是有了一些盈余。

我在艾克斯莱班（Aix–les–Bains）过得非常愉快，我享受着自己应得的假期。我怀揣着大把钞票，身边围绕着新朋旧友，每个人都尽情地享受欢乐。艾克斯简直就是人间天堂，华尔街离这儿如此遥远，以至于我完全把它抛在了脑后。我敢说，这里远胜美国任何一处度假胜地。在这里，我无须聆听股市的喧嚣，也不必进行交易，我的钱足够维持我很长一段时间的开销。此外，当我回去的时候，我还知道如何赚更多的钱——远远超过那个夏天我在欧洲的花销。

一天，我在《巴黎先驱报》上看到一则来自纽约的报道。报道称，思美尔特公司（Smelters）宣布将派发额外股息。他们推高了股价，整个市场也恢复了强劲势头。当然，这改变了我在艾克斯的一切。这则报道表明，多头集团仍在拼命负隅顽抗——罔顾基本形势，违反基本常识，不讲诚实信用。因为他们知道接下来会发生什么，他们正试图通过这种手段来推高市场，以便在风暴袭击他们之前能够全身而退。当然，他们可能真的不认为危险像我想得那么严重，那么迫在眉睫。和政客或者普通傻瓜一样，华尔街大佬们也容易一厢情愿地思考问题。我自己绝对不能那样做，对于投机者来说，这种态度是致命的。也许，只有那些证券发行人或者新股承销商，才有资本沉溺于这种不切实际的幻想之中。

我知道，在那轮熊市中，所有旨在推高股价的操纵行为都注定会失败。一读到那则报道，我就知道，只有一件事能让我放心去做，那就是卖空思美尔特。嗨，内部人士在即将出现资金恐慌的档口增加股息率的做法，简直就是在跪求我这么做。这就像儿时朋友挑衅你“你敢吗”一样令人恼火，他们在挑衅我不敢卖空那只股票。

我拍电报发出了一些卖空思美尔特的单子，并建议我在纽约的朋友也进行卖空操作。当我从经纪商那里拿到成交报告时，我发现，他们的执行价比我之前在《巴黎先驱报》上看到的报价低了6个点，这充分说明了当时的市场形势。

我原本计划在月底返回巴黎，然后大约三个星期后，再乘船前往纽约。不过，我一收到经纪商用电报发给我的成交报告，便立刻赶回了巴黎。到达巴黎当天，我就去了轮船公司，发现第二天就有一艘快船即将启航前往纽约。于是，我决定搭乘这艘船。

就这样，我回到了纽约，比原计划提前了近一个月的时间。在这里卖空，最令我感到安心，我手头持有超过50万美元的现金可用作保证金。我的回报并不是因为我看空，而是因为我的决策合乎逻辑。

接下来，我卖空了更多的股票。随着银根越来越紧，短期利率越来越高，股票价格越走越低。这一点，我早已经预见到了。起初，我的远见曾让我陷入了困境。如今，我不仅正确地预见到了，而且因此取得了成功。然而，真正令我感到喜悦的是，我意识到，作为一名交易者，我终于走上了正确的轨道。诚然，我还有很多需要学习的地方，但我已经明确了自己的方向。我不再迷茫徘徊，也不再采用模棱两可的操作方法。

阅读行情纸带是交易中的关键一环，但同样重要的是，我们要选择正确的入市时机，并坚守自己的头寸。我最为重大的发现是，一个成功的交易者必须研究基本形势，并对其进行评估，以便能够预测可能的发展趋势。简而言之，我深刻地认识到，只有通过不懈的努力和付出，才能收获属于自己的回报。我不再盲目下注，也不再专注于掌握交易技巧，而是致力于通过刻苦的研究和清晰的思考来赢得成功。与此同时，我还认识到，没有人能够完全避免做出愚蠢的交易，而那些愚蠢的交易最终只会让人们自食其果。不过请放心，财神爷很尽职，不会将你的钱装错口袋。

我所在的营业厅赚了大把利润。我的操作如此成功，以至于开始被广为流传。当然，其中不乏言过其实的添油加醋，我被说成是许多股票崩盘的始作俑者。连那些我叫不上名字的人，也常常跑来向我道贺。他们觉得，最美妙的事情莫过于我赚到了钱。我第一次警告他们熊市即将来临时，他们对此一言不发。那时他们认为，我只不过是一只带有股市失败者报复性心理的疯熊，对我预见到银根紧缩一事，他们觉得根本不值一提。经纪行的簿记员用了大量墨水，才将我的盈利誊写在我名下的账簿上——在他们看来，这才是我最了不起的成就。

朋友们过去经常对我说，当市场明显要探寻更低的水平，而那些多头集团却仍然试图逆势拉抬各种股票的价格时，在各大营业厅里，人们就会提起哈丁兄弟公司的那个“投机小子”，他敢于向这些多头集团发出各种威胁。直到今天，人们还在谈论着我过去对多头集团发动的那些突然袭击。

从 9 月下旬开始，货币市场就向全世界发出了强烈警告，但是，人们依然坚信奇迹会发生，因此并没有抛售手中剩余的投机性头寸。10 月的第一个星期，一位经纪人告诉我一件事，这件事令我为自己此前的谨慎近乎感到羞愧。

还记得吗，过去，交易所场内的贷款业务都是在资金交易区进行的。那些收到银行还款通知的经纪商，大致能够估算出自己需要重新借入多少资金，银行方面自然也清楚自身的可贷资金状况。那些资金充裕的银行，会将资金投放至交易所。这些银行资金由几家主要从事定期贷款业务的经纪商负责管理。大约中午时分，银行会公布当天的续借利率。通常，这代表了到那时为止所有贷款的平均利率水平。借贷双方通常通过公开竞价和报价的方式进行交易，因此，每个人都能清晰地了解货币市场的动态。从中午到下午 2 点左右，资金交易相对清淡。然而，一旦过了交割时间，即下午 2 点 15 分之后，经纪商们就会确切地掌握自己当天的资金状况，他们便可以去资金交易区借出富余的资金，或者借入所需的资金。这些业务同样也是公开进行的。

10 月初的一天，我之前提到的那位经纪人过来找我，他告诉我，经纪商们现在都不愿意去资金交易区放贷了，即便他们手头资金充裕。原因是几家知名佣金经纪行的成员都在那里严阵以待，随时准备借入任何可借资金。当然了，任何公开提供资金的贷款人都无法拒绝这些公司的贷款请求，因为它们不但具备良好的偿付能力，而且拥有充足的抵押品。然而问题在于，一旦这些公司借到了随借随还的短期贷款，贷款人就别指望能够收回这笔资金了。这些公司只要声称无力偿还，贷款人便不得不被动地延长贷款期限。这种情况下，任何一家手头有资金可供出借给同行的证券交易所会员公司，都会直接派人到交易所场内而非资金交易区，他们会低声询问好友：“来一百个吗？”言下之意便是：“需要借入 10 万美元吗？”不久，那些代理银行货币交易业务的经纪商也纷纷效仿这一做法，导致资金交易区变得异常冷清。想想吧！

他还告诉我，10 月份的那段时间，由借款人自己设定利率成了证券交易所的规矩。要知道，年利率可是在 100% 到 150% 之间波动。我想，通过让借款人自己设定利率，贷款人在某种程度上就不会觉得自己像放高利贷的了。不过你放心，他们一点都不会少拿，他们当然希望利率越高越好。而借款人之间则是公平竞争，别人付多少他就得付多少。他们急需资金，能借到钱就已经是谢天谢地了。

情况变得越来越糟糕。对于多头、乐观者和一厢情愿者而言，可怕的“清算日”终于到来了。起初，他们因害怕遭受一点小损失所带来的痛苦而犹豫不决，现在，他们却要在没有麻醉的情况下遭受“截肢之痛”。我永远也忘不了这一天，1907 年 10 月 24 日。

那天早些时候，来自资金需求方的消息表明，无论贷款人开价多少，借款人都不得不照价支付。那天，需要资金的人多如牛毛，但紧缺的资金无法照顾到每一个人。当天下午交割时间，资金交易区至少围着 100 个经纪人，每个人都希望借到他们公司急需的资金。如果借不到资金，他们就必须卖掉用保证金买入的股票——以任何可以卖出的价格卖出。那时，市场上的买家就像资金一样稀缺。放眼所及，市场上连一美元的流动资金都没有了。

我朋友的合伙人和我一样看空，因此，这家公司不需要借钱。但我的朋友，也就是我之前跟你提到的那位经纪人，一看到资金交易区周围那一张张憔悴不堪的面孔，就过来找我了。他知道我重仓做空了整个市场。

他说：“天啊，拉里！我不知道会出什么事，我从没见过这种情况。不能再这样下去了，必须改变这种局面。我看这会儿好像所有人都破产了，你不能再卖空股票了，根本没有资金接盘了。”

“你什么意思？”我问道。

他只是回答说：“你听说过那种课堂实验吗，就是把小白鼠放进玻璃罩里，当开始从玻璃罩里把空气抽出来时，你可以看到那只可怜的小白鼠呼吸变得越来越急促，它的两肋就像超负荷工作的风箱一样不停地起伏，试图从玻璃罩内不断减少的空气中获取足够的氧气。你眼睁睁地看着它渐渐窒息，直到它的眼睛几乎要从眼眶里凸出来。它急促地喘息着，奄奄一息，嗯，这就是我看到资金交易区的那群人时所想到的！哪里都没有钱，任何人都无法将股票平仓，因为根本没有任何买盘。要我说，此时此刻，整个华尔街都已经破产了！”

他的这番话引发了我的深思。我预见到了市场会崩盘，但并未预见到会演变成历史上最严重的恐慌。如果事态进一步恶化，对任何人都没有好处。

最后，事情变得显而易见，在资金交易区等着借入资金已经没有任何意义，因为市场上压根就没钱了。局势开始彻底失控。

当天晚些时候我听说，当证券交易所总裁R.H. 托马斯（R. H. Thomas）先生得知华尔街上的每一间经纪行都面临严重的流动性危机后，他便出面寻求援助。他拜会了国民城市银行总裁詹姆斯·斯蒂尔曼（James Stillman）先生，该银行是美国最富有的银行。这家银行曾自豪地宣称，他们的贷款利率从未高于6%。

斯蒂尔曼认真听取了纽约证券交易所总裁介绍的相关情况，然后对他说：“托马斯先生，我们得去找摩根先生（Mr. Morgan）谈谈这件事。”

为了避免出现金融史上最具灾难性的恐慌，两人一同前往摩根公司（J. P. Morgan & Co.）办公室，去拜会摩根先生。托马斯向摩根先生说明了相关情况，话音刚落，摩根先生立刻表态：“回交易所告诉他们，钱会到位的。”

“钱在哪里？”

“在银行里！”

在那样的危急时刻，所有人都对摩根先生信任有加。没等摩根先生细说，托马斯就急忙赶回了证券交易所，向场内那些被判了“死刑”的交易所会员们宣布“缓期执行”的喜讯。

下午两点半前，J.P. 摩根派了范・恩伯勒 – 阿特伯里公司（Van Emburgh & Atterbury）的约翰・T. 阿特伯里（John T. Atterbury）来到急需资金的人群之中。众所周知，此人与 J.P. 摩根公司的关系极为密切。我的朋友告诉我，这位老牌经纪人快步走到资金交易区，像培灵会*上的劝诫者一样举起手来。起初，在听到托马斯总裁的声明后，人群稍稍平静了一些。随后，人们便开始担心援助计划或许已经流产，最糟糕的情况终究无法避免。可是，当他们看到阿特伯里先生，看到他举起手的时候，立刻变得鸦雀无声了。

在死一般的沉寂中，阿特伯里先生宣布："我被授权借给诸位 1000 万美元。别担心！人人有份！"

接着，他便开始行动起来。他没有把贷款人的名字告诉每个借款人，而是简单地记录下借款人的名字和贷款金额，并告诉借款人，"到时自然会有人通知你去哪里取钱"。他的意思是，借款人到时自然会知道从哪家银行取钱。

一两天后，我听说，摩根先生直接传话给纽约那些吓破了胆的银行家们，要求他们必须提供证券交易所需要的资金。

"可是我们根本没钱了，我们的贷款额度已经用到了极限。"银行方面抗议道。

"那就动用你们的储备金。"J. P. 摩根厉声回道。

"可是，我们的储备金已经低于法定限额了。"他们哀号道。

"拿出来用！储备金就是用来干这事的！"最终，银行听从了指示，动用了大约 2000 万美元的储备金，这一举措挽救了股市。银行间的恐慌，直到下一周才出现。J. P. 摩根真是个了不起的人物，他的伟大无人能及。

那是我整个股票作手生涯中最难忘的一天，我的盈利在这一天突破了 100 万美元，这标志着我精心策划的首次战役取得了圆满成功，我预见的一切都已经成为现实。最重要的是：我狂热的梦想终于得以实现。那一天，我成为了名副其实的"股市之王"！

当然，我有必要解释一下。在纽约的几年里，我常常绞尽脑汁想要弄清楚

* 基督教会的一种聚会形式。——译者注

一个问题：为什么在纽约证券交易所的正规经纪行里，我无法像 15 岁时在波士顿的对赌行里那样轻松取胜？我坚信，总有一天我会揭开这个谜团，并停止犯错。到那时，我不仅拥有追求正确操作的意愿，还将掌握确保成功的知识，这将赋予我无穷的力量。

请别误会。这并非出于虚荣而刻意追求的宏大梦想，也不是因狂妄自大而产生的无谓之念，这只是我的一种感觉。这种感觉告诉我，那个曾经令我在富乐顿和哈丁兄弟营业厅备感困惑的股票市场，总有一天会对我俯首称臣。我只是觉得这一天终将到来，而这一天也真的来了，那就是 1907 年 10 月 24 日。

我之所以这么说，是因为一位与我的经纪商有大量业务往来的经纪人，知道我一直在做空。那天早晨，他与华尔街一家顶级银行的一位合伙人一同乘车前往公司。我的朋友告诉银行家，我的交易规模相当庞大，我必定会放手一搏。除非我竭尽所能地攫取利润，否则，判断正确又有什么用呢？

或许是为了让自己的话听起来更有分量，经纪人进行了夸大。或许是我的追随者比我知道的还要多，也或许是那位银行家比我更加了解形势的严峻性。不管怎样，我的朋友告诉我："我把你对后市的看法告诉了他。你说过，一两次推动之后，真正的抛售就会开始。他对这些话非常感兴趣。我讲完后，他说当天晚些时候，可能会请我帮忙做些事情。"

当经纪行发现不管什么价位都没有一分钱买盘的时候，我就知道，大显身手的时机到了。我派遣经纪人进入不同的交易群体去查看情况。呃，有一段时间，联太铁路竟然连一个报价都没有！任何价位上都没有，真是难以置信！其他股票的情况也是如此。没有资金撑盘，也没有买盘。

我拥有巨额的账面利润，而且确信，只要我发出指令，卖空 1 万股联太铁路以及另外几家分红良好的公司股票，就能让股价出现暴跌，这将会引发一场灾难。在我看来，由此引发的恐慌将会非常强烈，交易所理事会可能会认为有必要关闭交易所，就像 1914 年 8 月世界大战爆发时所做的那样。

这意味着我的账面利润将会大幅增加，但也可能导致我无法将这些利润转化为实实在在的现金。此外，还有其他因素需要考虑。其中之一是，进一步崩盘会延缓我所预期的复苏，即市场在经历大跌后的修复性行情，这样的恐慌无疑会给整个国家造成极大的损失。

我下定决心，既然继续看空不明智，也不愉快，那么我继续采取做空策略就是不合逻辑的。于是我调转头寸，开始买入。

我的经纪人开始为我买入。之后不久——顺便说一句，我买的都是底部价格——那位银行家便派人找到我的朋友。

"我派人请你来，"他说，"是因为我想让你马上去找你的朋友利文斯顿，告诉他我们希望他今天不要再继续卖空股票了，市场已经无法承受更多的抛压了。即便如此，要避免出现一场毁灭性的恐慌，也是一项极其艰巨的任务。请唤起你朋友的爱国主义情怀，在这种情况下，一个人的所作所为必须顾及所有人的利益，请立刻告诉我他的看法。"

我的朋友马上过来，把这番话告诉了我。不得不说，这位银行家说话很有技巧。我猜，他一定认为，既然我早已计划在暴跌中大赚一笔，那么，接受他的请求无异于让我放弃赚取 1000 万美元的机会。他知道我对那些大佬的做法深感不满，因为他们和我一样清楚接下来将会发生什么，可是，他们却仍然试图向公众大量抛售股票。

事实上，那些大佬也深受其害。我在底部买入的许多股票，都是来自一些著名的金融公司。我那时并不知道这一点，但这无关紧要，我几乎已经回补了我所有的空头头寸。在我看来，如果没有人打压市场的话，那么此时就是低价买入的好时机，并且能够推动行情复苏。

于是我告诉我的朋友："回去告诉布兰克（Blank）先生，我同意他们的观点。其实，在他派你来找我之前，我就已经充分意识到情况的严重性了。今天，我不仅不会再卖空任何股票，相反，我还要尽我所能地买入。"我信守了承诺，那天，我一共买入了 10 万股股票，并且九个月内我都没有再卖空过任何股票。

这就是为什么我对朋友们说，我的梦想已经实现，那一刻，我短暂地成为了"股市之王"。那一天，股市确实一度任由那些想要打压它的人摆布，然而，我并没有因此而飘飘然。事实上，有的人指控我打压市场，也有人在华尔街散布流言蜚语，对我的做空操作添油加醋。当面对这些时流言时，我相信大家能理解我的感受。

我安然度过了这次恐慌。报纸上说，拉里·利文斯顿，那个“投机小子”，赚了好几百万美元。好吧，那天收盘后，我的身价确实超过了 100 万美元。不过，我最大的收获并不是金钱，而是那些无形的财富：我证明了自己是对的，我预见到了未来，并且按照明确的计划采取行动；我领悟到了赚大钱的关键所在；我彻底摆脱了赌徒身份，我终于学会如何明智地进行大规模交易。那是我生命中最重要的一天。

第十章　最小阻力

认识到自己的错误并不比研究成功更能让我们受益，然而，人类天生就有一种逃避惩罚的倾向。当我们把某些错误与惩罚联系起来时，自然不会希望再重蹈覆辙。当然，所有在股市中犯的错误，都会直击你的两大软肋——钱包和自尊心。但我想告诉你一件有趣的事情：股票投机者有时会犯错，而且自己心知肚明。犯错之后，他会反思自己为何会犯错；在惩罚的痛苦过去之后，经过长时间的冷静分析，他可能会弄清楚自己是如何、何时以及在交易的哪个环节犯下这些错误的，却始终不明白为什么会犯错。然后，他只会自责一番，便让此事随风而去。

当然，如果一个人既聪明又幸运，他就不会犯两次同样的错误。可是，数以万计类似的错误可能会让他防不胜防。错误种类如此庞大，以至于当你想尝试愚蠢行为的时候，它们总是如影随形。

要告诉你我第一个价值百万美元的错误，还得从我第一次成为百万富翁的时候说起，那是在 1907 年 10 月大崩盘之后。就交易而言，拥有百万美元仅仅意味着我拥有了更多的储备金。金钱并不能给交易者带来更多的安慰，因为无论贫穷还是富有，犯错的可能性始终存在，而犯错本身从不是一件令人愉悦的事情。当百万富翁判断正确时，金钱只不过是他众多仆人中的一个。对我来说，赔钱从来都不是什么大不了的事情。一旦我接受了损失，便能迅速释怀，不再为此烦恼，一觉醒来，就会忘得一干二净。然而，如果犯了错误却不愿接受损失，那才是对钱包和心灵的真正伤害。

还记得迪克森 · G. 瓦茨（Dickson G. Watts）讲的那个故事吗？故事中，

有个人紧张得不得了，他的朋友忍不住问他究竟发生了什么。

“我睡不着。”那个紧张不安的人回答道。

“为什么睡不着？”他的朋友问道。

“我手上持有的棉花太多了，一想到这个我就辗转反侧，夜不能寐。我感觉自己快要被拖垮了，你说我该怎么办？”

“那就减仓吧，减到能让你安心入睡的程度。”他的朋友回答道。

一般来说，一个人如果过快地适应环境，就会丧失应有的判断力，因为他感觉不到前后有太大的变化。也就是说，他已经不太记得自己尚未成为百万富翁时的生活状态了，他只记得以前做不到的事情，现在都能做到了。用“由俭入奢易，由奢入俭难”这句话来形容一个普普通通的年轻人，真的是再贴切不过了。我想，这大概是因为金钱具有一种魔力，能够激发并膨胀人的欲望。我的意思是，一旦一个人在股市中赚了钱，他很快就会丢掉勤俭节约的习惯。然而，当他赔钱后，却需要花很长时间才能改掉花钱大手大脚的毛病。

1907 年 10 月，平空转多后，我决定放松一段时间。我买了一艘游艇，打算前往南部海域游玩。我酷爱钓鱼，期待能借此享受一段美好的时光。我对此次旅行满怀期待，打算随时出发。可是事与愿违，市场形势让我没能成行。

除了股票，我还一直进行商品交易，从年少时在对赌行开始交易，便一直如此。多年来，我对商品市场进行了深入研究，尽管可能不如研究股票市场那么刻苦。事实上，相较于股票，我更倾向于交易商品。毋庸置疑，商品交易比股票交易更加合理，更具商业风险属性，人们可以像处理任何商业问题一样来处理商品交易。

在商品市场中，或许有人会使用虚构的理由来支持或抗衡某一趋势，但这只能是暂时的，因为事实终将会占据上风。因此，如同经营普通生意一样，商品交易者需要依靠深入研究和细致观察来获得回报。他们可以对各种情况进行分析和权衡，他们掌握的信息并不会比其他人少。此外，他们也不必担心内部集团的影响，在棉花、小麦或玉米等商品市场上，绝不会像在股票市场那样，公司出人意料地在一夜之间派发或者增发红利。

从长远来看，商品价格只受一条经济规律支配，那就是供求规律。商品交易者的核心任务是准确掌握当前和未来的供求状况，无须像股票交易者那样，沉迷于对众多不确定因素的盲目猜测。因此，商品交易始终以其独特的魅力吸引着我。

当然，所有投机市场万变不离其宗。行情纸带传递的信息都是一样的，对于任何愿意花时间进行思考的人来说，这一点都是显而易见的。如果一个人善于向自己发问，并统筹考虑各种情况的话，答案便会自然出现。可是，人们向来懒得发问，更不用说探寻答案了。无论何时何地，普通美国人都不会轻信他人，但他们去经纪行营业厅里看行情纸带的时候除外——无论是股票还是商品。在所有行当中，唯有投机这个行当需要在参与之前进行充分研究，但人们却在这个行当中抛弃了平日的深谋远虑和谨慎戒备，一头扎了进去。当人们冒着损失一半身家的风险进入股市的时候，他们用来思考的时间甚至比不上选购一辆中等价位的汽车所用的时间。

阅读行情纸带这件事并不像看上去那么复杂，当然，这需要经验。但更重要的是，要将某些基本原则牢记在心。阅读行情纸带不是算命，行情纸带不会告诉你下周四下午 1 点 35 分你的身价会有多少。阅读行情纸带的目的在于确定交易的两个方面：一是如何交易；二是何时交易。也就是说，要明确买入是否比卖出更加明智。无论是股票还是棉花、小麦、玉米或者燕麦，行情纸带的作用都完全相同。

观察市场，具体而言，就是观察行情纸带记录的价格走势，其目的只有一个：确定方向，即价格趋势。我们知道，价格的上涨或者下跌，取决于遇到的阻力。为了便于说明，我们可以这样表述：像其他所有事物一样，价格会沿着最小阻力路线运行。价格倾向于选择向阻力更小的方向运行，因此，如果上涨遇到的阻力小于下跌遇到的阻力，价格就会上涨，反之亦然。

行情一旦启动，就不应再对其是牛市还是熊市感到迷茫。对于拥有开放思维和敏锐洞察力的人来说，趋势一目了然。投机者若试图将自己的观察结果强行与既有理论匹配，这绝非明智之举。作为一名投机者，本来就能够或者应该判断出当前市场是牛市还是熊市，并据此决定是买入还是卖出。因此，在行情启动的最初阶段，明确自己的买卖策略至关重要。

举例来说，像往常一样，市场在10个点的区间内上下波动——上限为130，下限为120。在底部时，市场可能显得非常疲软。而在经历了8到10个点的上涨后，它可能看起来会非常强劲。一个人进行交易时，不能被这种表面现象所迷惑，他应该耐心等待，直到行情纸带告诉他时机已经成熟。

事实上，许多人因为股票看起来便宜而买入，或者因为看起来昂贵而卖出，结果他们因此损失了成百上千万美元。投机者不是投资者，投机者的目标不是通过高利率获取稳定的回报，而是通过投机标的的价格涨跌来获利，因此他需要确定的是交易时的最小阻力投机路线。他应当耐心等待最小阻力路线自行显现的那一刻，因为那才是他的进场信号。

仅仅通过阅读行情纸带，他就能洞察到，在130的价位上，卖盘明显强于买盘，预示着价格将出现合理回落。然而，在卖盘超越买盘的关键时刻，那些对行情纸带一知半解的研究者可能会错误地认为，价格将继续上涨至150以上，从而盲目买入。随着回调的开始，他们或选择坚守，或忍痛割肉小亏卖出，更有甚者会反手做空并看空后市。可是，当价格回落到120时，下跌遇到了强大的阻力，此时买盘压倒了卖盘，价格止跌回升，迫使做空者不得不平空回补。公众屡屡被反复无常的行情愚弄，但他们却从未真正从中吸取过教训，他们的这份固执与执着，实在令人咋舌。

最终，某些事情的发生增强了上涨或下跌的力量，导致最大阻力点上移或者下移。也就是说，在130的价位上，买盘首次强于卖盘；或者在120的价位上，卖盘首次强于买盘，价格将突破原有的阻力位或者运行极限继续运行。通常情况下，总有一群交易者会在120处选择做空，因为行情看起来很疲软；或者在130处选择做多，因为行情看起来很强劲。然而，当市场走势与他们预期相反时，他们最终会被迫改变策略，要么反向操作，要么平仓离场。无论哪种情况，他们的行为都有助于更加清晰地界定最小阻力价格路线。明智的交易者会耐心等待并确定最小阻力路线，同时借助基本交易条件以及那些判断错误并正在进行纠错的交易者的力量，这种纠错行为往往会推动价格沿着最小阻力路线运行。

在这里我要强调的是，尽管我不能将其视为投机领域的数学定理或绝对真理，但我的经验表明，只要我的头寸是基于我所确定的最小阻力路线建立的，意外事件——即那些意料之外或不可预见的事件——就总是会对我有利。

还记得我跟你提过的在萨拉托加操作联太铁路那次事件吗？我当时之所以选择做多，是因为我发现市场的最小阻力路线是向上的。我本应该坚持做多，而不是轻信我的经纪人告诉我内部人士正在抛售股票。董事们的想法如何，对我来说并不重要，那是我无法知晓的。但我知道，而且确实知道的是，行情纸带告诉我："市场正在上涨！"紧接着，就发生了股息率意外上调和股价上涨30点的情况。在164美元的价格水平上，股价看似已经很高，但正如我之前所说，股价永远不会高到不能买，也不会低到不能卖。实际上，价格本身的高低与确定最小阻力路线没有任何关系。

在实际操作中你会发现，如果按照我所说的方式进行交易，那么，在一个市场收盘和另一个市场开盘之间发布的任何重大消息，通常都会与最小阻力路线保持一致。在消息发布之前，趋势便已经确立。在牛市中，利空消息将被忽略，利好消息将被夸大，反之亦然。

战前*，市场处于非常疲软的状态，随后德国宣布了其潜艇政策。当时我已经卖空了15万股股票，这并不是因为我提前知道这则消息将要公布，而是因为我遵循了最小阻力路线。就我的操作而言，这则消息犹如晴天霹雳，我自然不会错过这样的机会，当天我便回补了我的空头头寸。

说起来很容易，你所要做的就是观察行情纸带，设定你的阻力位，并沿着确定好的最小阻力路线进行交易。但在实际操作中，一个人必须提防很多事情，其中最重要的，就是要警惕自己，即避开人性的弱点。这就是我为什么说操作正确的人总是会同时得到两股力量的加持：基本形势和犯错之人。

在牛市中，利空消息会被忽略，这是人性使然，然而，人们却常常对此感

* 指第一次世界大战。——译者注

到惊讶。人们会告诉你，由于一两个产区天气恶劣，导致小麦收成不佳，一些农民已经破产。可是，当所有的小麦收割完毕，所有小麦种植区的农民开始把小麦运到粮仓的时候，多头们才惊讶地发现，原来损失如此之小，他们不过是帮了空头一个大忙。

当一个人在商品市场进行交易时，他绝不能固执己见，必须保持开放的头脑，具备灵活应变的本领。无论你对作物状况或潜在需求有何看法，忽视行情纸带传递的信息，都绝非明智之举。我犹记得，因为试图预测行情的启动信号，我曾经与一轮大行情擦肩而过。我对基本形势非常有把握，以至于我认为没有必要等到最小阻力路线明确后再采取行动。我甚至觉得，我的行动将加速明确最小阻力路线，因为行情看上去已经是箭在弦上了。

我非常看好棉花，其价格一直在 12 美分左右徘徊，在一个中等区间内上下波动。显然，它正处于一个可上可下的中间位置。我深知，此刻我应当持观望态度。然而，我心中却涌起一股冲动，认为只要稍微推它一把，它便能突破上方的阻力点。

我买入了 5 万包棉花，果然，它开始上涨了。同样果不其然，我一停止买入，它就停止了上涨，然后开始回落至我一开始买入的价位。我平仓离场后，它便停止了下跌。我觉得，行情启动信号越来越近了，我随即想到，我应该再推它一把。于是，我再一次进场买入。可是，同样的事情再次发生了：我推升了价格，但当我一停止买入，它就又跌下来了。这样连续做了四五次，最后只得悻悻作罢。这次操作让我损失了大约 20 万美元，我不得不彻底放弃。可是，没过多久，它便开始上涨了，并且是一路不停地上涨，一直涨到原本可以让我大赚一笔的价位。如果当初我没有那么着急买入的话，我确实可以大赚一笔。

许多交易者不止一次遭遇过这种经历，因此，我可以给出这样一条规则：在窄幅波动的市场中，价格变化并不明显，而是在一个狭窄的区间内波动，此时试图预测下一轮大行情是上涨还是下跌，是没有意义的。你要做的就是观察市场，阅读行情纸带，以此来确定价格区间的极限。你应该下定决心，在价格没有从任一方向突破区间极限之前，绝不入市交易。投机者必须关注的是，如何从市场中赚取利润，而不是要求行情纸带与他保持一致。永远不要和行情纸带争辩，也不要要求它给出理由或解释。在股市中做事后诸葛亮，没有任何好处。

不久前，我和一群朋友在一起聊天，他们将话题转到了小麦上，有些人看多，有些人看空。最后，他们问我怎么看。我研究小麦市场已经有一段时间了，我知道他们不想听统计数据或者基本形势分析，于是我回答道：“如果你们想从小麦上获利，我可以告诉你们怎么做。”

他们都想听听我的看法，于是我对他们说：“如果你们确定想要从小麦市场赚钱，那就观察着点，等着。一旦它突破 1.20 美元，即刻买入，就能快速获利！”

“为什么现在不买？现在才 1.14 美元。”其中一人问道。

“因为我现在还不知道它是否会上涨。”

“那为什么要在 1.20 美元时买入呢，这个价格高得离谱？”

“你是想通过盲目豪赌一夜暴富呢，还是想通过明智的投机赚取数量不多但确定性更强的利润呢？”

他们纷纷表示，宁愿少赚一点，也要确定性更强一点。于是我告诉他们：“那就照我说的做，价格突破 1.20 美元时再买入。”

正如我告诉你的，我已经观察小麦很长时间了。几个月来，它一直在 1.10 美元到 1.20 美元之间徘徊，没有显著的变化。嗯，先生，直到有一天，它收盘收在 1.19 美元之上，我做好了买入的准备。果不其然，第二天它以 1.20–1/2 美元的价格开盘，于是我立刻买入。随后它的价格一路上涨到 1.21 美元、1.22 美元、1.23 美元、1.25 美元，在这一上涨过程中，我紧跟不放。

当时，我无法确切地告诉你市场究竟会发生什么。在有限的区间波动过程中，价格行为没有给出任何解释，我无法判断它到底会向上突破 1.20 美元的区间上限，还是会向下跌破 1.10 美元的区间下限。不过我猜大概率会是向上突破，因为全球小麦的产量还不足以导致价格出现大幅下跌。

事实上，欧洲人似乎一直在默默地囤积小麦，而许多交易者却在 1.19 美元左右选择了卖空。由于欧洲大规模买入，加上一些其他因素，市场上的小麦供应量出现显著减少，最终引发了一轮大行情。当价格成功突破 1.20 美元这一重要关口时，我意识到，这就是我一直在等待的关键时刻。我清楚，这一突破意味着上涨趋势已经积聚了足够的力量，足以推动价格突破区间界限，预示着市场即将发生重大变化。换句话说，伴随着小麦价格突破 1.20 美元，其最小阻力路线便由此确立了，标志着行情进入了一个全新的阶段。

我记得有一天是节假日，我们这边所有的市场都休市了。然而，在温尼伯（Winnipeg）*，小麦价格却高开了 6 美分每蒲式耳。第二天，当我们的市场开盘时，同样也高开了 6 美分每蒲式耳。价格只是在沿着最小阻力路线运行。

我告诉你的这些，正是我基于研究行情纸带所构建的交易系统的核心，我不过是发现了价格最有可能的运行路线。此外，我还会通过一系列额外的测试来验证自己的交易策略，以便能准确把握市场的心理转折点，这一点则是通过观察进场后的价格行为实现的。

我买入股票以期上涨时，喜欢支付更高的价格；当我卖空时，我则坚持在更低的价格上卖空，否则就不进行任何操作。当我把这种方式告诉许多经验丰富的交易者时，令人惊讶的是，他们都对此表示难以置信。如果一个交易者能够始终坚守自己的投机原则，也就是说，等待最小阻力路线明确后，只在行情纸带显示上涨时买入，在显示下跌时卖出，那么赚钱的道路将不再那么崎岖。

交易者应该在股价上涨过程中逐步累积仓位，例如，先买入两成仓位。如果这部分仓位没能给他带来利润，就不应继续增加头寸，因为很明显，他最初的判断是错误的，至少是暂时错了。任何时候，错误的判断都不会带来利润。之前显示上涨的那条纸带并非是在说谎，只是因为当时交易还“时机未到”。

在很长一段时间内，我在棉花上的交易都非常成功。我有一套自己的交易理论，并且不折不扣地遵循着它。假设我决定将我的总头寸设置为 4 到 5 万包，那么，我会像之前说的那样，通过研究行情走势，寻找买入或卖出的机

---

* 温尼伯（Winnipeg），又名温尼伯格，坐落于加拿大草原三省的东隅，不仅是加拿大的第八大都市，而且是曼尼托巴省的省会。——译者注

会。再假设最小阻力路线显示出多头走势，好，我会先买入 1 万包。买入之后，如果市场价格比我最初的买入价格上涨了 10 个点，我就会再买入 1 万包。同样，如果我能获得 20 个点的利润，或者说每包 1 美元的利润，我就会再买入 2 万包。这样，我的仓位便打满了，这就是我的交易基础。但是，如果在买入最初的 1 万或 2 万包后，账户便出现了亏损，我就会立即退出，这说明我做错了。也许这只是暂时错了，但正如我之前说过的，一开始就出错，根本不值得继续交易下去。

通过坚持我自己的交易系统，我在棉花上建立的头寸，从未缺席过任何一轮真正的行情。在不断加仓至满仓的过程中，试探性的交易可能会导致我损失五六万美元，这样的试探性交易看似代价高昂，但实际上并非如此。当真正的行情启动后，我要花多长时间才能弥补为了确定在正确的时间开始加仓而损失的那 5 万美元呢？几乎不需要任何时间！在正确的时间做正确的事，就总能得到回报。

以上，便是我对所谓的建仓策略的描述。我之前也提到过，只有在盈利的情况下才会下重注，亏损的时候只会损失一小笔试探性的“赌注”。用简单的算术就能证明，此乃明智之举。如果一个人按照我描述的方式进行交易，他就能始终保持在有利的位置，重仓获利。

职业交易者总会有一套基于自身经验的交易系统，这套系统受他们对投机的态度或其欲望的支配。我记得曾经在棕榈滩遇到过一位老先生，他的名字我记不清了，或者一时对不上号了。我知道他在华尔街摸爬了很多年，甚至可以追溯到内战时期（Civil War）*。有人告诉我，老先生足智多谋，经历过多次繁荣和恐慌，他总挂在嘴边的一句话是“太阳底下无新事”，股票市场更是如此。

老先生问了我很多问题。当我把自己平时使用的交易方法告诉他后，他点了点头，说：“对！对！做得很对。就你的建仓策略和思维方式而言，你的交易系统确实非常适合你。践行你的交易理念其实并不难，因为你并不太在意自己投入的资金，这让我想起了帕特·赫恩（Pat Hearne）。你听说过这个人吗？

* 指美国南北战争。——译者注

嗯，他是个非常知名的玩家，在我们那里有个户头。这家伙非常聪明，而且精力充沛。他在股市上赚得盆满钵满，因此，人们都争先恐后地向他请教，但他从不给出任何具体的建议。如果有人当面问他，他们的交易是否明智，他会用他最喜欢的一句马场格言来回答：'不下注，永远不知输赢。'他在我们营业厅交易的时候，会先买进 100 股热门股。如果这只股票上涨了 1 个百分点，他就会再买进 100 股；再涨 1 个百分点，就再买进 100 股，以此类推。他常说，他玩这个游戏可不是为了替别人赚钱，因此他总是在最后一次买入价下方 1 个点的位置设置止损单。如果价格继续上涨，他也会相应地提高止损点。一旦价格回落 1 个百分点，他就会果断止损出局。他坚信，只要损失超过原始保证金或者账面利润 1 个百分点，就没有必要继续冒险了。"

"你知道，职业赌徒追求的不是渺茫的机会，而是稳赚不赔的买卖。当然，渺茫的机会真的来临时，那也是一个很不错的选择。在股票市场上，帕特追求的不是小道消息，也不是每周 20 个点的涨幅，他追求的是稳定的收益，虽然这不足以让他过上奢华的生活。我在华尔街遇到的成千上万的普通交易者中，只有帕特·赫恩将股票投机视为纯粹碰运气的游戏，就像法国塔罗牌*或者轮盘赌一样。尽管如此，他还是理智地坚持使用一套相对稳妥的下注方法。"

"赫恩去世后，我们有位一直跟着帕特交易的客户，他使用帕特的交易系统，在拉克瓦纳铁路公司（Lackawanna）上赚了十几万美元。随后，他开始转投其他股票，因为他觉得已经大赚了一笔，所以不必再继续坚持帕特的交易方法。他非但没有及时止损，反而任由亏损继续扩大，仿佛那是利润一样，结果他赔得血本无归。当他最终离场时，还欠了我们几千美元的债务。"

"他在我们营业厅里晃荡了两三年的时间。尽管本金已经亏光，但他依然保持着那股子热情；只要他规规矩矩地交易，我们也不会将其拒之门外。我记得，他曾坦率地承认，自己是个不折不扣的笨蛋，没有坚持帕特·赫恩的交易方式。一天，他兴奋地跑来找我，请求在我们营业厅做空一只股票。他为人不错，过去也曾经是位优质的客户，我告诉他，我个人愿意为他的股票账户提供

* 一款纸牌游戏。——译者注

100股担保。”

“他卖空了100股湖岸铁路公司（Lake Shore）*。那一年是1875年，当时比尔·特拉弗斯（Bill Travers）正在打压市场。我的这位朋友罗伯茨（Roberts），他选择做空湖岸公司的时机非常准确，并在股价下跌的过程中持续抛空，就像他过去成功时所做的那样——那时他还没有抛弃帕特·赫恩的交易系统，也没有听从他自己内心的召唤。”

“嗯，先生，通过四天成功的金字塔式交易**，罗伯茨的账户上有了15000美元的账面利润。我注意到他没有设置止损单，于是便主动提醒他。他告诉我，真正的下跌还没开始，他不会因为一点风吹草动就被吓跑。这是8月份的事。9月上旬，他向我借了10美元，给他的第四个孩子买了一辆婴儿车。他没有坚守自己那套行之有效的系统，这就是他们大多数人的问题所在。”老先生边说边冲我摇了摇头。

老先生说得对。有时我在想，投机绝对是一种违背人性的职业，因为我发现，普通投机者都需要和自己的天性作斗争。人性弱点是投机成功的致命障碍，通常来说，这些弱点往往是让人们受到同伴们喜爱的原因。人们在从事其他冒险活动时，会对自身的弱点特别加以防范，实际上，从事股票或者商品交易要比其他冒险活动更加危险。

投机者的主要敌人总是源自内心。希望和恐惧，这两种人性中不可分割的情感，在投机过程中表现得尤为显著。当市场走势与你背道而驰时，你总是希望每一天都是最后一天。盲目听从希望的指引，会让你遭受比预期更多的损失。然而，对于那些大大小小的企业经营者和开拓者而言，正是这样的希望，成了他们披荆斩棘、走向成功的强大动力。当市场走势对你有利时，你又会心

---

*湖岸铁路公司（The Lake Shore Railroad）是隶属于纽约中央铁路公司系统旗下的一个重要附属机构。——译者注

**当市场呈现明显的下行趋势，且股价位于相对高位时，是初步建立做空仓位的理想时机。这标志着金字塔交易策略的开始，相当于构建了金字塔的坚实底部，即初步确定的做空持仓量。随后，随着市场趋势进一步明朗和价格持续下滑，采取逐步加仓的策略。通过这样的方式，做空仓位就像金字塔一样逐层递增。——译者注

生恐惧，担心到手的利润第二天就会不翼而飞，于是过早地选择了离场，恐惧让你无法赚到本该赚到的钱。因此，成功的交易者必须学会克服这两种根深蒂固的本能，必须扭转自己的自然冲动。当心生希望时，必须怀有敬畏；当心生恐惧时，必须怀有希望；必须害怕损失变得更大，希望利润能够持续增长。像普通人那样盲目地在股票上赌博，是绝对错误的。

自打 14 岁起，我便投身于投机事业，这是我唯一做过的事情，我为之付出了毕生的精力。我并不是在信口开河，在近 30 年的持续交易中，我曾经历过资金匮乏的困境，也曾坐拥过成百上千万美元。我得出的结论是：一个人可能会在一段时期内战胜某只股票或者某个板块，但没有人能够战胜整个股票市场！一个人可能从棉花或者谷物的某笔交易中赚到钱，但没有人能够战胜整个棉花或者谷物市场！这就像赛马一样，一个人可能会赢得一场比赛，但不可能战胜赛马这项运动。

以上所言，再怎么强调都不为过。任何反对意见，都会显得苍白无力。我知道，这些话是颠扑不破的，我这样说是完全正确的。

第十一章　棉花之王

现在，让我们回到1907年10月。那时，我刚买了一艘游艇，做好了离开纽约前往南方海域游玩的一切准备。我真的很热衷于钓鱼，这一次，我打算在自己的游艇上钓个够，想去哪里钓就去哪里钓。我已经在股票上大赚了一笔，万事俱备。可是，就在出发前的最后一刻，玉米却拖了我的后腿。

这里我必须解释一下。在那场让我赚到第一个100万美元的资金恐慌来临之前，我一直在从事芝加哥谷物交易。当时，我分别做空了1000万蒲式耳小麦和1000万蒲式耳玉米。我投入了相当长的时间研究谷物市场，如同看空股市一样，我也看空玉米和小麦。

嗯，两个品种的价格都已经开始下跌了，然而，就在小麦价格不断走低的时候，芝加哥的顶级作手——我称之为斯特拉顿（Stratton）的家伙——却出人意料地决定对玉米市场进行囤积垄断。当我成功清仓股票，准备搭乘游艇南下时，发现小麦已经给我带来了可观的利润，但在玉米市场上，由于斯特拉顿的拉抬，导致价格飙升，让我损失惨重。

我知道，当前的价格明显不能反映国内的玉米产量，供需规律还是一如既往地发挥着作用。但是，需求主要来自斯特拉顿，而供给却迟迟未到——因为玉米运输出现了严重拥堵。我记得那时我常常暗自祈祷，希望来一场寒潮，让那些无法通行的路面冻硬，好让农民们把玉米运到市场上来。不过，运气并没有眷顾我。

这就是我当时的处境——我满心期待即将开始的钓鱼之旅，而玉米的亏损却成了我的绊脚石，我不能在这样的市场状况下轻易离开。斯特拉顿对空头头寸的情况自然是了如指掌，他知道他已经套住了我，而我也同样清楚这一点。但是，正如我之前所说，我曾寄希望于天气，希望能有一场及时的寒潮来助我一臂之力。然而，我发现无论是天气还是其他各路神仙，都没有理会我的需求，于是，我开始研究如何通过自己的努力来摆脱这个困境。

我以丰厚的利润平掉了小麦的头寸，但玉米的问题却复杂得多。如果我能以当时的价格回补我那 1000 万蒲式耳的玉米，虽然这会带来巨大的损失，但我仍然会立刻这么做。但一旦我开始买入玉米，斯特拉顿就会变成多头主力，开始逼空操作。另外，我也不希望因为自己的购买而抬高价格，因为这无异于用刀割自己的喉咙，令人难以接受。

尽管玉米的行情强劲，但我钓鱼的欲望却更为强烈，因此，我必须立刻想出一个解决办法。我必须进行一次战略撤退，在尽可能减少损失的情况下，买回我做空的那 1000 万蒲式耳玉米。

碰巧的是，斯特拉顿当时也在操作燕麦，并且几乎垄断了整个市场。通过农作物新闻和交易所的小道消息，我一直密切跟踪着所有谷物市场的情况。我听说，在市场上，强大的阿穆尔集团（Armour interests）与斯特拉顿并不对付。我当然知道，除非按照他的价格交易，否则斯特拉顿不会让我买到我需要的玉米。可是，当我听说有关阿穆尔集团与斯特拉顿不和的传闻时，我突然意识到，我可以寻求芝加哥交易商的帮助。他们能够帮到我的唯一方法，就是卖给我斯特拉顿不愿卖的玉米，剩下的事就好办了。

首先，我下达了指令，玉米价格每下跌 1 / 8 美分，就买入 50 万蒲式耳。在下达了这些指令后，我又向四家经纪行同时下达了指令，要求它们各自按照市价卖出 5 万蒲式耳燕麦，我预计这应该会迅速引发燕麦市场出现一轮急跌。我深知交易商们思考问题的方式，我确信，他们会立刻认为，阿穆尔集团正在针对斯特拉顿采取行动。看到燕麦市场受到打压，他们会顺理成章地推断，下一个受到冲击的将是玉米市场，于是就会开始抛售玉米。如果玉米市场的垄断被打破，那么收益将会非常可观。

我对芝加哥交易商心理的揣摩完全准确，当他们看到燕麦价格被四面八方来的卖单打压下去时，他们便迅速转向玉米，开始积极抛售。在接下来的十分钟里，我成功买入了600万蒲式耳玉米。当我发现他们停止抛售玉米时，我便直接以市价买入了剩下的400万蒲式耳。这自然再次推高了价格，但这次操作的最终结果是，我成功买回了整整1000万蒲式耳玉米，价格仅比我刚开始回补时交易商卖给我的价格高出了半美分。

为了促使交易商抛售玉米，我卖空了20万蒲式耳燕麦，买回后我仅仅损失了3000美元，这做空诱饵真的是相当便宜。我在小麦上赚取的利润弥补了我在玉米上的大部分亏损，这次我所有谷物交易的总亏损只有25000美元。之后，玉米价格上涨了25美分每蒲式耳。毫无疑问，我一度被斯特拉顿玩弄于股掌之中。如果没有事先考虑价格，一上来就着手买回那1000万蒲式耳的玉米，我将会付出什么样的代价，可就不好说了。

一个人多年专注于一件事情，一定会在这件事情上养成一种与普通初学者截然不同的习惯性态度，正是这种差异将专业人士与业余人士区别开来。在投机市场上，一个人看待事物的方式，决定了他赚钱还是亏钱。公众对自己的交易所持的态度往往都非常业余，太过自以为是，导致他们思考时无法做到深思熟虑。专业人士更关心的是做正确的事，而不是赚钱。他们深知，只要把其他事情都处理妥当，利润自然会随之而来。交易者的交易方式就如同职业台球手一样，要着眼于长远，而不是只关注眼前的这一杆，要让走位叫球成为一种本能。

我记得听过一则关于艾迪生·卡马克（Addison Cammack）* 的故事，这则故事非常生动地阐述了我想要表达的内容。就我所知，我认为卡马克是华尔街有史以来最出色的股票交易者之一。他并不像许多人认为的那样是个顽固的空头，他只是觉得，在熊市中交易更有优势，可以充分利用人性中的希望和恐惧这两大因素。这条警句据说就是出自他之口："不要在树木发芽时卖出股

* 艾迪生·卡马克（Addison Cammack，1827—1901），华尔街空头的领军人物。——译者注

票！"[*]老前辈们告诉我，他最大的盈利其实是做多赚取的，这足以证明他并不是仅凭偏见行事，而是根据市场形势交易。

无论如何，他都是一位技艺高超的交易者。据说，有一次在牛市接近尾声时，卡马克开始看空，金融作家兼编剧J.A. 约瑟夫（J. Arthur Joseph）得知了这一点。在牛市领涨股和报纸乐观报道的刺激下，那时的市场不仅坚挺，而且仍在上涨。约瑟夫深知，此时看空的消息对于卡马克这样的交易者来说，肯定具有极高的利用价值。于是有一天，约瑟夫带着好消息兴冲冲地跑进了卡马克的办公室。

"卡马克先生，我有个非常要好的朋友，他是圣保罗营业厅的转账员。他刚刚告诉我一件事，我觉得应该让您知道。"

"什么事？"卡马克无精打采地问道。

"您改变方向了，是吗？您现在看空了，是吧？"约瑟夫问道。他想要确认一下，如果卡马克对此不感兴趣，他就不会浪费宝贵的"弹药"了。

"是的。有什么好消息吗？"

"我今天去了一趟圣保罗营业厅。为了采集新闻，我每周都会去两到三次。那里的朋友告诉我：'老爷子正在卖股票。'他指的是威廉·洛克菲勒（William Rockefeller）。'真的吗，吉米（Jimmy）？'我问。他回答说：'是的，每上涨3/8个点就卖出15000股，这两三天我一直在为他过户股票。'我一点时间都没耽搁，得知这一消息后，便立刻赶过来通知您。"

卡马克可没那么容易激动，对于形形色色带着各种新闻、消息、流言、谣言和谎言激动地冲进他办公室的人，他早已是见怪不怪，根本就不把他们说的话当回事。他只是淡淡地问了一句："约瑟夫，你确定你没有听错吗？"

"我确定吗？我当然确定！你以为我是'聋子'吗？"约瑟夫说。

"你那位朋友靠谱吗？"

---

*"不要在树木发芽时卖出股票"，意思是说，当市场或个股展现出强劲的上涨势头，就像树木在春天发芽一样充满生机时，交易者应该避免过早地卖出股票。因为在这个阶段，市场的趋势是向上的，而且往往还有较大的上涨空间。如果因为短期的波动或恐惧卖出股票，很可能会错过后续的上涨行情，从而错失盈利机会。——译者注

“绝对靠谱！”约瑟夫断言道。“我认识他很多年了，他从来没有对我说过谎。他不会说谎的，不可能的！我知道他绝对可靠，我愿意用性命作担保，他对我说的话绝对可信。这世界上，我最了解的人莫过于他了，甚至比你这些年对我的了解还要多。”

“你对他挺有信心，嗯？”卡马克再次看向约瑟夫，对他说：“嗯，你应该知道。”然后，他随即拨通了经纪人 W.B. 惠勒（W. B. Wheeler）的电话。

约瑟夫预计，他会下令卖出至少 5 万股圣保罗公司的股票。趁着市场强势，威廉·洛克菲勒正在抛售他所持有的圣保罗公司的股票。无论这些股票是投资性质的还是投机性质的，都无关紧要，重要的是，标准石油集团（Standard Oil）中最出色的股票交易者正在抛售圣保罗公司的股票。如果普通人从可靠渠道得知了这个消息，他会怎么做？答案显而易见。

但是，那个时代最知名的空头卡马克，当时他正看空市场，却对他的经纪人说：“比利（Billy），去一趟交易所，圣保罗的股价每上涨 3/8 美元，就给我买进 1500 股。”当时这只股票的价格大约在 90 美元左右。

“你是想说卖出吧？”约瑟夫急忙插话道。他虽非华尔街的新手，但此刻他却是从新闻从业者和广大公众的角度出发来看待市场的。内部人士卖出的消息一旦传出，价格理应下跌。在这方面，没有比威廉·洛克菲勒先生更具影响力的内部人士了。标准石油集团要撤出，而卡马克却在买入，这简直令人难以置信！

“不，”卡马克说，“我是在说买！”

“你不相信我吗？”

“相信！”

“你不相信我的信息吗？”

“相信。”

“你不是看空的吗？”

“是的。”

“那么，你为什么这样做？”

“这正是我买入的原因。听我说，你和你那位可靠的朋友继续保持联系，卖盘一旦停止，就立刻通知我，立刻！听明白了吗？”

“好的。”约瑟夫回答道，然后便告辞离开了。他不太清楚卡马克买入威廉·洛克菲勒的股票的动机。他知道卡马克是看空整个市场的，这一点让他更加难以理解卡马克的举动。随后，约瑟夫找到了他的朋友，就是那位转账员，并告诉他，“老爷子”停止卖出时，立即通知自己。约瑟夫每天都会去找他的这位朋友两次，询问关于卖出的情况。

一天，转账员告诉约瑟夫：“老爷子已经停止抛售股票了。”约瑟夫向他道谢，便带着这个消息跑到卡马克的办公室。

卡马克听得十分认真，随后转向惠勒，问道：“比利，我们一共持有多少圣保罗的股票？”惠勒查了一下，回答说他们已经积累了大约 6 万股。

卡马克一直看空，甚至在他开始买入圣保罗之前，便已经开始卖空其他铁路公司和各种各样的股票了。现在，他重仓做空整个市场，他迅速命令惠勒卖出他们所持有的 6 万股圣保罗股票，并进一步追加卖空。他利用圣保罗股票的多头持仓作为杠杆，来压低市场的整体价格，这大大有利于他的卖空操作。

圣保罗的股价并没有就此止跌，而是一直跌到了 44 美元，卡马克趁机大赚了一笔。他玩股票的手法极其娴熟，自然能够轻松获利。我想强调的是，对待交易，他有一种一以贯之的态度。他不需要思考，立刻就能看出比从那只股票上获利更为重要的东西是什么。他意识到，上天赐予了他一个绝佳的机会，不仅可以在合适的时机大规模做空，还能恰到好处地形成第一轮下跌推动。圣保罗的那则消息，促使他买入而不是卖出，是因为他立刻意识到，这为他的做空行动提供了大量的优质弹药。

回到我自己。在结束了小麦和玉米的交易后，我乘游艇去了南方。我在佛罗里达水域尽情游玩，度过了一段美好时光。钓鱼收获颇丰，一切都很美好。我无忧无虑，没有任何烦恼。

一天，我在棕榈滩上岸，遇到了许多华尔街的朋友以及其他一些人，他们都在谈论当时那位最引人注目的棉花投机客。一条来自纽约的报道称，珀西·托马斯（Percy Thomas）已经输得一文不名，倒不是说他真的破产了，只是传闻这位世界闻名的作手在棉花市场上遭遇了第二次滑铁卢。

我一直对托马斯深感钦佩。我第一次听说他，是在谢尔登－托马斯证券交易公司（Sheldon & Thomas）倒闭的时候，当时托马斯正试图垄断棉花市场。谢尔登缺乏他的合伙人那样的远见和勇气，在即将成功时却退缩了。至少，当时华尔街上都是这么说的。总之，他们非但没有大赚一笔，反而遭遇了多年来最令人震惊的一次失败。至于具体损失了几百万美元，我已经记不清了。

公司倒闭后，托马斯开始单干。他全身心地投入到了棉花交易上，不久便东山再起。他连本带息还清了所有的债务，包括那些在法律上没有义务偿还的债务，甚至还为自己剩下了 100 万美元。托马斯在棉花市场东山再起，堪比著名的 S.V. 怀特执事在股票市场上的壮举，后者在一年内就还清了 100 万美元的债务。托马斯的勇气和智慧让我对他佩服得五体投地。

棕榈滩的每个人都在热烈地议论托马斯在 3 月棉花交易中的失败。你知道，流言蜚语总是这样，越传越离谱。当你听到这些流言时，里面往往充斥着大量的虚假信息、夸大其词和虚构的情节，我自己也曾深受其害。谣言在传播的过程中不断地被添油加醋，增加了许多新奇的、绘声绘色的细节，以至于当这个谣言最终传回那个最初散播它的人的耳朵里时，他自己都认不出来了，而这一切竟然发生在不到 24 小时的时间里。

珀西·托马斯最近遭遇不幸的消息，让我把注意力从钓鱼转移到了棉花市场。我找来相关的行业报纸，仔细阅读以了解市场状况。回到纽约后，我便全身心地投入到了市场研究中。当时市场情绪普遍看跌，所有人都在抛售 7 月棉花。你知道，人们总是这样。我想，这就是榜样的力量吧，当周围的人都在做同一件事时，这个人也会跟风去做。也许，这就是从众心理的一种表现或变种。总之，在广大交易者看来，抛售 7 月棉花是明智且稳妥的做法！对于这种普遍的卖空行为，都不能用“鲁莽”二字来形容了，因为这个词太过保守。交易者只是看到了市场的一面和巨大的利润，他们当然预计价格会出现暴跌。

我当然看到了这一切，我意识到，空头们没有太多时间进行回补。我对形势研究得越深入，对这一点的认识就越清晰。最终，我决定买入7月棉花。我立即开始交易，并迅速买入了10万包。买入过程并没有遇到任何麻烦，因为卖家众多。在我看来，即便我悬赏一百万美元，要求找出一个没有卖空7月棉花的交易者——不管是死是活——恐怕也没有人会来领取这笔赏金。

我应该说明一下，说这话是在5月下旬。我一直在买入，他们则不断地卖给我，直到我买下了所有的流通合约，总共12万包。我买进最后一笔之后，没过几天，价格便开始上涨。市场一旦起涨，便对我表现出了足够的友好，也就是说，价格每天都会上涨40到50个点。

一个星期六，大约是我开始买入操作后的第十天，价格开始缓慢上涨。我不知道市面上是否还有7月棉花可供抛售，因此，我必须亲自查明情况。但是，我开始选择按兵不动，一直等到收市前的最后十分钟。我深知，在这个时间点，空头们通常会选择做空。如果当天市场收涨，他们很可能会被套住。于是，我果断地同时发出了四个不同的买入指令，每个指令都是按市价买入5000包棉花。这一举动使得价格上涨了30个点，而空头们则使出浑身解数想要解套。最终，市场以最高价收盘。记住，我所做的，不过是买入了那最后2万包棉花。

接下来是星期天。按常理，利物浦星期一开市时应该高开20个点，才能与纽约的涨幅持平。然而，它竟高开了50个点，这意味着利物浦的涨幅比我们的涨幅高出了100%。虽然那边市场的上涨与我无关，但这种情况表明，我的推断是正确的，我正沿着最小阻力路线进行交易。与此同时，我也没有忽略这样一个事实，我有一大笔头寸亟待处理。无论市场是急剧飙升还是稳步上扬，其吸纳卖盘的能力终究是有限的。

当然，来自利物浦的电报让我们的市场变得异常活跃。但我注意到，随着价格的上涨，7月棉花的成交却日渐稀疏。我一包也没有脱手。总的来说，对空头们来说，那个星期一是既兴奋又不怎么愉快的一天。尽管如此，我还是没有察觉到即将逼空的迹象，也没有看到空头们盲目平空回补的苗头。此时我的手上有 14 万包棉花，我必须为它们找到市场。

星期二早上，我前往办公室的路上，在大楼入口处偶遇了一位朋友。

“今天早晨的《世界报》上有一则相当轰动的新闻。”他笑着说。

“什么新闻？”我问道。

“什么，你居然还没看？”

“我从来不看《世界报》，”我说，“到底是什么新闻？”

“咳，整篇都是关于你的，报道说你垄断了 7 月棉花。”

“我确实没看到。”我告诉他，然后便匆匆离开了。我不知道他是否相信我。他可能会觉得，我这人非常不近人情，竟然不告诉他这则新闻到底是真是假。

到了办公室，我立刻让人送来一份《世界报》。果不其然，报纸头版头条上用大标题赫然写着：

拉里·利文斯顿垄断7月棉花

我立刻意识到，这篇文章会对市场造成巨大冲击。如果说我曾经费尽心思地研究如何最大限度地处理掉我那 14 万包棉花，那我肯定想不出比这更好的办法了，也根本不可能想到这样的办法。就在这个节骨眼上，这篇文章正在全国范围内被广泛阅读，要么直接从《世界报》上读到，要么通过其他报纸的转载读到。文章甚至已经通过电报传遍了欧洲，从利物浦的价格就可以看出这一点。那边的市场简直像是疯了一样，也难怪，毕竟这则新闻太过劲爆了。

我当然能料到纽约会出现什么样的反应，也知道我应该怎么做。这里的市场 10 点钟开市，到 10 点 10 分，我手里已经一包棉花也没有了。我把我的 14 万包棉花全部卖给了他们，而且我的大部分头寸都是以当天的最高价成交的。是那些交易者为我创造了市场，我所做的，不过是看到了一个脱手棉花的天赐良机。我抓住了这个机会，因为我不得不这么做。除此之外，我还能做什么呢？

我深知，这个问题需要花费大量精力去思考才能解决，但没想到却意外地轻松得到了解决。如果《世界报》没有发表那篇文章，我就无法在不牺牲大部分账面利润的情况下处理掉我的头寸。在不压低价格的情况下，卖出 14 万包 7 月棉花是我力所不及的，但《世界报》的报道却巧妙地为我解决了这一难题。

至于《世界报》为什么会刊载这篇文章，我无从得知，我对此也毫不知情。我猜，作者可能是从棉花市场的某个朋友那里听到了风声，以为自己在报道一则独家新闻。我既没有见过他，也没有见过《世界报》的任何人。直到那天上午 9 点多钟，我才得知这则新闻已经被刊登出来，而且，如果不是我的朋友提醒我，我可能到那时都还不知道。

如果没有这篇文章，我就无法找到一个足够大的市场出货，这是大规模交易的一个难题。你不能像做小笔交易那样悄悄出货，也不能总是随心所欲地卖出，或者在你认为合适的时候卖出。你必须在能够卖出的时候卖出——当有一个能够吸纳你全部头寸的市场时。错失这种机会，可能会让你损失数百万美元。你不能犹豫，一旦举棋不定，便会满盘皆输。你也不能使用任何花招，比如，在熊市中通过竞价买入的方式拉升价格，因为这可能会降低市场的吸纳能力。我想告诉你的是，察觉机会，说起来容易做起来难，必须时刻保持高度警惕，当机会来临时，才能将其一把抓住。

当然，并不是每个人都知道我这次幸运实属意外。在华尔街乃至其他地方，任何能让人赚到大钱的意外都会受到质疑。如果意外没有带来利润，它通常不被视为意外，而是被看作贪婪或狂妄自大的必然结果。然而，一旦意外带来了利润，人们就会指责这是在巧取豪夺，议论那些不择手段的人过得多么好，而保守正派的人却往往落不得好下场。正如那句俗语所说："杀人放火金腰带，修桥补路无尸骸。"

心怀恶意的空头们因为自己的鲁莽而遭受了惩罚，这令他们感到痛彻心扉。他们指责我精心策划了这次行动，不仅仅是他们，其他人也同样这么认为。

一两天后，全球棉花市场上的一位大佬找到我，对我说："利文斯顿，这绝对是你做过的最狡猾的一桩交易。我一直在想，就你那批货，出货时还不知道要损失多少。你知道的，不低价甩卖的话，这个市场最多只能吸纳五六万包棉花。我感兴趣的是，你打算怎样在不损失全部账面利润的情况下处理掉剩余的头寸。你这计划真是妙不可言，我完全没有想到，这确实是个狡猾的计划。”

“此事与我毫无干系。”我诚恳地向他保证。

可是，他只是一个劲儿地重复说：“老弟，你简直就是个人精，人精！别这么谦虚！”

自从那笔交易之后，一些报纸开始称我为“棉花之王”。不过，正如我所说的，我真的不配拥有这个称号。不用说你也知道，想要买下纽约《世界报》的专栏，恐怕全美国的钱都不够用。此外，也没人有足够的影响力能够确保他们会发表一篇那样的文章。我因此事获得的名声，完全是名不副实。

我之所以讲这个故事，并不是为了给那些名不副实的交易者做什么道德辩护，这类虚名有时是被强加上去的。讲这个故事也不是为了强调抓住机会的重要性，不管机会何时以何种方式出现。我讲这个故事的目的只不过是为了说明，我之所以在报纸上名声大噪，完全是因为我在7月棉花上的这次交易。如果没有这些报纸，我可能永远也不会遇到那位非凡的人物——珀西·托马斯。

第十二章　负债累累

在 7 月棉花上的交易，我取得了超预期的成功。交易结束后不久，我就收到了一封署名为珀西·托马斯的来信，信中表示希望和我面谈。我自然立刻回复了他，表示非常欢迎他随时来我的办公室进行面谈。第二天，他便如约而至。

我一直很钦佩他，对于那些对棉花种植与买卖感兴趣的人来说，他的名字早已是家喻户晓。在欧洲以及全国各地，当我与人交谈时，他们总会提到珀西·托马斯的观点。记得有一次，在瑞士的一处度假胜地，我与开罗一位银行家聊天，他与已故的厄内斯特·卡塞尔爵士（Sir Ernest Cassel）* 在埃及有过棉花种植合作。当他听说我来自纽约时，便立刻向我打听珀西·托马斯的情况，他会定期收到并仔细阅读托马斯的市场报告。

我一直觉得，托马斯做交易非常科学。他是一位真正的投机者，兼具梦想家的广阔视野和战士的坚定勇气。同时，他也是一位知识渊博的智者，不但精通棉花交易理论，而且擅长将其付诸实践。他善于倾听各种声音，也乐于表达自己的观点、理论和独到见解。更值得一提的是，他对棉花市场的实际操作以及交易者的心理动态都了如指掌，这得益于他多年来在棉花市场上的摸爬滚打，期间他既赚到过巨额利润，也承受过不小的损失。

先前那家谢尔登 – 托马斯证券交易公司倒闭后，他就开始单干。短短两年内，他就奇迹般地实现了东山再起。我记得曾经在《太阳报》上读到过，经济上重新站稳脚跟后，他做的第一件事就是全额清偿了之前的旧债。接下来，

* 厄内斯特·卡塞尔爵士（Sir Ernest Cassel）是 20 世纪初英国伟大的金融家。——译者注

他聘请了一位专家，为他研究并确定如何以最佳方式投资 100 万美元。这位专家考察了各项资产，并分析了数家公司的报告后，建议他买入特拉华 – 哈德逊铁路公司（Delaware & Hudson）的股票。

托马斯经历了多次失败，损失了数百万美元后，每次都能带着更多的资金东山再起。然而，他却在 3 月的棉花交易中输得血本无归。与我见面后，他几乎是直奔主题。他提议我们结成工作同盟，他得到的任何信息，在公开之前都会先分享给我。我的职责是进行实际的交易，他说我在这方面有特殊的天赋，而他却没有。

由于种种原因，我对这个提议并不感兴趣。我坦率地告诉他，我认为自己无法同时兼顾两件事情，也不热衷于尝试去学习，但他坚持认为这是一个理想的组合。最后，我只好直截了当地告诉他，任何影响他人交易的事情，我都不愿参与。

“如果我自己愚弄了自己，”我对他说，“那么只有我自己会承受痛苦，并且我会立刻付出代价。我既不会长期拖欠别人，也不愿忍受意想不到的烦恼。我之所以选择单枪匹马，是因为我认为这是最明智、最经济的交易方式，与其他交易者斗智斗勇，正是我的乐趣所在。我与他们从未谋面，从未有过交流，从未给出过买卖建议，也从未期望与他们相识相知。当我赚钱时，那是我坚持自己的观点和独立思考的结果。我不会贩卖我的观点，更不会利用它们去谋取利益。如果我通过其他歪门邪道赚到了钱，我会觉得受之有愧。我对你的提议不感兴趣，因为我之所以对这个游戏感兴趣，仅仅是因为我可以按照自己的方式独自享受其中的乐趣。”

他说他为我这样的想法感到遗憾，并试图说服我，说我拒绝他的计划是错误的，但我仍然坚持我的观点。不过，接下来的聊天很愉快。我告诉他，我相信他一定会东山再起。如果能够在资金上对他施以援手，我将不胜荣幸，但他说他不会从我这里借一分钱。然后，他问我在 7 月棉花上的那笔交易。我将事情的来龙去脉向他和盘托出：从我是如何开仓的，到买了多少包，再到买入价是多少，还有其他一些细节。我们又聊了一会儿，他便告辞了。

前不久，我对你说过，投机者有许多敌人，其中很多敌人都是内部产生的。说到这里，我便不由得想起了我犯过的许多错误。我意识到，即便一个人拥有自己独到的见解，能够坚持独立思考的习惯，也很容易受到能言善辩者的蛊惑。对于投机中常见的一些弊病，如贪婪、恐惧和希望等，我已经有了相当大的抵抗力。然而，作为一个普通人，我发现自己还是很容易犯错。

在那段特殊时期，我本应该保持高度警惕。因为就在不久之前，我有过一次亲身经历，这次经历证明一个人是多么容易被轻易说服，去做一些与自己的判断相左，甚至是违背自己意愿的事情。这件事发生在哈丁兄弟公司的营业厅里，我在那儿拥有一间私人办公室，供我个人使用。在交易时间，没有我的同意，任何人都不能来打扰我，我不想受到任何干扰。由于我的交易规模非常大，我的账户给他们带来了不菲的利润，所以我得到了充分的关照和保护。

一天，市场刚收市，我就听到有人说："下午好，利文斯顿先生。"

我转过身，看到一个完全陌生的家伙，年龄约莫在 30 到 35 岁之间。我搞不懂他是怎么进来的，可是他就站在我的面前。我推断，他一定是说有事要和我谈才放他进来的。不过我没有吱声，只是看着他。很快，他便开腔了，"我来找您，是想和您谈谈沃尔特·司各特（Walter Scott）*。"然后，他便滔滔不绝地说起来。

他是一名图书推销员。现在看来，他的言谈举止并不特别讨人喜欢，长相也并不出众，但他确实很有个性。他一直在说，我以为我在听，但我却不知道他说了些什么。我觉得我从未真正明白过，甚至在当时也没有。结束他的独白后，他先把他的钢笔递给我，然后递给我一张空白表格，我在上面签了字。这是一份以 500 美元的价格购买一套司各特作品的合同。

签完字的那一刻，我才如梦方醒。可是，他已经把合同稳稳地放进了口袋里。我不想要这些书，也无处安放，它们对我毫无用处，甚至送人都没人要。

*沃尔特·司各特（Walter Scott, 1771 年 8 月 15 日—1832 年 9 月 21 日）是英国文学史上一位杰出的历史小说家与诗人，以其丰富的想象力和精湛的文笔，在历史小说的创作领域留下了深远的影响。——译者注

然而，我竟然同意花 500 美元买下了它们。

赔钱，对我来说早已司空见惯，以至于我从未首先考虑过自己所犯的错误，而是先关注我做了什么及其背后的动机。一方面，我希望了解自己的局限以及思维习惯；另一方面，我不希望再犯同样的错误。只有通过将错误转化为后续的利润，我才能放下自己所犯的错误。

嗯，我犯下了一个 500 美元的错误，但还没有找出问题的根源。作为第一步，我只是看着那个家伙，上下打量着他。见鬼！他竟然在对我微笑，会心的微笑！他似乎能看穿我的心思。不知怎的，我知道不必向他解释什么了，因为我不说他也知道。于是，我跳过了解释和开场白，开门见山地问他："这笔 500 美元的订单，你能从里面拿多少提成？"

他立刻摇了摇头，说："我不能那样做！抱歉！"

"你能拿多少提成？"我坚持问道。

"三成。可是我真的不能那样做！"他说。

"500 美元的三成是 166 美元 66 美分。如果你把那份签了字的合同还给我，我就给你 200 美元现金。"为了证明我的诚意，我从口袋里把钱掏了出来。

"我说了，我不能那样做。"他说道。

"所有的客户都会给你这样的提议吗？"我问。

"没有。"他回答说。

"那你为什么如此确信我会这么做？"

"这是您这类人的做事风格。您是个输得起的人，这让您成为了一位一流的生意人。我很感激您，但我真的不能那样做。"

"那你为什么不愿意赚更多的钱？"

"并不完全是那样，"他说道，"我工作并不完全是为了拿提成。"

"那你工作是为了什么？"

"我工作不仅是为了提成，还为了业绩。"他回答说。

"什么业绩？"

"我的个人业绩。"

“你究竟是什么意思？”

“难道您工作就只是为了钱吗？”他反问道。

“是的。”我说。

“不。”他摇了摇头，“不，您不会的。那样的话，你就无法从工作中获得足够的乐趣。您工作肯定不仅仅是为了往您的银行账户里多存几美元，您也不是为了追求快速致富才来到华尔街的。您之所以能够乐在其中，肯定另有原因。嗯，我也一样。”

我没有再和他争辩，而是问他：“那你是怎么获得乐趣的呢？”

“嗯，”他坦白道，“我们每个人都有自己的弱点。”

“那你的弱点是什么？”

“虚荣心。”他说。

“好吧，”我对他说：“你让我签了合同，现在我想解除合同。我愿意付你200美元作为你10分钟工作的报酬，难道这还不足以满足你的虚荣心吗？”

“满足不了，”他回答道，“您看，我们这群人中，其他人在华尔街已经努力了好几个月，却还是挣不出生活费。他们抱怨说，这是因为图书不适销，区位不够好。公司派我来证明，问题是出在他们的销售技巧上，而不是图书或者区位因素。他们之前的提成是25%。我原先在克利夫兰的时候，两个星期就卖出了82套。现在我来到这里，要想卖出一定数量的图书，就不仅要卖给那些没有从其他推销员那里买过书的人，还要卖给那些他们甚至根本接触不到的人，这就是公司愿意付给我三成佣金的原因。”

“我实在想不明白，你是怎么成功地把那套书卖给我的。”

“嗯，”他安慰我说，“我也曾卖给J.P.摩根一套。”

“不，不会吧？”我惊讶地问。

他并没有生气，只是说：“真的，我卖给他一套！”

“卖给J.P.摩根一套沃尔特·司各特的书？要知道，他那里可是不仅收藏了众多精美的版本，甚至可能还藏有某些小说的原始手稿呢。”

“看，这是他的亲笔签名。”他立刻向我展示了一份由J.P.摩根亲笔签名的合同。那可能不是摩根先生的签名，但当时我并没有怀疑这一点，他口袋里不也装着我的签名吗？我当时只是觉得好奇，于是我问他："你是怎么绕过图书管理员的？"

"我压根没有看到什么图书管理员，我直接见到了摩根先生本人，就在他的办公室里。"

"这太不可思议了！"我惊呼道。众所周知，想要不经批准进入摩根先生的私人办公室，甚至比带着一个像闹钟一样滴答作响的包裹进入白宫还要困难。

但是他却坚称："我确实进去了。"

"你是怎么进入他的办公室的？"

"我是怎么进入您的办公室的？"他反问道。

"我不知道，你告诉我。"我说。

"好吧，我进入摩根办公室的方式和进入您办公室的方式是一样的，我只是和门口的守卫谈了谈，他的职责是阻止我进入。我让摩根签字的方法和让您签字的方法也是一样的，您并不是在签署一份购书合同，您只是接过了我递给您的钢笔，并按照我的要求签上了字。摩根的情况和你没有什么不同。"

"那真的是摩根的签名吗？"大约三分钟后，我才带着疑问问他。

"当然！他小时候就学会了写自己的名字。"

"就这么简单？"

"就这么简单，"他回答道。"我很清楚自己在做什么，这就是全部的秘密。我非常感谢您，利文斯顿先生，再见！"然后，他转身朝门外走去。

"等一下，"我说，"我肯定会让你从我这里赚够 200 美元。"说着，我递给他 35 美元。

他摇了摇头，然后说："不，我不能那样做，但我可以这样做！"说着，他从口袋里掏出那份合同，撕成两半，递给了我。

我数了 200 美元，然后递到他面前，可是他却再次摇了摇头。

"难道你不是这个意思吗？"我说。

“不是。”

“那你为什么撕掉合同呢？”

“因为您没有抱怨，而是欣然接受了它。如果我处在您的位置上，我也会这么做。”

“可是，我是自愿付给你200美元的。”我说。

“我知道，但钱不是万能的。”他说话的口吻，让我不由自主地附和道：“你说得对，钱不是万能的。那么，你究竟希望我为你做什么呢？”

“您反应真快！”他说，“您真的想为我做点什么吗？”

“是的，”我告诉他，“我愿意。不过，至于我会不会做，这取决于你希望我为你做什么事情。”

“带我去见埃德·哈丁先生，并告诉他让我和他单独谈三分钟。”

我摇了摇头，说：“他是我的好朋友。”

“他已经50岁了，而且还是位股票经纪人。”图书推销员说道。

的确如此。于是，我带他来到了埃德的办公室。此后，这位图书推销员便音信全无。然而，几个星期后的一个傍晚，我正赶回市区时，在第六大道的L号列车上遇到了他。他非常有礼貌地举起帽子，我也点头回应。他走过来，问我：“您好，利文斯顿先生，哈丁先生一切安好？”

“他很好，为什么这么问？”我觉得他话里有话。

“您带我去见他的那天，我成功地向他推销了价值2000美元的图书。”

“但他从未跟我提起过这件事。”我说。

“不会的，那种人是不会说这种事的。”

“哪种人不会说？”

“就是那种从来不会犯错的人，因为对他们来说，犯错误可不是好事。他们总是非常清楚自己想要什么，并且没有人能够轻易说服他们改变主意。我的孩子们接受的教育和我妻子的快乐，都多亏了这种人的帮助。利文斯顿先生，您真是帮了我一个大忙。当初您执意要给我200美元，我没有接受，那时我就已经预料到了这个结果。”

“如果哈丁先生没有从你这里买书呢？”

“嗯，我知道他会的。我很清楚他是哪种人，他肯定会买的。”

“嗯，如果他真的一套没买呢？”我继续追问道。

“那我就回来找您，试着再卖给您几套。再见，利文斯顿先生，我要去拜会市长阁下了。”当列车停靠在公园广场站时，他站了起来。

“我希望你能卖给他十套。”我说。“市长阁下是坦慕尼协会（Tammany）* 的人。”

“我也是名共和党人。”说着，他悠然自得地走出车厢，仿佛确信列车会等着他似的，而列车确实也在等他。

我之所以如此详细地讲述这个故事，是因为他是一名出色的推销员，他让我买了我不想买的东西，他是我遇到的第一个能让我这么做的人。我本以为这样的经历不会再有第二次，但事实并非如此。永远不要指望世界上只有一名杰出的推销员，也不要指望自己完全不受他人个人魅力的影响。

当珀西·托马斯离开我的办公室时，我友好但坚决地拒绝了他建议成立工作同盟的提议，我坚信，我们的交易之路永无交汇之日，我甚至不确定是否还会再见到他。然而，就在第二天，他便给我写了一封信，感谢我主动提供帮助，并邀请我去见他。我回信说，我会接受他的邀请。他又给我写了一封信，于是我前往赴约。

之后，我经常和他见面。对我来说，听他说话是一种享受。他学识渊博，言谈引人入胜，我觉得他是我遇到过的最有魅力的人。

我们谈了很多话题。他学识渊博，对许多话题都有独到的见解，能够以生动有趣的方式对这些话题进行归纳概括，确实称得上天赋异禀。他的言谈充满智慧，令人印象深刻，在说服他人的能力上更是无人能及。在很多事情上，珀西·托马斯常为人诟病，其中就包括不诚实。我常暗自思忖，他之所以能够拥有如此强大的说服力，一定是事先彻底说服了自己，从而极大地增强了说服他人的能力。

---

* 坦慕尼协会（Tammany）是 1789 年美国成立的一个爱国慈善团体。——译者注

当然，我们也详尽地讨论了有关市场的话题。我不看好棉花，但他很看好。我完全看不出棉花市场有任何向好的迹象，但他却能看到。他列出了许多事实和数据，我本应该被他说服的，但我没有。对于这些事实和数据的真实性，我无可辩驳，但它们并不能动摇我根据自己的观察所形成的信念。可是，他仍旧坚持不懈地想要说服我，直到我对自己从行业报纸和其他日报中收集到的信息不再感到确信。这意味着，我无法用自己的双眼来观察市场了。一个人不可能被别人说服去违背自己的信念，但他可能会因此进入一种狐疑不定、优柔寡断的状态。这样甚至更糟糕，因为这意味着他将不能自信从容地进行交易了。

确切地说，我不能说自己完全糊涂了，但我失去了沉着自信。或者更确切地说，我失去了独立思考的能力。我无法详细地向你描述我是如何一步步陷入这种心理状态的，这种状态让我付出了沉重的代价。我想，这是因为他对他的数据的准确性坚信不疑，因为这是他的独家数据；我的数据则不完全可靠，因为这不是我的一手数据，而是公开数据。他反复强调，他在南方遍布的一万名联络员提供的信息绝对可靠，这是已经被反复证明了的。最终，我开始按照他的方式来研判形势，因为我们读的是同一本书的同一页，而且书还是由他拿着。他具有严密的逻辑思维，一旦接受了他提供的事实，那么根据这些事实得出的结论，就必然会和他的结论一致。

当他开始和我谈论棉花市场的形势时，我不但看空，而且已经着手卖空了。当我接受了他提供的事实和数据时，渐渐地，我开始变得忧心忡忡，担心我之前的头寸是建立在错误的信息之上的。当然了，有了这样的感觉，我不可能不去回补。之所以回补，是因为托马斯让我觉得自己错了。一旦完成回补，就只剩下做多一条路了，这就是我的思维方式。

你知道的，我这辈子除了交易股票和商品之外，什么也没干过。我很自然地认为，如果看空是错误的，那么看多就一定是正确的。如果看多是正确的，买入就势在必行。正如我在棕榈滩的那位老朋友引用的帕特·赫恩常说的那句话：“不下注，永远不知输赢！”我必须证明我对市场的判断是对还是错，而证据，则只能从我的经纪商月底打出来的对账单上看到。

我开始买入棉花。眨眼间，就买到了我通常持有的头寸，大约 6 万包。这是我职业生涯中最愚蠢的一次操作，我不是靠自己的观察和推论进行买卖，而是盲目地跟着别人的脚步走。我的愚蠢行为并没有到此为止，而是变本加厉。我不仅在不应该看涨的时候买进了，而且没有根据经验提示逐步加仓，交易方式更是错上加错。轻信他人之言，让我自乱阵脚。

市场并没有按照我的预期发展。当我对自己的头寸有把握时，我从来不会感到害怕或不耐烦。但是，如果托马斯是对的，那么市场就应该按照另一种方式运行。我迈出了错误的第一步，然后又迈出了第二步和第三步，这自然让我陷入了混乱之中。我不仅允许自己被说服接受亏损，还被说服去支撑市场。这种交易方式不仅与我的本性格格不入，而且与我的交易原则和理念也背道而驰。即使我还是个在股票经纪公司里混的小男孩时，即便我还是个对赌行里的毛头小子时，我就知道这样做绝非明智之举。但那时的我已经不是我自己了，我变成了另一个人——托马斯的化身。

我不但做多棉花，而且重仓了小麦。小麦表现得非常出色，给我带来了可观的利润。我愚蠢地试图支撑棉花价格，反而使我的持仓量增加到了大约 15 万包。我可以告诉你，就在那时，我感到身体不太舒服。我这么说并不是想为自己的失误找借口，而是在陈述一个相关事实。我记得，当时我去贝肖尔（Bayshore）休息了一下。

在贝肖尔休息的时候，我进行了一番思考，我觉得我的投机持仓量过大了。通常我不是一个胆小的人，但那时我开始感到紧张，这促使我决定减仓，我必须选择清仓棉花或者小麦。

尽管我对投机这个行当了如指掌，有着 12 到 14 年的股票和商品投机经验，但我却偏偏做出了完全错误的决定，这简直令人难以置信。棉花让我蒙受了损失，我却坚持持有；小麦为我带来了利润，我却选择了卖出，这完全是一次愚蠢透顶的操作。我唯一能找到的借口是，这不是我在交易，而是托马斯。在投机所犯的所有错误中，没有比试图摊平损失更严重的了。稍后，我在棉花上的交易就能充分证明这一点。截断亏损，让利润奔跑，这显然是明智之举，我对此也是心知肚明。直到现在，我都对自己当时反其道而行的做法感到惊讶。

就这样，我卖掉了小麦，亲手截断了我的利润。然而，在我卖出之后，它的价格却一口气上涨了 20 美分每蒲式耳。如果我当时继续持有的话，我就能从中赚取大约 800 万美元的利润。更糟糕的是，在决定保留亏损的棉花头寸后，我又买入了更多的棉花！

我清楚地记得我是如何日复一日地买入棉花，买入更多棉花的。你知道我为什么要买入吗？为了阻止价格下跌！如果这都不算超级愚蠢的做法，那什么算？越来越多的钱被我源源不断地投入进去，而这些钱最终都会石沉大海。我的经纪人和密友们都对此大惑不解，他们至今都无法理解。当然了，如果这次交易的结果出现反转，我就会成为一个传奇。

有人不止一次地告诫过我，不要过分依赖珀西·托马斯的精彩分析。但我没有理会这些告诫，而是继续买入棉花以阻止价格下跌，我甚至跑到利物浦去买。在我意识到自己在做什么之前，我已经积累了 44 万包棉花。然而，事后诸葛，为时已晚。紧接着，我便清掉了所有的仓位。

我几乎赔光了我从其他股票和商品交易中赚到的全部利润，虽然没有沦落到完全破产的田地，但也只剩下几十万美元了。在遇见那位才华横溢的朋友珀西·托马斯之前，我曾拥有数百万美元。对我这样的人来说，竟然违背了经验教给我的制胜法则，实在是愚蠢至极。

通过这次事件，我认识到一个人可能毫无来由地做出愚蠢的举动，这是我宝贵的一课。我付出了巨大的代价才意识到，交易者的另一个危险敌人是——当一个才华横溢的人振振有词地演讲时，人们很容易受到这类人人格魅力的影响。我总觉得，其实只需付出 100 万美元的代价，我就能够同样获得这个教训。但命运女神并不总是让你自己来决定学费是多少，她会给你沉重的一击，并开出自己的账单。她知道无论多少学费，你都必须得支付。认识到自己到底能愚蠢到何种程度后，我给这件事情画上了句号，珀西·托马斯从我的生活中永远消失了。

就这样，我损失了超过十分之九的本钱。正如吉姆·菲斯克常说的那样，这笔钱就这样消失得无影无踪，此时距离我成为百万富翁还不到一年。凭借我的头脑，再加上一些运气，我赚得了数百万美元。而我输掉这些钱，正是因为我颠倒了这一过程。我卖掉了我的两艘游艇，生活上也不再那么奢侈。

屋漏偏逢连夜雨，船迟又遇打头风。我先是大病一场，紧接着又急需 20 万美元现金。搁在几个月前，这笔钱对我来说根本不值一提。可是现在，这几乎耗尽了我迅速消失的财富的全部剩余。我必须拿出这笔钱，问题是钱从哪里来？我不想从经纪商账户余额里支取这笔钱，因为如果我这样做，我就没有足够的保证金进行交易了。如果我想要尽快赢回我的数百万美元，我现在比以往任何时候都更需要交易本钱。现在我只有一个选择，那就是从股市中拿这笔钱！

想想吧！如果你对普通经纪行的一般客户有所了解的话，你就会同意我的看法：寄希望于股市能够为你支付账单，是华尔街上最主要的亏损缘由之一。如果固执地坚持这样的想法，终将倾家荡产。

话分两头。一年冬天，在哈丁兄弟的营业厅里，有一伙自命不凡的人，要各自花三四万美元买一件大衣，最终却没有一个人能够穿上。事情的经过是这样的：一位著名的场内交易者——后来因领取 1 美元象征性薪金而闻名于世——当时穿着一件海獭皮衬里的大衣来到交易所。那时候，皮草价格还没涨上天，那件大衣也就值 1 万美元。嗯，哈丁兄弟营业厅里的这伙人当中，有一个叫鲍勃·基恩（Bob Keown）的家伙，决定要买一件俄国貂皮衬里的大衣。他在城里一家高档商店打听了价格，大约是同样的价钱，也是 1 万美元。

“见鬼，这么贵。”其中一个家伙抱怨道。

“哦，还可以！还可以！”鲍勃·基恩友好地附和道。“也就差不多一个星期的薪资而已。除非大家伙承诺买下它送给我，以示你们对营业厅里最优秀的人的一点点真诚的敬意。有人听到颁奖致辞了吗，没有吧？那好吧，我还是让股市为我买单吧！”

“你为什么想要一件貂皮大衣？”埃德·哈丁问道。

“我穿起来特别合身。”说着，鲍勃挺直了身子。

“你刚才说你打算从哪里来付这笔钱？”吉姆·墨菲（Jim Murphy）问道，他是营业厅里最擅长打听小道消息的人。

“通过一笔明智的短线投资，詹姆斯（James）*，就这样。”鲍勃回答道，他知道墨菲只是想打探点消息。

果不其然，吉米（Jimmy）追问道：“你打算买哪只股票？”

“老样子，你又猜错了，朋友。现在可不是买入的时候，我打算卖空5000股美国钢铁。它至少会下跌10个点，我只赚2.5个点的净利润就行。这很保守了，不是吗？”

“你听到了什么？”墨菲急切地问道。他长得又高又瘦，一头黑发，一副饥肠辘辘的样子，因为他从不出去吃午饭，生怕错过任何行情。

“我听说那件貂皮大衣对我来说非常合身。”他转向哈丁，说，“埃德，市价卖出5000股美国钢铁普通股，就今天，亲爱的！”

鲍勃是个赌棍，喜欢幽默浮夸的谈吐，这是他向世界展示自己钢铁般意志的方式。他卖出了5000股美国钢铁，而股价出现了迅速上涨。不过，鲍勃并没有像他吹牛时表现得那么满不在乎，他在亏损1.5个点的时候就及时止损了。他向营业厅的人解释说，纽约的气候太暖和了，根本不适合穿皮草大衣。他认为皮草大衣既不利于健康，又过于招摇。听他这么说，营业厅的其他人都对他百般嘲笑。然而，没过多久，另一个家伙便买了一些联太铁路的股票，希望用盈利来支付大衣的费用，结果他损失了1800美元。他解释说，貂皮适合女人穿在外面，绝不适合一个谦逊睿智的男人穿在里面。

之后，他们一个接一个地试图让市场为那件大衣买单。一天，我说还是由我来买下它吧，免得整个营业厅都跟着破产。但他们却说，这样不好玩，如果我想要那件大衣，也应该让股市为我买单。不过，埃德·哈丁非常赞同我的想

* 吉姆（Jim）、吉米（Jimmy）以及杰米（Jamie）都是詹姆斯（James）这一名字的常见昵称，它们在不同语境下展现出亲切与随和的意味。——译者注

法。当天下午，我便来到皮草行买那件大衣，但我发现，就在一个星期前，那件大衣已经被一个来自芝加哥的人买走了。

这只是一个例子。在华尔街，任何试图让市场为一辆汽车、一只手镯、一艘摩托艇或者一幅画作买单的，最终都会以亏损告终。这个吝啬的股市拒绝为一切生日礼物买单，不然的话，这些钱加起来，足以建造一所宏伟的医院。实际上，在华尔街众多的灾星当中，我认为幻想股市充当大救星的那颗痴心，是出现最频繁、持续时间最长的一颗。

就像所有已经被充分证实了的灾星一样，这颗灾星也有其存在的道理。当一个人试图让股市为其突如其来的欲望买单的时候，他会怎么做？无他，他只会赌一把，寄希望于运气取胜。在这种情况下，他将承担更大的风险。如果是进行明智的投机，他会对基本形势进行冷静地分析，根据逻辑得出观点或者看法。从出发点来看，他追求的是眼前利润。他等不起，市场必须对他有利，并且要立即向着对他有利的方向运行。他自以为是地认为，他下的不过是一个胜负各半的等额赌注，因为他准备快速退出。比如，当他只想赚两个点的时候，亏两个点他便会止损，因此他抱有一种谬论，认为执子落棋盘，输赢各一半。

哎，我知道有些人就是在这样的交易中损失了成千上万美元，尤其是那些在牛市高潮时买入后，紧接着市场便出现中级回调的情况。这绝对不是一种合理的交易方式。

嗯，作为一名股票作手，这是我职业生涯中所犯下的最愚蠢的一次错误，它成为压垮我的最后一根稻草。棉花交易后，所剩无几的那点钱也被我赔得精光。我遭受的损失远不止于此，因为我还在继续交易，并且继续亏损。我固执地认为，股市最终一定会让我赚到钱，但等来的结局却是山穷水尽。我变得负债累累，我不仅欠了主要经纪商的钱，还欠了那些不要求我支付足额保证金便允许我交易的其他经纪商的钱。我不仅当时负债累累，此后也一直债务缠身。

第十三章　遭人利用

就这样，我再一次破产了。

这已经很糟糕了，但更糟糕的是，我在交易上连续犯下了致命的错误。我感到身体不适，神经紧张，心烦意乱，完全无法冷静地思考。我陷入了一种投机者在交易中绝不应该有的精神状态之中。诸事不顺，仿佛一切都在与我作对。事实上，我开始怀疑自己是否还能找回对交易的那种敏锐的判断力。

我已经习惯了大手笔交易，比如说，10 万股以上。我担心，在小额交易中，我是否还能保持清醒的头脑，做出明智的决策。当手上只有 100 股股票时，即使判断再准确，也失去了它应有的价值。习惯了在大额交易中赚取丰厚利润的我，对于何时该在小额交易中获利感到一片茫然。那种深深的无力感，真的难以言表。

再次破产让我一蹶不振，债台高筑让我深陷困境！在过去漫长的岁月里，虽然成功与错误交织，但我所犯的错误实际上为我取得更大的成功铺平了道路。然而，我现在的处境却比当初从对赌行起步时还要糟。我已经对股票投机这个行当有了很多理解，但是，我对人性的弱点却依旧知之甚少。没有人的头脑能像机器一样，永远保持同样的运转效率。我现在意识到，我不能总是指望自己能够免受他人和厄运的影响。

金钱的损失从来没有让我有过丝毫的担忧，但其他麻烦确实会让我苦恼万分。我仔细分析了自己这次不幸的遭遇，很容易就找出了自己犯错的具体时间和原因。一个人要想在投机市场上做好交易，就必须彻底了解自己。而要想知道自己到底愚蠢到何种地步，非接受一段漫长的教育不可。有时候我觉得，投机者为了学会避免自负，付出再高的代价也是值得的。许多杰出人士的失败都可以直接归因于自负，骄傲自大对每个人来说都是一种代价高昂的弊病。对于华尔街的投机者来说，尤其如此。

被深深的无力感包围着，我在纽约度日如年。我不想交易，因为我的交易状态不佳。我决定离开纽约，去别的地方搞点资金。我想，换个环境或许可以让我重新找回自我。于是，被投机这个行当打败后，我再一次离开了纽约。我此时的处境比破产还要糟糕，因为我欠了各家经纪行总计超过 10 万美元的债务。

我去了芝加哥，在那里找到了一笔资金。虽然资金不是很多，但这意味着，我需要多花点时间赢回我的财富。我曾与之合作过的一家经纪行，对我的交易能力很有信心，为了证明这一点，他们允许我在他们的营业厅进行小额交易。

我开始非常保守地进行交易。我不知道，如果我一直留在那里结果会怎样。然而，我职业生涯中最令人难忘的一次经历，却大大缩短了我在芝加哥逗留的时间，这是个令人几乎难以置信的故事。

一天，我收到了一封来自卢修斯·塔克（Lucius Tucker）的电报。我认识他的时候，他还是一家证券交易公司的营业厅经理，我和这家公司偶尔有些业务往来，但后来和他断了联系。电报上写着：

速来纽约——L.塔克

我知道，他通过我们共同的朋友了解到了我的近况，因此，他一定有他的打算。当时的我囊中羞涩，承担不起一次无谓的纽约之旅，所以我没有按照他说的去做，而是给他打了个长途电话。

“我已经收到了你的电报，”我说，“你这是什么意思？”

“意思就是，纽约的一位大银行家想要见你。”他回答道。

“是哪位？”我问。我猜不出会是谁。

“你来纽约后，我会告诉你的，否则告诉你也没用。”

“你是说他想见我？”

“是的。”

“是关于什么事呢？”

“如果你给他一个机会，他会当面告诉你的。”卢修斯说。

“你不能写信告诉我吗？”

“不能。”

“那就直接在电话里告诉我吧。”我说。

“我不想在电话里细说。”

“听着，卢修斯，”我说，“至少告诉我，会不会让我白跑一趟？”

“当然不会。你来，肯定对你有好处。”

“你就不能稍微透露一点？”

“不能，”他说，“这对他不公平，而且我也不清楚他具体想怎么帮你。不过，听我一句话，来吧，越快越好。”

“你确定他想见的人是我？”

“除了你，还能有谁！我告诉你，你最好快点来。给我发个电报，告诉我你坐哪趟火车，我好去车站接你。”

“好吧。”我说，然后挂断了电话。

我不喜欢如此这般神神秘秘，但我知道卢修斯是善意的，他这么说一定有他的道理。再说了，我在芝加哥的境况并没有好到离开它会让我心碎的地步。照我目前的交易速度，要恢复到以前的操作规模，得花费很长时间才能积累起足够的资金。

我回到了纽约，前途未卜。说真的，在路上，我曾不止一次地担心会竹篮打水一场空，而且还要搭上路费和时间。我万万没有料到，等待我的，是我人生中最奇特的一次经历。

卢修斯在车站接到我后，便立即告诉我，他是应丹尼尔·威廉森（Daniel Williamson）先生的紧急请求才请我来此的。威廉森来自声名赫赫的威廉森－布朗证券交易公司（Williamson & Brown）。威廉森先生让卢修斯转告我，他有一项业务想与我商议，他确信我一定会欣然接受，因为这对我来说非常有利可图。卢修斯发誓说，他对具体内容一无所知，但公司的声誉足以保证，他们不会向我提出任何不正当的要求。

丹尼尔·威廉森是这家公司的资深合伙人，该公司由埃格伯特·威廉森（Egbert Williamson）于19世纪70年代创立。公司里根本没有姓布朗的人，多年来一直没有。在丹尼尔父亲的时代，这家公司就非常显赫。丹尼尔继承了一笔可观的财富，他不太热衷于对外拓展业务，因为他们有一个以一抵百的大客户，此人就是阿尔文·马匡德（Alvin Marquand）。

阿尔文·马匡德是威廉森的姐夫，他不仅担任十几家银行和信托公司的董事，还是庞大的切萨皮克－大西洋铁路集团（Chesapeake and Atlantic Railroad）的总裁。他是继詹姆斯·J. 希尔（James J. Hill）之后，铁路界最具传奇色彩的人物，也是强大的银行集团“福特－道森帮”（Fort Dawson）的发言人和核心成员。据说，他的身价在5千万美元到5亿美元之间，具体数额取决于说话的人是如何评估的。然而，当他去世后，人们惊讶地发现，他的身家竟然高达2.5亿美元，而且全部都是从华尔街赚来的。所以你看，他确实是一位举足轻重的“大客户”。

卢修斯告诉我，他刚刚接受了威廉森－布朗公司为他量身定做的一个职位。我猜，应该是那种为公司四处招揽业务的职位。这家公司正在寻求拓展一般经纪业务，而卢修斯已经劝说威廉森先生开设了两家分公司，一家位于纽约上城的大酒店里，另一家则设在芝加哥。我倾向于认为，他们可能会把我安排到芝加哥分公司工作，担任营业厅经理一职，不过我是不会接受这个职位的。我没有立即答复卢修斯，因为我觉得，最好是等他们正式发出邀请后再拒绝。

卢修斯带我来到威廉森先生的私人办公室，把我引荐给他的上司后，便匆匆离开了房间，他好像不想在双方都认识的情况下被当作见证人。我准备仔细听听威廉森的提议，然后委婉地予以拒绝。

威廉森先生非常和蔼可亲，他是位十足的绅士，举止优雅，笑容可掬。看得出来，他很容易结交到朋友，并且能够维持彼此间的友谊。为什么不可以呢？他身体健康，性格开朗，拥有万贯家财，因此，不会有人怀疑他怀有卑鄙的动机。这些因素，再加上他所受的教育和社交训练，使他很容易做到礼貌友好待人，而且能够乐于助人。

我没开腔，没什么可说的，而且我一向都是先让对方把话说完，然后我再开口。有人告诉过我，已故的国民城市银行行长詹姆斯·斯蒂尔曼（James Stillman）与威廉森交情甚笃。面对任何人的提议，斯蒂尔曼都会习惯性地面无表情地默默倾听。待对方把话说完后，斯蒂尔曼先生仍会继续凝视着他，仿佛对方还未说完似的。于是，对方就会觉得有必要再补充点什么，便再次开口了。相较于斯蒂尔曼原本打算开出的条件，仅仅通过注视和倾听，经常就能让对方主动开出对银行更加有利的条件。

我之所以保持沉默，并不仅仅是为了让对方开出更好的条件，主要是因为我希望了解事情的全貌。让对方充分表达意见后，我就能立刻做出决定，这不仅可以节省大量的时间，还可以避免无休止的争论和长时间的讨论。就我个人而言，几乎所有提交给我的商业提案，我都可以用“是”或者“否”来答复。当然，除非我面前有完整的提案，否则我无法立即给出答复。

丹尼尔·威廉森负责说，我负责听。他告诉我，他早就听说过我在股市上的很多操作，他对我放弃自己擅长的领域，在棉花市场上栽了跟头感到遗憾。不过，他能有幸和我面谈，还要归功于我那次不幸的遭遇。他认为，我的专长在于股市，我天生就是做股票的料，不应该离开这一行。

“这就是原因，利文斯顿先生，”他愉快地总结道，“这就是我们想和您合作的原因。”

“怎么合作呢？”我问他。

“我们想做您的股票经纪商，”他说，“我们公司非常乐意为您的股票业务提供服务。”

“我倒是很乐意交给你们做，”我说，“可是我办不到。”

“为什么办不到？”他问道。

“我没钱了。”我回答说。

“资金方面您无须担心，”他友好地微笑着说，“资金我来提供。”说着，他掏出一本袖珍支票簿，给我开了一张25000美元的支票，亲手递给了我。

“这是干什么用的？”我问。

“用来存到你自己的银行账户里，你可以开自己的支票。我希望你能在我们营业厅做交易，我不在乎你是赚还是赔。如果这笔钱赔完了，我会再给你开一张个人支票，因此，你不必太在意这张支票，明白吗？”

我知道这家公司财力雄厚，生意兴隆，根本不需要额外拓展业务，更不用说借钱给别人充当保证金了。可是，他在这件事上显得太慷慨了！他不是以经纪行的名义给我一笔信用额度，而是直接给我现金，这样就只有他知道钱的来源。他开出的唯一条件是，我必须通过他的公司进行交易。他甚至还承诺，如果钱赔光了，还会给我更多！无风不起浪，事出必有因。他这样做，背后一定有他的原因。

“你这是什么意思？”我问他。

“很简单，我们营业厅需要一位像您这样的客户，一位以大手笔交易且交易活跃著称的交易者。众所周知，您做空时出手不凡，这正是我特别欣赏您的地方。您是位有名的豪赌客。”

“我还是不明白。”我说。

“利文斯顿先生，我跟您明说吧，我们有两三位非常富有的客户，他们买卖股票的手笔非常大。每当我们营业厅卖出一两万股什么股票的时候，我不希望华尔街怀疑是这些大客户在抛售他们做多的股票。如果华尔街得知您在我们的营业厅交易，那么他们就无法准确判断被抛售到市场上的股票到底是您卖空的，还是其他客户卖出了他们做多的股票。”

我立刻就明白过来了，他想用我豪赌客的名声来掩护他姐夫的操作！一年半前，我通过做空赚得盆满钵满，自此，华尔街上那些八卦传播者和愚蠢的谣言制造者便养成了一个坏毛病——每一次价格下跌，他们就会对我横加指责。时至今日，当市场非常疲软时，他们还会说是我在打压市场。

无须多想，我马上看出丹尼尔·威廉森给了我一个快速东山再起的机会。

我收下支票，存入银行，在他的公司开了个账户，并开始交易。市场很活跃，广度也足够*，我不必局限于交易一两只特定股票。我之前曾担心，自己已经失去了一击即中的本领，但事实证明，我并没有。在三个星期的时间里，我就用丹尼尔·威廉森借给我的25000美元，赚取了11.2万美元的利润。

我找到威廉森，对他说："我来还你那25000美元。"

"不，不！"他一边说，一边挥手示意我离开，就好像我递给他的是一杯难以下咽的掺了蓖麻油的鸡尾酒一样。"不，不，老弟。等你的账户里钱多点再说吧，现在先不用急着还，你现在不过挣了点零花钱而已。"

在华尔街的职业生涯中，我犯下了一个最让我追悔莫及的错误，它让我经历了一段漫长而痛苦的岁月，我本应该坚持让他收下那笔钱的。我正朝着比我失去的更多的财富迈进，而且我的步伐相当快。连续三个星期，我每周的平均回报率高达150%。从那以后，我将在规模稳步扩大的基础上进行交易。但我没有从债务中解脱出来，反而由着威廉森，没有坚持让他收下那25000美元。当然，因为他没有收下借给我的25000美元，我也就不能心安理得地提取我的利润。我很感激他，但我天生就不喜欢欠别人钱或者人情。钱，我可以用钱来偿还，对于人情和好意，我就必须用同样的方式进行回报。这些道义上的恩惠有时代价非常高昂，可能一辈子都无法还清。

我没有动那笔钱，而是继续交易。我的交易进展得非常顺利，我逐渐恢复了自信。我确信用不了多久，就能恢复到1907年的交易状态。一旦恢复到那种状态，我所希望的只是市场能够再坚持一段时间，这样我就能弥补全部损失了。但赚钱与否并不是我特别在意的，令我高兴的是，我正在改掉在错误中迷失自我的坏毛病。这个毛病已经困扰了我好几个月，但我已经从中吸取了教训。

---

*股票市场的广度，其核心在于全面审视市场中上涨与下跌股票的数量对比，以及这些对比数据如何深刻反映出市场的整体走势与内在活力。具体而言，市场广度分析通过精细统计上涨股票与下跌股票的种类数量，从而精准衡量市场的活跃水平及投资者群体的行为模式。这一过程不仅为投资者提供了洞悉市场宏观趋势的窗口，还赋予了预测股市未来涨跌动向的强大能力，成为制定投资策略时不可或缺的重要参考。——译者注

就在那时，我转为看空，并开始做空几只铁路股，其中就包括切萨皮克－大西洋铁路公司。我记得我在这只股票上大约卖空了 8000 股。

一天早上，我来到市中心时，市场还未开盘。丹尼尔·威廉森把我叫进了他的私人办公室，对我说："拉里，现在暂时不要碰切萨皮克－大西洋铁路公司。你卖空 8000 股的操作非常糟糕，今天早上我已经在伦敦帮你平仓了，并且改为了做多。"

我确信切萨皮克－大西洋铁路公司的股价会下跌，行情纸带明确无误地告诉了我这一点。此外，我看空整个市场，虽然谈不上疯狂而激烈地看空，但足以让我安心持有适当的空头头寸。我对威廉森说："你为什么要这么做？我看空整个市场，所有股票都会下跌！"

他只是摇了摇头，说："我之所以这么做，是因为我碰巧知道一些关于切萨皮克－大西洋铁路公司的内情，而这些是你无法了解到的。我的建议是，在我确保万无一失之前，先不要卖空这只股票。"

我能怎么办？那绝不是什么无稽之谈，那可是一条来自董事会主席小舅子的宝贵忠告。丹尼尔不仅是阿尔文·马匡德最亲密的朋友，他对我同样展现出了极大的友善与慷慨。他对我信任有加，并且对我的话深信不疑。这份信任让我深受感动，因此，我对他充满了感激之情。于是，我的情感再次战胜了理智，我选择了听从他的建议。让我的理智服从于他的意愿，是我此次失败的关键。一个正派的人自然会有感恩之心，但不能让感恩完全束缚住自己。随后我意识到，我不仅损失了所有的利润，还背负了公司 15 万美元的债务，这让我感到万分沮丧，可是丹尼尔却让我不要太过担心。

"我会帮助你渡过难关的，"他信誓旦旦地承诺道，"一口唾沫一个钉，说话算话。不过，我需要你的配合，你必须停止独立操作。我可不能一边为你忙活，一边看着你将我所有的努力都化为乌有。你先暂时离开市场，给我一个为你赚钱的机会，好吗，拉里？"

我再次请问你：我能怎么办？一念及他对我的好意，我就不能做出任何可能被视为不知感恩的举动。我已经开始喜欢他了，他非常和蔼可亲。在我的记忆中，我从他那里得到的全是鼓励。他不断地向我保证，一切都会好起来的。大约六个月后的一天，他面带喜色地找到我，递给我几张存款单。

“我说过，我会帮你渡过难关的，”他说，“我做到了。”这时我发现，他不仅帮我完全还清了所有债务，而且我还剩下了一小笔余额。

我觉得我本可以毫不费力地将这笔钱滚大，因为当时的市况非常好，但他却对我说：“我已经帮你买了 1 万股南大西洋铁路（Southern Atlantic）。”这是他的姐夫阿尔文·马匡德控制的另一家铁路公司，他也掌控着这只股票的市场命运。

当一个人为你做了像丹尼尔·威廉森为我所做的事时，无论你如何看待市场，除了说声“谢谢”，你还能说什么呢？或许你确信自己是正确的，但正如帕特·赫恩常说的那样：“不下注，永远不知输赢！”而丹尼尔·威廉森已经用他的钱为我下了注。

唉，南大西洋铁路的股价跌下去后，就一直非常低迷。在丹尼尔帮我卖出之前，我那 1 万股损失惨重，具体损失了多少我记不清了。我欠他的钱更多了，然而，像他这样既和蔼可亲，又不咄咄逼人的债主，你可能这辈子都遇不到。他从未有过一句怨言，相反，他说了很多鼓励的话，劝我不要放在心上。最后，他又以同样慷慨而又神秘的方式替我抹平了损失。

除了账目上的往来，他从不向我透露任何细节。丹尼尔·威廉森会简单地对我说：“我们用另一笔交易的利润，抹平了你在南大西洋铁路上的损失。”他还会告诉我，他是如何卖掉了 7500 股其他股票，并从中大赚了一笔。说实话，在他告诉我亏损已经抹平之前，我对自己名下的那些交易从来都是一无所知。

这样的事情发生了几次后，我开始反思，并决定从一个全新的角度来审视这件事。最终，我恍然大悟，很明显，我被丹尼尔·威廉森利用了。一想到这一点，我就怒火中烧。更让我气愤的是，我没有尽早发现这一点。当我在脑海中详细梳理了整个事情的来龙去脉后，我立即找到丹尼尔·威廉森。我告诉他，我和他公司的关系已经走到了尽头，并毅然决然地离开了威廉森 – 布朗公司。对于威廉森以及他的合伙人，我无话可说，因为说再多也于事无补。然而，我必须承认我对自己的恼火程度，一点也不亚于对威廉森－布朗公司。

亏钱并不会对我造成困扰，每当我在股市里亏钱时，我都认为我从中学到了一些东西。如果我亏了钱，却因此获得了经验，那么这些钱不过是交了学费而已。一个人想要获得经验，就必须为此付出代价。但在丹尼尔·威廉森营业厅的这次经历，却让我深受其害，它让我错失了一个大好机会。亏钱不算什么，赚回来便是。但有些机会并不常见，一旦错过便难再得。

你看，一个多么有利于交易的市场。我判断得没错，我的解读是准确的，百万美元的机会就摆在那儿。然而，我却让感激之情干扰了自己的操作，作茧自缚。我不得不按照丹尼尔·威廉森"善意"的要求去做，总的来说，这比和亲戚做生意还要令人不满意。一桩糟糕的生意！

这还不算是最糟糕的。最糟糕的是，从那以后，我几乎再也没有了赚大钱的机会。市场趋于停滞，情况变得越来越糟。我不仅赔光了所有资金，还背负了比以往任何时候都更加沉重的债务。那是一段漫长而艰难的岁月，1911 年、1912 年、1913 年和 1914 年，无钱可赚，根本没有赚钱的机会。我的处境比以往任何时候都更加糟糕。

如果事前没有预料到可能发生的前景，那么，亏损并不至于让人痛苦到无法接受。正是这一点，让我一直耿耿于怀，也让我更加心烦意乱。我很清楚，容易让投机者泥足深陷的弱点几乎数不胜数。作为一个三尺男儿，我在丹尼尔·威廉森营业厅的行事方式并无不妥；然而，作为一名投机者，放任自己被种种顾虑左右，从而违背自己的判断，则既不恰当，也不明智。一个人应该具有高尚的品德，却不应该表现在股市上，因为股市可不讲什么绅士风度，它也从来不会对忠诚作出褒奖。不过，即便当时我意识到这一点，我还是会那样做，因为我不能仅仅为了交易，就改变自己的为人。然而，在商言商，生意终归是生意，作为一名投机者，我的生意就是始终不渝地遵循自己的判断。

这是一次非常奇特的经历，我会把我所想到的整件事情的来龙去脉讲给你听。当丹尼尔·威廉森第一次见到我的时候，他对我说的话是完全真诚的。每当他的公司买入或卖出几千股某只股票的时候，华尔街就会立刻得出结论，认为是阿尔文·马匡德正在买入或卖出。毋庸置疑，他是这间营业厅的大户，而且他把所有的业务都交给了这家公司。与此同时，他也是华尔街有史以来最优秀、最有实力的交易者之一。我一直被当作烟幕弹来使用，特别是在马匡德卖出的时候，更是如此。

我进入公司后不久，阿尔文·马匡德便一病不起，他的病很快被诊断为不治之症。在马匡德知道自己的病情之前，丹尼尔·威廉森就已经知道了，这就是为什么丹尼尔要替我平掉我在切萨皮克－大西洋铁路上所持有的头寸的原因，因为他已经开始出清他姐夫在这只股票以及其他股票上的投机性持仓。

当然，马匡德去世后，他的遗产管理人必然会出清他的投机和半投机持仓，而那个时候，市场早已进入了熊市。丹尼尔通过那种方式绑住了我的手脚，这帮了遗产管理人一个大忙。我说自己是个大规模交易者，并且对股市的看法绝对正确，这话并非在自吹自擂。威廉森对我在 1907 年熊市中的成功操作记得一清二楚，他不敢任凭我自行其是，因为他承担不起那样的风险。为什么这么说呢？如果我继续按照自己的判断行事，我就会赚到很多钱。等到他试图出清阿尔文·马匡德的那部分遗产时，我的交易规模可能已经达到几十万股了。作为一名活跃的空头，我会给马匡德的遗产继承人造成千百万美元的损失，而阿尔文留下的遗产也不过区区几亿美元。

对他们来说，与其让我在别的营业厅活跃地做空，不如先让我背上债务，再替我偿还，后一种做法付出的代价要比前一种小得多。我之所以没有那么做，完全是因为我不愿在丹尼尔·威廉森面前放弃做人的体面。

我一直认为，这次事件是我股票作手生涯中最有趣也是最不幸的一次经历。这个教训让我付出了高昂到不成比例的代价，让我东山再起之路推迟了好几年。我还年轻，有足够的耐心等待那损失的数百万美元重新回到自己手中。然而，对于一个穷困潦倒的人来说，五年的时间是一段极其漫长的岁月，无论老少，这都不是一件值得玩味的事情。与失去游艇相比，更令我难以忍受的是没有行情可做。我一生中最大的一次机会，我丢失的钱袋子就摆在我的眼前，我却无法伸手将其抓住。

丹尼尔·威廉森真是个精明透顶的家伙——老练油滑，富有远见，才智超群，胆识过人。他心思缜密，富于想象，能够洞察到人性的弱点，并进行冷酷无情的算计。他摸清了我的弱点，很快制定出了对付我的策略，让我在市场上对其构不成丝毫威胁。实际上，他这么做并不是为了钱，相反，他在钱上面表现得异常慷慨。他深爱着他的姐姐马匡德夫人，并尽到了他认为应该尽到的责任。

第十四章　东山再起

离开威廉森－布朗公司后，市场机会已不复存在，这让我感到十分遗憾。随后，市场陷入了长达四年无钱可赚的时期，期间几乎没有任何赚钱的机会。正如比利·恩里克斯（Billy Henriquez）形容的那样："这是个连臭鼬放屁都闻不到味儿的市场。"

在我看来，我好像是开罪了命运之神，或许是老天有意要对我施以惩罚。实际上，我并没有狂妄自大到足以招致此等报应的地步。我并没有犯下任何必须用交易者的钱袋子进行补偿的投机过错，也没有像典型的傻瓜那样操作。我所做的，或者更准确地说是我没有做的，在华尔街以外的地方，都会赢得赞扬而不是责难。但在华尔街，这样的行为却是荒谬的，代价是高昂的。最糟糕的是，这种情况让人在股市中越来越不愿流露出人性。

离开威廉森的营业厅后，我试过其他几家经纪行，但无一例外都以亏损告终。这是我罪有应得，因为我是在强市场所难，想要从市场中得到它本不必给我的东西——赚钱的机会。在获取信用额度方面，我没有遇到任何麻烦，因为那些了解我的人，都对我抱有坚定的信心。当我最终停止信用交易时，我欠下了超过 100 万美元的债务，可以想见，他们对我有多么信任。

问题并不在于我失去了把握机会的能力，而是在那悲催的四年时间里，根本没有任何赚钱的机会。尽管如此，我依然坚持交易，试图赚得一笔本金。结果却事与愿违，只是让我的债务越积越多。因为我不想欠朋友们更多的钱，我停止了自己的交易。我转而开始为别人管理账户，以此来维持生计。他们相信，我对这个行当有足够的了解，即便是在平淡的市道中，也能游刃有余。如果有利润的话，我从利润中抽取一定的比例作为我的服务酬劳。与其将其说成是我当时的生活方式，不如说是我的生存方式。

当然，我并不是一直在亏钱，但我却从未赚到过足够多的钱，使我的债务有任何实质性的减少。最终，随着境况的进一步恶化，我有生以来第一次开始感受到心灰意冷。

诸事不顺，仿佛所有的事情都在与我作对。从昔日的百万富翁和游艇相伴，到如今背负债务，拮据度日，这样的巨大落差并未让我沉溺于哀叹之中。虽然我并不喜欢这种境遇，但我也未陷入自艾自怜的泥潭。我深知，我不能坐等时间和命运的恩赐来消弭我的痛苦，因此，我开始深入剖析我所面临的问题。很明显，摆脱困境的唯一途径便是赚钱。而要赚钱，我就必须进行成功的交易。我曾经有过这样的成功经历，现在，我必须再次证明自己。过去，我曾不止一次地用微薄的资金累积起巨额的财富，我坚信，市场终将再次给我提供这样的机会。

我坚信问题出在我自己身上，而非市场的原因。那么，我的问题究竟出在哪里呢？我秉持着研究交易问题各个阶段时一贯的严谨态度，向自己提出了这个问题。经过冷静的思考后，我得出结论，我的主要问题在于担心自己所欠下的债务，我始终无法摆脱由此带来的精神压力。我必须向你解释的是，问题不仅仅在于我意识到自己背负的债务，任何生意人在日常经营中都会背负债务，而我的大部分债务不过是由不利的商业环境造成的商业债务。与一位进出口批发商遭遇长时间的反常天气相比，我的情况也糟不到哪里去。

当然，随着时间的推移，由于无法偿还债务，我开始逐渐感到焦虑不安。让我澄清一下：我所背负的超过百万美元的债务，全部源于股市的亏损。你还记得吧？大多数债主都对我非常宽容，没有为难过我。然而，有两位债主却对我纠缠不休。每当我稍有斩获，他们便会在第一时间出现，迫切地想要知道我赚了多少钱，并且坚持当场拿走他们的那一份。其中一位，我只欠了他 800 美元，竟然扬言要起诉我，甚至要查封我的家具。我实在想不通，为什么他会认为我在隐匿财产，除非我看起来不像是一个即将死于贫困的流浪汉。

在研究这个问题时，我意识到，问题并不在于解读行情纸带，而在于审视我自己。我冷静地得出结论，只要我身处焦虑之中，我就无法专心致志地完成任何有意义的事情。显而易见的是，只要我还背负着债务，内心的焦虑便会如影随形。我的意思是，只要债主有权对我进行骚扰，或者在我筹集到一笔像样的本金之前坚持让我还钱，妨碍我东山再起的进程，就势必会让我感到不安。事实再明显不过了，于是我下定决心："我必须申请破产。"除此之外，还有什么办法能消除我内心的不安呢？

这样做既简单又明智，不是吗？但我可以告诉你，这样做岂止是令人不快，我讨厌这样做，我讨厌把自己置于一种被误解或者被误判的境地。我从来没有把金钱看得太重，从来没有觉得钱可以值得我为之撒谎。但我知道，并不是每个人都会这么想。当然，我也知道，如果我能重新站稳脚跟，我会还清所有人的债务，尽到我应尽的义务。不过，除非我能用原来的方法交易，否则，我永远也还不起那百万美元的债务。

我鼓起勇气，去见我的债主们。尽管他们中的大多数人都是我的老友故交，但仍旧令我非常难以启齿。

我开诚布公地向他们解释了我目前的处境。我说："我之所以这样做，并不是因为我不想还钱，而是因为这样做对我们双方都更有利，我必须将自己置于一个能赚钱的位置上。这个想法我已经断断续续地考虑了两年多，却一直没有勇气坦率地向你们讲明。如果我早这么做的话，对我们所有人来说，都会是更好的选择。简单来说，当这些债务让我感到困扰或不安时，我根本无法做回原来的自己。我现在决定要做的事，不过是一年前就该做的事，这就是我这样做的唯一原因。"

第一个人所说的话，实际上代表了他们所有人的意见，因为他是代表公司发言的。

"利文斯顿，"他说，"我们理解，我们完全明白你的处境。我告诉你我们接下来的打算：我们同意免除你的债务，让你的律师照你的意思准备文件吧，我们会签字的。"

这基本上是所有大债主的意思，这向人展示了华尔街的另一面。他们之所以这么做，并不仅仅是出于恻隐之心或者浩然正气，这同时也是一个极为明智的决定。很明显，这是一桩好生意。我非常感激他们的善意，也特别钦佩他们的商业智慧。

这些债主免除了我总计超过 100 万美元的债务。不过，还有两个小债主就是不愿意签字，其中一个就是我之前提到过的，那个我欠了他 800 美元的家伙；还有一家经纪行，我欠了他们 6 万美元。这家经纪行已经破产，而接管人却对我一点也不了解，他们总是一天到晚地盯着我不放。即便他们有意效仿那些大债主的做法，我想，法庭大概也不会让他们签字。总之，我的破产清算单上只列出了大约 10 万美元的债务，实际上，正如我所说的，我欠下的债务远远超过 100 万美元。

看到报纸上的报道，我心里很不是滋味。一直以来，我都是全额清偿所欠的债务。这次全新的体验，让我极为羞愧。我知道，只要我活着，总有一天会还清所有人的债务，但读过那篇报道的人，却不一定这么认为。自打看到报纸上的那篇报道后，我都羞于出门了。但这种感觉很快就消失了，当我意识到自己不会再受到那些人的骚扰时，那种如释重负的感觉，我简直无法用语言形容。他们根本不懂，要想在股票投机中获得成功，就必须全心全意地投入到自己的事业中去。

摆脱了债务的束缚，我的心灵重获自由。带着对成功的憧憬，我准备踏上交易的征途。接下来我要做的，就是筹集一笔新的本金。从 1914 年 7 月 31 日至 12 月中旬，证券交易所因故关闭，华尔街笼罩在一片萧索之中，交易活动几乎陷于停滞*。我非常感激我的朋友们，但我不能因为他们曾经对我很友好，就再次请求他们的帮助，因为我知道，在这样的艰难时刻，每个人都是泥菩萨过河——自身难保，难以有余力去帮助他人。

*1914 年，随着第一次世界大战爆发，时任美国总统威尔逊的女婿、美国财政部长麦卡杜出于多重考量，毅然决定关闭纽约证券交易所。这一举措自 1914 年 7 月 31 日起生效，并持续了长达四个月的时间，给全球金融市场带来了深远的影响。——译者注

想要筹集一笔像样的本金，简直难于上青天。因为证券交易所关闭，我无法通过任何经纪行进行交易。我试过几家，最后都是无功而返。

最后，我找到了丹尼尔·威廉森，那是1915年2月。我告诉他，我已经摆脱了债务带来的精神负担，准备像之前那样交易。你应该还记得这件事吧，在他需要我的时候，没等我开口，他就主动提出借给我25000美元。

当我需要他的时候，他对我说："如果你觉得哪只股票不错，想买个500股的话，尽管去买，没问题。"

向他道谢后，我便告辞了。他让我白白错过一次赚大钱的机会，而他的营业厅，却从我身上赚取了大把的佣金。我承认，一想到威廉森－布朗公司没有给我一笔像样的本金，我心里就有点恼火。一开始，我打算先保守一点，如果我能以稍高于500股的头寸开始交易的话，我的财务状况将会恢复得更快、更容易。不管怎样，我意识到，即便如此，这也是我东山再起的机会。

离开丹尼尔·威廉森的营业厅后，我对当时的整体形势，特别是自身存在的问题进行了深入剖析。那时是牛市，不止对我，对于成千上万的交易者来说，这一点都是显而易见的，可是我的资金仅仅能为我提供500股的头寸。也就是说，资金有限，我没有回旋的余地。交易伊始，我承受不起丝毫的回撤。我必须通过第一笔交易来积累资金，初始买入的这500股，必须为我带来利润。我必须赚到实实在在的利润，我深知，除非我拥有足够多的交易资金，否则我就无法做出明智的判断。没有足够的保证金，面对这个行当，我就无法始终保持冷静、客观的态度。这种态度，正是来自能够承受小幅亏损的能力，就像我在下重注之前测试市场时经常出现的小额亏损一样。

现在回想起来，我发现自己当时正处于投机生涯中最关键的时刻。如果这次失败了，我不知道自己何时或从何处能够再次筹集到资金进行下一次尝试。很明显，我必须耐心等待关键心理时刻*的到来。

我刻意避开了威廉森－布朗公司。我的意思是，我故意远离他们长达六

*正如利弗莫尔在其亲笔著作《股票作手操盘术》第一章中所阐述的那样，这个关键心理时刻，是指市场背后那股强大的、蓄势待发的力量推动市场向前迈进的决定性瞬间。——译者注

个星期之久，这期间我一直坚持研读行情纸带。我担心，如果我去了营业厅，在知道自己可以买入 500 股的情况下，我可能会经不住诱惑，从而在错误的时机进行交易，或者介入不该介入的股票。交易者除了要研究基本形势，记住市场先例，留心场外公众的心理，以及与经纪人保持界线外，还必须了解自己，防范自身的弱点。没有必要因为人性的弱点感到愤怒，我深刻地体会到，知道如何读懂自己和知道如何读懂行情纸带同样重要。抱着研究农作物状况或者分析盈利报告时同样的心态，我对自己在受到特定刺激或者活跃市场诱惑时的应激反应，进行了仔细的研究和分析。

就这样，虽然我身无分文，渴望着重新开始交易，可是我却日复一日地坐在另一家经纪行营业厅的报价板前，全神贯注地研究着市场。在那里，我一股都不能买卖。我不放过行情纸带上的任何一笔交易，密切留意着关键心理时刻敲响全速前进的钟声。

基于众所周知的形势，在 1915 年初那些关键的日子里，我最看好的股票是伯利恒钢铁公司（Bethlehem Steel）。尽管我确信它会大涨，但为了确保首战必胜——我必须这样做——我决定等到它的股价突破其面值 * 时再出手。

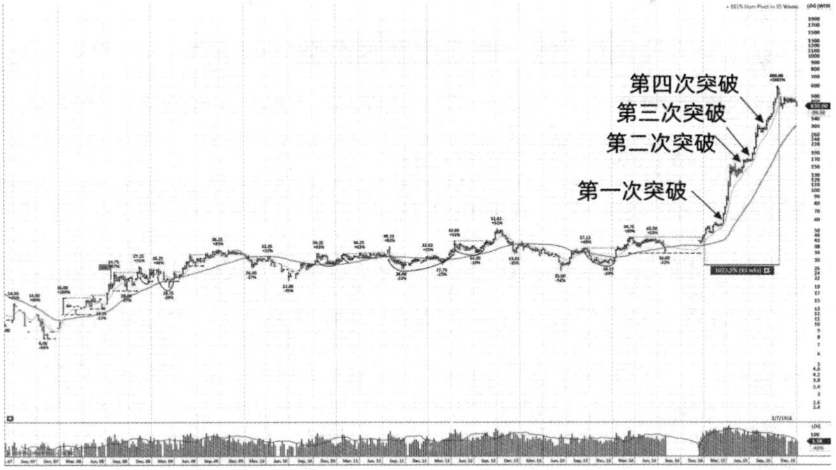

图14-1 伯利恒钢铁公司1907年至1916年周K线图（译者配图）

* 通常为 100 美元。——译者注

我曾经告诉过你，根据我的经验，当一只股票首次突破 100、200 或 300 美元整数关卡时，它几乎总是会继续上涨 30 到 50 个点。另外，在突破 300 美元后，其上涨速度会比突破 100 或 200 美元时更快。我第一次大赚就是在安纳康达这只股票上，我是在它突破 200 美元时买入的，一天后以 260 美元的价格卖出。在股票刚突破面值时买入这种做法，可谓由来已久，可以追溯到我早年在对赌行交易的时期，这是一条久经考验的交易法则。

你可以想象得到，我是多么渴望恢复到原来的交易规模啊！我迫不及待地想要开始交易，以至于已经无法思考其他任何事情。不过，我克制住了自己。我眼看着伯利恒的股价每天都在节节攀升，越涨越高，正如我预计的那样。然而，我还是抑制住了自己冲到威廉森－布朗公司营业厅买入 500 股的冲动。我清楚，我必须尽可能地让我的第一笔交易万无一失。

这只股票每上涨一个点，就意味着我少赚了 500 美元。起初 10 个点的上涨，意味着我本可以加码买进的，那样的话，我现在持有的就不是 500 股了，或许已经是 1000 股了。如此一来，股价每上涨一个点，我就可以赚到 1000 美元。不过，我依然稳坐不动，我没有被希望的大声疾呼和信念的摇唇鼓舌所左右，我只听从经验的冷静劝说和常识的忠告。一旦我筹集到一笔可观的本金，便可以承担风险去捕捉机会了。可是，在没有本金的情况下，冒险，哪怕只是微不足道的风险，对我来说都是一种无法承受的重量。经过六个星期的耐心等待，最终，我的常识战胜了贪婪和希望！

当股价涨到 90 美元时，我真的开始动摇了，急出一身冷汗。想想看，在如此看好它的情况下，我却没有买入，这得让我错过多少利润！嗯，当股价涨到 98 美元的时候，我对自己说："伯利恒即将突破 100 美元大关，突破之日，便是冲天之时！"行情纸带也明白无误地传达了同样的信息，事实上，它简直是在用大喇叭冲我喊。我和你说，当报价机刚打出 98 美元的时候，我就已经从行情纸带上看到 100 美元了。我确信，这既不是出于希望的呼唤，也不是出于欲望的幻象，而是出于我解读行情记录带的本能判断。于是，我对自己说："不能等它突破 100 美元再动手，我现在就得买入，现在的情况已经近乎突破面值。”

我急忙跑到威廉森－布朗公司营业厅，下单买入了 500 股伯利恒钢铁公司的股票。当时的市价是 98 美元，我那 500 股的成交价在 98 到 99 美元之间。之后，股价一路飙升。我记得当晚临近收盘时，它的价格涨到了 114 或 115 美元左右。于是，我再次买入了 500 股。

第二天，伯利恒钢铁公司的股价涨到了 145 美元，我终于有了一笔像样的本金，这是我应得的回报。等待最佳时机的那六个星期，是我经历过的最艰难、最难熬的时光，但这一切都是值得的，因为现在我已经拥有足够的资金进行相当规模的交易了。仅靠 500 股的头寸规模，永远也成不了什么气候。

无论从事什么行业，一个良好的开端都至关重要。在完成伯利恒钢铁的交易之后，我表现得非常出色，以至于让人不敢相信是同一个人在交易。实际上，我已经脱胎换骨，不再是过去那个常常受到骚扰、频频出错的我了。我现在能够保持心平气和，满怀信心地进行交易，既没有债主来找我麻烦，也不存在资金短缺的问题。没有什么来干扰我的思考，我可以静下心来，仔细聆听经验之声的指引，因此，我能够持续保持盈利。

当我正走在通往成功的康庄大道上的时候，突然之间，我却遭遇了“卢西塔尼亚号”（Lusitania）事件 *。每隔一段时间，人们就会遭遇到这样的晴天霹雳，这大概是为了提醒人们一个悲伤的事实：没有人能在市场上永远正确，总有些意外事件会让人栽跟头。我听说，职业投机者其实并不会因为“卢西塔尼亚号”被鱼雷击中这样的消息而受到太大的影响，因为早在华尔街得知消息之前，他们便有所预见。但我没有那么聪明，没能够提前得知消息，没能及早脱身。我能告诉你的是，受“卢西塔尼亚号”事件和一两次我没有预料到的回撤的影响，1915 年底，我在经纪商那里的账户余额大约只有 14 万美元，这就是我实际赚到的全部，尽管在这一年的大部分时间里，我对市场的判断都是正确的。

---

* 正值第一次世界大战烽火连天之际，1915 年 5 月 7 日，德国潜艇采取了一次震惊世界的行动，无情地击沉了一艘英国邮轮。这一事件不仅深刻影响了战局，也永远镌刻在了国际关系史册上。——译者注

在接下来的一年里，我百尺竿头更进一步。我非常幸运，在一轮疯狂的牛市中，我疯狂地看多。事情的发展如我所愿，除了赚钱之外，我几乎无须为其他事情操心。这让我想起了标准石油公司已故的 H. H. 罗杰斯（H. H. Rogers）说过的一句名言，大意是：财运来了，挡都挡不住。我们正经历着有史以来最明确的一轮牛市。众所周知，协约国从我们这里采购各种物资，使美国成为世界上最繁荣的国家。我们拥有市场上独一无二的商品，吸引着全球资金快速地流入我国。更具体地说，全世界的黄金都在源源不断地涌入这个国度。这种情况下，通货膨胀已经不可避免，而这也意味着所有商品的价格都将随之上涨。

这一切从一开始就如此明显，以至于几乎不需要任何人为操作就能推动行情上涨，这就是为什么这次牛市的前期准备工作比其他牛市要少得多。这一次不仅顺理成章地催生出了战时繁荣，而且为大众带来了前所未有的丰厚利润。也就是说，1915 年股市的获利范围之广，超过了华尔街历史上任何一次繁荣期。然而，公众并没有将他们全部的账面利润转化为实实在在的现金，或者没能将已经到手的利润长期保持，这不过是历史的又一次重演。

没有哪个地方的历史会像华尔街这样，如此频繁、如此前后一致地重复出现。当你阅读当代关于繁荣与恐慌的报告时，给你留下的最深印象莫过于，同过去相比，今天的股票投机行为和股票投机者几乎没有任何变化。这个行当没有变，人性也没变。

1916 年，我在上涨行情中顺势而为。和其他人一样，我看涨后市，当然，我保持着高度警惕。我知道，所有人也都知道，涨势终有尽头，因此，我密切留意着警告信号的出现。至于消息的具体来源，我并不是特别感兴趣，所以我不会只关注某个方面。我不觉得，也从未觉得，我与市场的哪一方有不解之缘。无论是牛市增加了我的账户余额，还是熊市对我特别慷慨，在接到离场信号后，这些都不足以成为我坚持看涨或看跌的理由。交易者不应该盲目忠于牛市或熊市任何一方，他的关注点应该是着眼于做出正确的判断。

还需牢记的一点是，市场既不会在盛大的狂欢中骤然见顶，也不会在突如其来的回撤中突然结束。市场往往在价格普遍开始下跌之前很久，就已经不再是牛市了。我注意到，那些曾经的领头羊股票，一只接一只地从最高点滑落，并且再也无力反弹回去。几个月来，第一次出现这种情况，这意味着我期盼已久的警告信号出现了。显然，它们的涨势已经终结，这迫使我必须改变交易策略。

原因很简单。在牛市中，价格趋势自然是向上的，这是确定无疑的。因此，当某只股票的走势与整体趋势相悖时，就有理由认为这只股票可能存在问题。对于经验丰富的交易者来说，这足以使他察觉到不对劲了。他绝不会指望行情纸带会像演讲家一样，滔滔不绝地向其解释原因。他的任务就是聆听纸带发出的"撤退"信号，而不是等待纸带提交一份详尽的报告供其审批。

正如我之前所说，我注意到，那些在气势如虹的上涨行情中充当领头羊的股票已经停止了上涨。它们下跌了六七个点后，便一直维持在那个水平。与此同时，在新晋领头羊的带领下，市场上的其他股票则继续上涨。既然那些公司本身并未出现任何问题，那就得另找原因了。之前充当领头羊的那些股票，已经带动市场趋势上涨了数月有余，当它们停止上涨时，说明牛市行情虽然强劲，但对于那些股票而言，牛市已经结束了。而对市场上的其他股票来说，趋势仍然是显著上升的。

没有必要因为困惑而裹足不前，实际上市场还未完全转向。当时，我还没有转向看空，因为行情纸带并没有告诉我这样做。尽管牛市的终点已经近在咫尺，但它尚未真正到来。在等待终点到来的过程中，做多仍然有赚钱的机会。在这种情况下，我只是对那些已经停止上涨的股票转为看空，而对于市场上的其他股票，由于其依然具备上涨动能，所以我既买进，也卖出。

我卖空了那些已经止步不前的领头羊股票，每只股票分别放空了 5000 股。然后，我买进了新的领涨股。我卖空的股票表现平平，但我做多的股票却节节攀升。最终，当新的领涨股也停止上涨时，我果断清仓并反手做空，同样，每只股票分别放空了 5000 股。到这时，我看空的程度已经超过了看多，因为很明显，下一次赚大钱的机会将在下跌行情中诞生。虽然我认为在牛市尚未完全结束前，熊市便已经开始酝酿，但我知道，大肆看空的时机尚未成熟，没有必要操之过急。行情纸带只是在说，空军主力的巡逻部队已经疾驰而过，是时候做好准备了。

我继续既买入又卖出，这样交易了大约一个月的时间。我持有的空头头寸达到了 6 万股，包括 12 只不同的股票，每只 5000 股。这些股票在年初时一度成为大众的宠儿，因为它们曾是大牛市的领头羊。虽然这个头寸规模并不算大，但请记住，市场还未明确进入熊市。

然后有一天，整个市场变得相当疲软，所有股票的价格都开始下跌。在我卖空的 12 只股票中，每一只都赚到了至少 4 个点的利润，这让我确信自己的判断是正确的。行情纸带告诉我，现在看空是安全的，于是我果断地加倍做空。

我自己的立场就是，在一轮明确无误的熊市中果断做空股票。我完全没有必要去推动行情的发展，市场注定会朝着我预期的方向行进。明白这一点后，剩下的就是耐心等待。将头寸翻倍后，很长一段时间，我都没有进行其他交易。

我满仓后，大约过了 7 个星期，我们遭遇了著名的“泄密事件”，股价出现大幅下挫。据说，有人从华盛顿预先得到了消息，威尔逊总统即将发表一份声明，这将很快给欧洲带去和平的曙光。战时繁荣是由世界大战引发的，并一直持续着，那么和平自然就是一个不折不扣的利空因素。当一位精明的场内交易者被指控利用事先得到的消息获利时，他只是简单地回应说，他卖空并不是因为任何消息，而是因为他认为牛市已经涨过了头。而我自己，则早在 7 周前就已经加倍放空了。

消息一出，市场全线重挫。我自然趁机选择了平仓，这是我唯一可行的选择。当发生了意料之外的事件时，你理应抓住这样的天赐良机。单说一点，在这样的暴跌中，市场给你提供了充足的流动性，你可以轻松转身，这正是将你的账面利润转化为真金白银的大好时机。即使是在熊市中，要想在不抬高股价的情况下回补 12 万股也绝非易事：必须耐心等待市场提供机会，才能在不损失账面利润的情况下回补这么多股票。

我想澄清的一点是，我并没有指望在那个特定的时间，由于那个特殊的原因（泄密事件），市场会出现暴跌。然而，正如我之前所言，根据我30年的交易经验，我发现这类意外事件往往顺着最小阻力路线发生，这正是我在市场上建仓的基础。另外，请务必牢记于心的一点是：永远不要指望卖在最高点，这绝非明智之举。若市场没有出现反弹，则应在回调后卖出。

1916年，通过在牛市中持续做多，熊市开始后反手做空，我净赚了大约300万美元。正如我之前所言，一个人不必至死不渝地钟情于市场的某一面。

一如往年，那年冬天，我来到南方的棕榈滩度假，因为我非常喜欢海钓。当时，我在股票和小麦上都持有空头头寸，两者都给我带来了可观的利润。我无忧无虑，尽情地享受着这段愉快的时光。当然，除非到欧洲去，否则我是无法真正与股市或商品市场完全断开联系的。比如，在我位于阿迪朗达克山区（Adirondacks）* 的家中，就安装有一条直通经纪行营业厅的专线。

在棕榈滩，我会经常溜达到经纪商的分部那里。我注意到，我并不怎么感兴趣的棉花，当时行情很强劲，价格正在上涨。大约在那个时候，也就是1917年，我听到了很多关于威尔逊总统正致力于促进和平的传闻。这些传闻来自华盛顿，既有新闻报道，也有棕榈滩朋友的私人建议。在这种情况下，有一天我意识到：各种市场走势反映出，人们对威尔逊先生的成功很有信心。既然和平即将到来，那么股票和小麦的价格就应该下跌，而棉花的价格则会上涨。在股票和小麦上，我都已经安排妥当，然而，我已经有一段时间没有涉足棉花市场了。

那天下午2点20分的时候，我手上还一包棉花都没有。然而，等到2点25分的时候，出于对和平即将到来的信念，我建仓了15000包棉花。我打算沿用旧有的交易系统，也就是采用分批加仓、逐步满仓的方式，我之前已经向你介绍过这种方法了。

---

* 美国纽约州北部荒野。——译者注

就在那天下午，市场收盘后，我们收到了德国“无限战”* 的照会。除了耐心等待第二天市场开盘，别无他法。我记得当天晚上，在格里德利（Gridley）** 俱乐部，国内一家行业巨头提出，愿意以低于当天下午收盘价 5 个点的价格卖出任意数量的美国钢铁公司股票。当时在场的，有几位来自匹兹堡的富豪，然而却无一人响应这位大亨的提议。他们知道，第二天开盘，一定会出现瀑布般的暴跌。

果不其然，第二天早上，股票和商品市场陷入一片混乱。你可以想象得到，有些股票一开盘就比前一晚的收盘价低了 8 个点。对我来说，这是一个平空获利的天赐良机。正如我之前所说，在熊市中，如果突然出现全面崩盘的情形，回补平仓就经常是明智之举。如果你的头寸规模非常大，要想在不损失账面利润的情况下快速兑现利润，这是唯一的办法。举例来说，仅在美国钢铁这一只股票上面，我就做空了 5 万股，还不包括我做空的其他股票，因此，当我看到有这样的平仓机会时，我肯定不会错过。我的利润总计约 150 万美元，这样的机会，真的是千载难逢。

棉花！前一天下午收盘前最后半个小时，我买入了 15000 包，今天开盘时下跌了 500 点，跌幅惊人！这意味着，一夜之间我损失了 37.5 万美元。很明显，对于股票和小麦而言，唯一明智的做法就是在下跌时平仓。可是，对于棉花来说，我就有点儿无所适从了，因为有很多因素需要考虑。一直以来，一旦确信自己做错了，我就会立即认赔止损。可是，那天早上我却不想这么干。后来我想到，我到南方来，是为了好好享受钓鱼的快乐时光，而不是为了在棉花行情中自寻烦恼。况且，我已经在小麦和股票上获利不菲了，于是，我决定在棉花上认赔。我只需把我的利润看作是 100 万美元出头，而非原先估算的 150

* 指德国海军部于 1917 年 2 月宣布的一种潜艇作战方法，即德国潜艇可以事先不发警告而任意击沉任何开往英国水域的商船，其目的是要对英国进行封锁。这种作战方法虽然一时取得了很大战果，但等于阻断了美国发战争财之路，促成美国提前宣战。——译者注

** 书中提及的格里德利（Gridley），应暗指埃德·布拉德利（Ed Bradley），他被人冠以美国历史上“最伟大的赌徒”称号。埃德·布拉德利与美国历史上“最伟大的投机者”杰西·利弗莫尔是一对惺惺相惜的挚友。位于棕榈滩的布拉德利“海滩俱乐部”，曾是美国历史上经营时间最长的非法赌场。——译者注

多万美元就行了。这不过是账面上的调整，就像你问销售员太多问题时，人家敷衍你那样。

如果不是前一天收盘前刚好买入那批棉花，我本可以省下近 40 万美元。这充分说明，即便头寸适中，也可能在短时间内造成一笔很大的损失。我的主要头寸绝对没有问题，而且一次意外事件让我获益匪浅，这次事件与我卖空股票和小麦时考虑的因素截然相反。请注意，这再次证明了最小阻力路线对交易者的巨大价值。

尽管德国照会为市场增添了意外因素，但价格却仍然按照我预期的方向运行。如果事态完全按照我预计的那样发展，我的三个头寸就会百分之百正确。因为一旦和平降临，股票和小麦的价格就会下跌，而棉花的价格则会飙升，这样，我在三个头寸上都将获得丰厚的回报。无论是和平还是战争，我在股票和小麦上的头寸都是正确的，这就是那场意外事件能够有利于我的原因。对于棉花而言，我的交易是基于市场之外可能发生的事情，具体来说，就是我押注威尔逊先生在和平谈判中会取得成功，然后德军指挥官让我输掉了棉花上的赌注。

1917 年初，当我回到纽约时，我还清了所欠的全部债务，总计超过 100 万美元。对我来说，还清债务真是一大快事。我本来可以早几个月还清的，但我并没有这么做，原因非常简单，当时我的交易很活跃，而且很成功，我需要充分利用我所有的资本。我觉得，无论是对自己还是我的债主来说，充分抓住 1915 年和 1916 年的大好行情，都是负责任的做法。我知道赚大钱是迟早的事，所以我并不担心让他们多等几个月。更何况，他们中的很多人从未指望过会拿回这些钱。我不想零打碎敲地还，也不想一个一个地还，我要一次还清全部债务。因此，只要市场给我机会，我就会在财力允许的范围内，坚持以最大的规模进行交易。

我本打算支付利息，但所有在免除债务协议上签了字的债主们都坚辞不受。我最后还清的债主，正是那个我只欠了他 800 美元的家伙，他让我的生活变得沉重不堪，搅得我心烦意乱，不能安心交易。我故意让他等着，直到他眼睁睁地看着我还清了其他所有人的债务，最后才拿到钱。我这样做，是希望他能学会体谅别人，如果下次有人只欠他几百美元的话。

就这样，我东山再起。

还清全部债务后，我存了一笔相当可观的资金作为年金。我下定决心，再也不能让自己陷于囊中羞涩、资金短缺、惶惶不可终日的窘境了。当然，婚后，我还给妻子存了一笔信托基金。儿子出生后，我又给他存了一笔。

我这么做，不仅仅是因为害怕股市可能会夺走我的一切，更因为我知道，一旦手中有了可支配的资金，就可能被我大手大脚地挥霍掉。我这样做，就能保护我的妻儿免受我所累。

我认识的人当中，不止一个做过同样的事情。可是，当他们需要钱的时候，却又哄骗妻子签字放弃，最终连这笔钱也亏掉了。但我已经做了妥当的安排，无论是我还是我的妻子想要做什么，那笔信托基金都将独立存在，绝对不会被我们任何一方挪用——无论是出于我的交易需要，还是出于妻子对我深深的爱。我绝对不会冒任何风险！

第十五章　折戟咖啡

在投机事业面对的各种风险中，最危险的莫过于那些意料之外，甚至说根本无法预料的事件。然而，对于某些风险，即便是最谨慎的人也不得不承担——如果他不想成为商界的平庸之辈的话。正常的商业风险，其实并不比人们日常出门上街或乘火车旅行时遇到的风险更大。当我因为一些无法预料的因素而遭遇损失时，我并不会太过介怀，就像不会太在意一场不合时宜的暴风雨一样。从摇篮到坟墓，人生本来就是一场赌博。对于那些由于我没有未卜先知的能力而遭遇的事情，我完全可以坦然面对。然而，在我的投机生涯中，有时我判断正确，操作也无懈可击，却依然被一些卑鄙无耻的对手用卑劣的手段夺走了我的利润。

面对骗子、懦夫和乌合之众的卑劣行径，一个思维敏捷、目光远大的生意人是能够保全自身的。除了在一两家对赌行遭遇过明目张胆的欺诈行为，我鲜少再遇到此类情况，因为即使在那种地方，诚信依然是最佳的经营策略。赚大钱靠的是光明磊落，而不是歪门邪道。若是在某个地方，你必须时刻警惕经纪商，否则一不留神就可能被他们使诈，我从不认为在这样的地方交易会是一桩好生意。然而，在面对耍心机的小人时，正直的人却往往显得手足无措。公平交易就是公平交易，我曾经将神圣的誓言和不容侵犯的君子协定视作自己的人生信条，到头来却反受其害，这样的例子不胜枚举。我本不该这样做，因为这样做没有任何意义。

小说家、牧师和妇女们，都喜欢把证券交易所大厅比作赌徒互斗的场所，把华尔街的日常业务比作一场激烈的斗争。这种比喻虽然颇具戏剧色彩，却完全是一种误导。我不认为这门生意充斥着冲突和竞争，我从未与任何个人或投机集团发生过冲突。我们之间仅仅是观点上的不同，也就是说，我对基本形势的解读与他们有所不同。剧作家笔下的商战，并不是人与人之间的斗争，而仅仅是商业眼光的较量。我力图忠于事实，而且只忠于事实，并让事实来统领我的行动，这就是伯纳德·M. 巴鲁克（Bernard M. Baruch）* 赚取财富的成功秘诀。有时候我会看不清事实——看不清全部事实，或者未能及早看清——这样一来，我便不能符合逻辑地做出推断。每当发生这种情况时，我就会亏钱。我错了，而犯错总是要付出代价的。

没有哪个通情达理的人会拒绝为自己的错误买单。犯错时，不存在对你偏爱有加的债主，也不存在任何例外或豁免的情况，但我拒绝在正确的情况下亏钱。我这里所指的，并不是由于某些交易所突然改变规则而导致我出现亏损的交易。投机中的某些风险不时地提醒人们，除非利润已经落袋为安，否则都不能被看作安全无虞。

世界大战在欧洲爆发后，商品价格如期开始上涨，这种情形很容易预见，就和战争会引发通货膨胀一样。当然，随着战争的持续，价格的整体上涨势头也会得以延续。你或许还记得，1915 年那会儿，我正忙着“东山再起”。那时的股市一片繁荣，充分利用这一机会，是我义不容辞的责任。当时，我最稳妥、最简单和最快速的大规模操作，都是在股票市场上进行的。而且如你所知，我很幸运。

到 1917 年 7 月，我不仅有能力还清所有债务，还积累了可观的盈余。这意味着除了股票交易，我现在有时间、有资金，也有意愿涉足商品交易了。多年来，我养成了深入研究各类市场的习惯。相较于战前水平，商品价格已经飙升了 100% 至 400%，只有一个例外，那就是咖啡，当然，这有其原因。战争爆发导致欧洲市场关闭，大量的咖啡被运往美国，因为它是当时唯一的大市场。这最终导致美国的咖啡豆出现极度过剩，这反过来又压低了它的价格。我

* 伯纳德·M. 巴鲁克（Bernard M. Baruch）是美国金融界的杰出人物，被誉为“投机大师”。——译者注

刚开始考虑投机咖啡的可能性时，它的售价实际上是低于战前水平的。如果造成这种异常现象的原因是显而易见的话，那么另一个同样明显的事实是，伴随着德国和奥地利潜艇日益频繁且高效的出击，必然意味着可供商用的船只数量将会大幅减少，最终导致咖啡进口量减少。在进口减少而消费需求保持不变的情况下，过剩的库存必将被市场消化掉。当这种情况发生时，咖啡的价格一定会像其他商品一样迎来大幅上涨。

用不着请出夏洛克·福尔摩斯就能看清形势。至于为什么没人买进咖啡，那我就不得而知了。当我决定买入咖啡时，我并没有把它当作投机，这更像是一项投资。我知道，要想靠它获利需要一定的时间，但我相信，它一定会给我带来丰厚的利润。这一点使它成为了一项保守的投资操作，看起来更像是出自银行家的手笔，而不是一位投机客。

1917 年冬天，我开始买进，买进了大量的咖啡。然而，市场却毫无反应，继续处于低迷状态。价格并未出现我预期的那种上涨，结果我白白持有了九个月却毫无所获。后来合约到期了，我卖掉了所有的期权。这笔交易让我损失惨重，但我坚信自己的观点是正确的。很明显，我错在了对时机的把握上。我确信，咖啡的价格一定会像其他商品一样上涨，因此，我刚清空了手中的头寸，便马不停蹄地再次开始买进。在过去那令人失望的九个月时间里，我一无所获，然而这一次，我买入的数量是上次的三倍。当然，我这次买进的是延期期权，并且尽可能地选择了最长期限。

看来，我这次做得不算太离谱，我刚买入了三倍的头寸，市场就开始上涨了，似乎所有人都突然意识到了咖啡市场即将迎来的变化。我的这项投资似乎会给我带来丰厚的回报。

我持有的合约，其卖方都是些烘焙商，他们大多拥有德国名字或者德裔背景。他们满怀信心地从巴西买进咖啡，打算将其运往美国，然而却找不到用来运输的船只。很快，他们就发现自己陷入了非常尴尬的境地：那边的咖啡堆积如山，而这边却严重短缺。

请记住，我刚开始看多咖啡的时候，其价格实际上还处于战前水平。而且别忘了，我买进之后持有了大半年的时间，结果却让我损失惨重。判断错误的结果就是赔钱，判断正确的奖励就是赚钱。既然我判断正确且持有大量仓位，那么我就有理由期待能够大赚一笔。由于我持有几十万包咖啡，所以价格不需要涨太多，就能赚到令我满意的利润。我不喜欢谈及操作时的具体数额，因为有时这些数字听起来会相当惊人，人们可能以为我在吹牛。事实上，我交易时都是量力而行，总是给自己留有充足的安全空间。在这次交易中，我已经足够谨慎了。我之所以大量地买进期权，是因为我看不到任何亏钱的可能，形势站在我这一边。尽管我曾被迫等待了一年，但现在，我即将因为耐心等待和正确的判断而获得回报，我仿佛看见利润正在向我招手。这并不需要多么高明，只要不是瞎子，都能看得到。

数百万美元的利润唾手可得！但这笔钱最终却与我擦肩而过。不，这倒不是因为形势突变造成的，市场并没有突然转向，咖啡也没有大量地涌入国内。那么，究竟发生了什么？发生了意想不到的事情！这样的事情任何人都未曾经历过，因此，我没有理由做出任何防范。自此，在我必须时刻牢记的长长的投机风险清单上，又增加了一项新的风险。简单来说，就是卖给我咖啡的那些家伙，那些空头们，他们知道即将大难临头，为了尽力摆脱他们自己卖空的那些头寸，他们谋划出了一种新的赖账方式——他们跑到华盛顿去摇尾乞怜，并得到了政府的支持。

或许你还记得，为了防止生活必需品价格被进一步哄抬，政府曾制定了多种方案，你应该知道这类方案大体是如何运作的。这些“博爱”的咖啡空头们跑去了战时工业委员会下属的定价委员会——我觉得这应该是其官方名称——并向该机构发出爱国呼吁，请求保护美国人的早餐权益。他们声称，一个名叫劳伦斯·利文斯顿的职业投机客，已经或者即将垄断咖啡市场，如果任由他的投机计划得逞，他将会利用战争创造的条件大发其财，而美国人民则不得不以高昂的价格购买他们每天都在喝的咖啡。对于这群卖给我大批咖啡却找不到船只运输的“爱国者”来说，让一亿多美国人民向丧尽天良的投机客进贡是不可想象的。他们代表的是咖啡行业，而不是咖啡投机客，他们愿意协助政府遏制已经发生或潜在发生的哄抬物价行为。

我现在极其憎恨那帮哀怨哭诉的人。我无意暗指定价委员会在遏制投机倒把和铺张浪费方面存在玩忽职守的行为，但这并不妨碍我表达我的观点：委员会根本没有深入研究咖啡市场的具体情况，他们不仅为咖啡豆限定了最高价格，还为所有现行合约设定了最后期限。当然，这一决定意味着咖啡交易所（Coffee Exchange）将不得不暂停营业。对我来说，别无他法，唯有照办，那就是卖出我所有的合约。我曾经以为唾手可得的数百万美元利润，最终化为了泡影。

无论过去还是现在，我和所有人一样，强烈反对在生活必需品上牟取暴利的行为。然而，在定价委员会对咖啡做出裁决时，其他所有商品的价格都比战前上涨了 250% 到 400%，而咖啡豆的价格实际上还低于战前几年的平均水平。我看不出由谁持有咖啡会有什么实质性的差别，其价格势必会上涨，原因并不在于无良投机客的操弄，而是由于进口量减少导致了库存减少。进口量之所以减少，则完全是由德国潜艇对世界船只进行了骇人听闻的袭击所致。而委员会没等咖啡的价格开始上涨，便匆忙踩下了刹车。

作为一项政策和权宜之计，刚好在那个时候强行关闭咖啡交易所，是一个不折不扣的错误。如果委员会不干预咖啡市场，咖啡价格无疑将会上涨，其原因我已经阐述过了，但与任何所谓的“垄断”毫无关系。然而，上涨后的价格——不必太高——反而会激励供应商入场。我曾听伯纳德·M. 巴鲁克先生讲过，战时工业委员会在制定价格时，也考虑到了保障供给这一因素，因此，针对某些商品限价过高的抱怨是毫无道理的。后来，当咖啡交易所恢复营业时，咖啡的价格竟然高达 23 美分。美国人民之所以要支付这样高的价格，完全是因为供给跟不上。供给之所以跟不上，则是因为在“博爱”空头们的建议下，定价委员会将价格定得太低了，导致供应商无法支付高昂的海运费，因而无法保证咖啡的持续进口。

我一直觉得，在我所有的商品交易中，这次咖啡交易最为合理。在我看来，与其说这是一次投机，不如说是一项投资。这次交易持续了一年多，如果说这里面存在任何赌博行为的话，那也是那帮有着德国名字和德裔血统的爱国烘焙商们干的好事。他们在巴西持有咖啡，然后在纽约卖给我。定价委员会给这个唯一没有涨价的商品限定了价格。为了保护公众的利益，他们将“哄抬物价”的行为扼杀在了摇篮之中，却对随后不可避免的价格上涨没有采取任何防备。不仅如此，当咖啡豆的价格还徘徊在9美分每磅的水平时，烘焙咖啡的价格已经随着其他商品开始上涨，从中获利的只有那些咖啡烘焙商。如果咖啡豆的价格每磅能上涨两三美分的话，不仅意味着我可以赚到几百万美元的利润，而且对公众的影响也不会像后来价格上涨时那么大。

在投机事业上，事后分析纯属浪费时间，对你没有任何帮助。然而，这笔交易却具有一定的教育意义。与我之前的任何交易相比，它都毫不逊色。价格上涨是如此确定无疑，如此合乎逻辑，以至于我觉得，几百万美元的利润已经成了我的囊中之物。可是，我并没有如愿以偿。

另外还有两次，交易所理事会在没有事先提醒的情况下，做出了改变交易规则的决定，也曾让我遭受了损失。不过，在那两次交易中，虽然我的头寸在技术上没有任何问题，但在商业逻辑上，却远不及这次咖啡交易那样牢靠。在投机操作中，没有什么事情是确定无疑的。正是基于我刚才讲述的经历，我把“无法预料之事”也列入了我的风险清单中“未曾预料之事”* 的行列。

这次咖啡事件后，我在其他商品交易以及股市做空方面均取得了巨大的成功，这让我开始饱受无端流言的困扰。华尔街的专业人士和报纸撰稿人养成了一种习惯，每当价格出现不可避免的下跌时，他们总会将责任归咎于我的打压行为。有时，不管我是否真的在卖空，我的卖出行为都会被扣上不爱国的帽子。我想，他们之所以如此不遗余力地夸大我的操作规模和影响力，其实是为了满足公众那永不满足的好奇心——为每一次价格波动找出一个合

---

*这里的“无法预料之事”对应的英文是“unexpectable”，强调的是事情发生的可能性极低，几乎无法被预测。“未曾预料之事”则对应的英文是“unexpected”，指的是事情虽然发生了，但之前未曾预料到。——译者注

理的解释。

我已经无数次地说过，没有任何操纵手段能将股价压低，并使其维持在低位。这并无神秘之处，只要花半分钟时间思考一下，原因便一目了然。假设某个作手打压某只股票，也就是说，将股价压低到低于其实际价值水平，接下来，不可避免地会发生什么？嗯，打压者会立刻面临最佳的内部买入，了解股票真实价值的人总会趁价格低廉时买入。如果内部人士无力买进，通常是因为基本形势不利于他们自由支配手中的资源，在这种形势下，市场绝对不会处于牛市状态。

当人们言及打压行为时，言外之意是这样的行为是不合理的，几乎等同于犯罪。可是，将一只股票的价格打压到远低于其价值的水平，本身就是一项极其危险的操作。务必记住，一只被打压后未能反弹的股票，说明没有太多的内部买入。如果真的存在打压行为，即不合理的卖空行为，通常会引发内部买入。而一旦出现这种情况，股价就不会维持在低位。可以说，在百分之九十九的情况下，所谓的打压，其实都是合理的下跌。职业交易者的操作有时可能会引发下跌加速，但绝不会是引发下跌的主要原因，无论他能动用的头寸有多大。

有一种观点认为，大多数突然下跌，特别是急剧暴跌，都是某个赌徒操纵的结果。这种说法可能是为了便于向投机客解释价格下跌的原因信口胡编出来的，实际上，这些投机客才是一群盲目的赌徒，他们宁愿相信别人告诉他们的任何事情，也不愿意稍微思考一下。不幸的投机客亏钱后，常常会从经纪商和金融八卦媒体那里找到借口——人为打压所致。实际上，这是一种不折不扣的反向贴士*。它和卖空贴士的区别在于：卖空提示明确、积极地建议你卖空。而反向贴士实际上是一种没有解释的解释，它只会阻止你明智地卖空。当一只股

*“贴士”一词是英文“Tips”的音译。作为名词时，意指那些具有参考价值的资料或用以警醒、启发他人的信息，其应用范围广泛，涵盖了交易策略、赌博策略、游戏攻略等多个领域。鉴于“贴士”一词含义丰富，既能够代表“消息”的层面，又包含“提示”“推荐”以及“建议”的意味，因此，在某些具体语境下，将“Tips”译为“贴士”，相较于单纯地译为“消息”或者“提示”，更能精准地传达原意，显得更加贴切。——译者注

票出现大幅下跌时，自然的倾向便是将其卖出。下跌必有缘由，尽管原因暂不明朗，但理由必定充分合理。因此，你要做的，就是抓紧卖出。如果下跌是因为某个作手打压所致，那么卖出就不是明智之举，因为一旦他停止打压，股价必定会出现反弹。这便是反向贴士！

第十六章　致命贴士

贴士！梦寐以求的贴士！人们不仅渴望得到贴士，更热衷于将其分享给他人，这里面既有贪婪，也有虚荣的成分。有时候，看着那些聪明绝顶的人四处打探贴士，真是可笑至极。贴士提供者无须担心贴士的质量，因为贴士打探者并不太在意贴士的好坏，只要是贴士就行。如果贴士有用，那自然是皆大欢喜；如果没用，那就期待下一个贴士能带来好运。

言及至此，我不禁想到了普通经纪行里的那些普通客户们。贴士的始作俑者或操纵者们，自始至终都对贴士的巨大作用深信不疑。在他们看来，贴士的广泛传播，其效果不亚于一次精心策划的广告宣传，是世界上最棒的营销手段。因为无论是贴士打探者还是贴士接收者，最终都会成为贴士的传播者，因此，贴士的传播就会变成一种无休无止的连锁广告。贴士的始作俑者沉迷于一种错觉，认为只要贴士传播得当，就没人能抵挡得住它的诱惑。于是，他们便更加刻苦钻研如何巧妙地传播贴士。

每天，我都会从各色人等那里收到成百上千条贴士。下面，我要给你讲一则关于婆罗洲锡业（Borneo Tin）的故事。你还记得这只股票是什么时候上市的吧？那时，股市正处于繁荣的顶峰，发行团采纳了一位非常聪明的投资银行家的建议，决定立即在公开市场上发行新公司的股票，而不是按部就班地让承销团*销售，这是一个十分明智的建议。然而，他们唯一的缺陷在于缺乏经验。他们并不知道，在疯狂的牛市期间股市会如何发展，同时，他们也不够明智和开放。他们一致认为有必要提高发行价，以利于销售股票。但遗憾的是，他们

*承销团是指一组投资银行或证券公司组成的团体，负责承销新发行的证券。——译者注

的定价过高，导致交易者和投机先驱们*在购买时心存疑虑。

照常理，发行方理应难以脱手。然而，在那轮疯狂的牛市中，他们的贪婪行为最终却变成了极其保守的策略。只要股票的贴士足够充分，公众就愿意为此买入任何股票。人们追求的不是投资，而是渴望快速赚钱，追求的是那种稳赚不赔的赌博式利润。由于战争物资的巨额采购，黄金正源源不断地涌入美国。我听说，发行方在制定婆罗洲锡业股票的上市计划时，在第一笔交易被正式记录在案之前，他们曾三度上调开盘价。

我曾受邀加入这个发行团，经过审慎研究后，我没有接受邀请，因为如果市场有操作机会的话，我宁愿选择单干。我根据自己掌握的信息，用自己的方法交易。婆罗洲锡业上市时，我对这个发行团的财力、他们的计划以及公众的承接能力都了如指掌，因此，在该股上市首日的第一个小时，我就买进了 1 万股。至少到这一阶段，该股的市场首秀是成功的。事实上，当发行人发现需求如此旺盛时，他们便意识到，快速释放大量筹码将会是一个错误。他们知道，只要将股价拉高 25 到 30 个点，便能出清手中的所有股票。

与此同时，他们也发现，我已经买入了 1 万股。他们由此断定，我这 1 万股势必将会从他们原本认为已经稳稳赚到的数百万美元利润中夺走很大一部分，于是，他们竟然停止了做多，企图把我震出场。当然，我稳坐钓鱼台。最终，他们放弃了震仓，因为他们不想让市场脱离控制。之后，他们重新开始拉高股价，同时尽量避免损失更多筹码。

看到其他股票飙升到了令人咋舌的高度，他们便开始幻想上亿的利润。嗯，当婆罗洲锡业的股价涨到 120 美元时，我抛出了我那 1 万股。这遏制了股价的飙升势头，发行团也放缓了他们的拉升进程。在接下来的普涨行情中，他们再次设法为该股造势，趁机出掉了不少股票，但这次造势的成本却相当高昂。最后，他们将股价拉升到了 150 美元。然而，牛市的繁荣却已经一去不复返了，因此，他们不得不在股价下跌途中，尽可能地将股票卖给那些喜欢在股价大幅回调后抄底买入的人。那些抄底者错误地认为，一只曾经卖到过 150 美

* 指的是那些敢于冒险、在股市中寻找机会的投机者。——译者注

元的股票，回落到 130 美元必定是便宜的，回落到 120 美元简直就是优惠大酬宾。此外，他们会先把贴士散布给场内交易者，这些人常常会推动一轮短暂的行情；然后再将贴士散布给各家经纪行，但每一次行动都收效甚微。他们使尽了浑身解数，可问题在于，做多股票的时机已经过去了。冤大头们已经咬住了别人的鱼钩，但婆罗洲锡业的发行团却没有看到这一点或不愿看到这一点。

我和太太正在棕榈滩度假。一天，我在格里德利的赌场里赢了些钱。回到家后，我从中抽出一张 500 美元的钞票给了我太太。说来也巧，就在那天晚上，她在一场晚宴上遇到了婆罗洲锡业公司总裁威森斯坦（Wisenstein）先生，他是发行团的管理人。我们后来才知道，晚宴上，威森斯坦是特意安排自己坐在我太太旁边的。

他竭力对她表现得特别友好，言谈极为风趣。最后，他悄悄地告诉她说："利文斯顿夫人，我打算做一件我从未做过的事。我很乐意这样做，因为你明白这意味着什么。"他停下话头，急切地注视着我太太，以确认她不仅聪明，而且谨慎。她从他的脸上读出了弦外之音，一清二楚，不过，她只是淡淡地应了声："真的吗？"

"真的，利文斯顿夫人。能够结识您和您的丈夫，实在是三生有幸。我想向您证明我这番话绝对是真诚的，因为我希望以后能与您二位常来常往。我相信，用不着我开口，您也应该清楚，我要告诉您的事情绝对是机密！"然后，他附耳低声道："如果您买进一些婆罗洲锡业的股票，绝对能大赚一笔。"

"此话当真？"她问道。

"就在我离开酒店之前，"他说，"我收到了几封电报，电报上的消息至少要在几天后才会被公之于众。我打算尽可能多地买进这只股票，如果您在明天开盘时买入的话，就会与我同时同价买入。我向您保证，婆罗洲锡业的股价肯定会涨。我只把这个消息告诉了您一个人，绝对是唯一一个！"

她谢过他后，告诉他自己对股票投机一无所知。他向她保证，无须知道更多细节，因为他给出的建议已经足够。为了确保她没有听错，他再次向她重复了一遍自己的建议：

“您唯一需要做的就是，买进婆罗洲锡业，想买多少就买多少。我可以向您保证，如果您这样做，绝对不会亏一分钱。我这辈子还从未建议过任何人——不管是先生还是女士——买过任何股票。可是，我非常有把握，这只股票的价格会上涨到 200 美元以上，我希望您能从中获利。您知道的，我自己不可能买下所有股票。如果说除了我之外，还有其他人能从股价上涨中获利的话，我宁愿那个人是您，而不是某个陌生人。宁愿是您！之所以私下告诉您，是因为我知道您不会透露出去。相信我，利文斯顿太太，买进婆罗洲锡业！”

他言之凿凿的承诺成功地打动了她，使她不觉想到，那天下午我给她的那 500 美元有了极好的用处。这笔钱本来就是我赢来的，也不在她的开销之内。换句话说，如果运气不佳，赔了也无所谓。更何况他说她肯定会赢。要是她自己能赚到钱，之后再告诉我这一切，那该有多好啊。

嗯，先生，就在第二天早晨市场开盘前，她便来到了哈丁兄弟公司的营业厅，对经理说：

“哈雷（Haley）先生，我想买只股票，但我不想把它放进我的常规账户里，因为在我赚到钱之前，我不想让我的丈夫知道这件事。您可以帮我办到吗？”

经理哈雷说道：“哦，没问题，我们可以开设一个特别账户。您想买哪只股票？打算买多少？”

她递给哈雷 500 美元，并告诉他：“请听着，我不想让亏损超过这笔钱。如果这笔钱亏完了，我不希望出现其他负债。还有，记住，我不想让利文斯顿先生知道这件事。开盘时，用这笔钱买入婆罗洲锡业，能买多少买多少。”

哈雷接过钱，向她保证绝不会对任何人透露半个字，并在开盘时为她买进了 100 股。我猜，她的买入价应该是 108 美元。那天，这只股票非常活跃，收盘时上涨了 3 个点。她对自己的这次操作感到非常满意，差点按捺不住将整件事情向我和盘托出。

碰巧，那时我对整个市场的看法逐渐变得悲观起来，婆罗洲锡业的异常活跃引起了我的注意。我认为，对任何股票而言，那时都不是上涨的好时机，遑论婆罗洲锡业这样的股票了。于是，我决定就在当天开始卖空。起手，我就卖空了大约 1 万股婆罗洲锡业。要是那天我没有卖空，我觉得这只股票本来可以上涨五六个点，而不仅仅是 3 个点。

第二天一开盘，我便卖空了 2000 股，临近收盘时又卖空了 2000 股，这只股票的股价则跌到了 102 美元。

第三天早晨，哈雷——哈丁兄弟公司棕榈滩分部的经理，正等待利文斯顿夫人的到来。她通常会在 11 点左右溜达进来，看看情况如何，以及我在忙些什么。

哈雷把她拉到一边，说："利文斯顿夫人，如果您还想让我继续为您持有那 100 股婆罗洲锡业，您就得追加保证金了。"

"可是，我已经没有更多资金了。"她回答道。

"我可以把它转到您的常规账户里。"他说。

"不行，"她反对道，"那样的话，拉里就知道了。"

"可是账户已经显示亏损了——"他开口道。

"我明明告诉过你，我不想让亏损超过 500 美元，甚至连这个数也不想。"她说。

"我知道，利文斯顿夫人，可是，未经您的允许，我不想擅作主张把它卖掉。现在，除非您授权我继续持有，否则我只能卖掉了。"

"可是，我买入的那天，它涨得不是挺好吗？"她说，"没想到这么快就跌成这个样子了，你呢？"

"没有，"哈雷答道，"我也没有料到。"在经纪行营业厅里工作，说话得讲究技巧。

"到底是哪里出了问题，哈雷先生？"

哈雷深知内情，可是他要是告诉她的话，就得出卖我，而客户的业务是神圣不可出卖的。于是他说："没听到什么特别的消息，好的坏的都没有。看！它又跌了！跌得更低了！"他指着报价板。

我太太紧盯着不断下跌的股价，哭丧着脸说："噢，哈雷先生！我不想亏掉我的 500 美元！我该怎么办？”

“我不知道，利文斯顿夫人。不过，我要是您，我就去问利文斯顿先生。”

“噢，不行！他不喜欢我擅自买卖股票。他告诉过我，如果我想交易股票的话，他会帮我进行交易。之前，我从未瞒着他进行过任何股票交易，所以我不敢告诉他。”

“别担心，”哈雷安慰她道，“他是个出色的交易者，他知道该怎么办。”看到她使劲摇头，他又加重语气补充道：“要不然，您就再拿出一两千美元，关照一下您的婆罗洲锡业。”

这个选项使她当场下定了决心。她在营业厅里继续游逛了一会儿，但随着市场形势越来越差，她只好来到我坐着看报价板的地方，告诉我有话要跟我说。于是，我们来到了私人办公室，她向我讲述了整件事情的来龙去脉。我只是无奈地叹了口气，对她说：“你这个傻女人，别再管这笔交易了。”

她答应不再插手，于是，我又给了她 500 美元，她高高兴兴地离开了。此时，这只股票的价格已经跌到了面值。

我看清了整件事情的来龙去脉。威森斯坦是个精明人，他料想我太太会把他的话转告给我，而我则会研究这只股票。他知道，活跃的股票总能吸引我的目光，而我又以擅长大手笔交易著称，我猜，他以为我会买进一两万股。

这是我听到过的谋划最精心、传播最巧妙的贴士之一。但世事难料，计划赶不上变化快。首先，这位女士当天收到了 500 美元的意外之财，因此她比平时更加敢于冒险。她希望靠自己的本事赚点钱，并且像所有女性一样，这个想法在她的脑海里被戏剧化，这种诱惑让她无法抗拒。她知道我对外行买卖股票所持的态度，因此不敢向我提及此事。威森斯坦并没有摸透她的心理状态。

其次，他对我的猜测完全错误，我并不是他所认为的那种交易者，我从不听信小道消息，而且那时我正看空整个市场。他认为会诱使我买进婆罗洲锡业的策略——股票表现活跃和 3 个点的涨幅——恰恰是我决定卖空整个市场时，首先选择婆罗洲锡业作为卖空对象的原因。

听完我太太讲述的故事后，我卖空婆罗洲锡业的意愿比以往任何时候都更加急切了。每天上午开盘和下午临近收盘前，我都会照例卖空一些股票，直到我看准一个获利丰厚的平空时机。

在我看来，依据贴士进行交易简直愚蠢至极。我觉得，我天生就不是那种听信贴士的人。有时候，我在想，那些听信贴士的人，活像是酒鬼托生的。他们无法抗拒对酒精的渴望，总是期待那些能给他们带来短暂快乐的瞬间，洗净耳朵听贴士，再容易不过了。如果有人事无巨细地告诉你怎么做才能获得快乐，你只需跟着做就行了，这本身就足以让你感到某种程度的满足。可是，这却让你迈出了万劫不复的第一步，只会让你距离内心的愿望越来越远。与其说这是因为急于求成而被贪婪所蒙蔽，不如说是因为懒于思考而被幻想所束缚。

你会发现，热衷于寻求贴士的人，不仅仅存在于场外公众之中，纽约证券交易所场内的职业交易者也同样如此。我很清楚，他们中有不少人对我抱有很深的误解，因为我从不向任何人提供贴士。如果我对某人说，“卖空 5000 股美国钢铁”，他会立刻照做。但如果我告诉他，我对整个市场非常悲观，并向他详细解释了原因，他就会感到不耐烦。等我讲完后，他还会对我怒目圆睁，怪我浪费了他的时间，对他讲一通基本形势，而不是直接给他一个具体明确的贴士，一点也不像是一个真正的慈善家。这类人在华尔街比比皆是，他们乐善好施，喜欢把大把的钞票塞进朋友、熟人甚至素不相识者的口袋里。

由于过度沉溺于一厢情愿的幻象，人们普遍珍视发生奇迹的信念，有些人还会时不时地陷入一厢情愿的虚幻憧憬中无法自拔。众所周知，那些长期沉迷于一厢情愿的“醉汉”，却被当作了乐观主义的楷模。而那些沉溺于获取贴士的人，与这类人毫无二致。

我有位熟人，是纽约证券交易所的会员，他便是那些认为我自私、冷酷的人之一，因为我从不提供贴士，也从不拉朋友交易。几年前的一天，他和一位报社记者聊天时，记者无意间提到，他从可靠渠道获悉，G.O.H. 公司的股价即将上涨。我的这位经纪商朋友便立刻买入了 1000 股，但股价却出现了快速下跌，以至于他还没来得及止损，便已经亏了 3500 美元。一两天后，还没等他消气，便又遇见了那位报社记者。

“你给我的那个贴士可真够坑人的。”他抱怨道。

“什么贴士？”那位记者问道，他已经记不得了。

“就是关于 G.O.H. 的那个，你说你是从可靠渠道获悉的。”

“没错，我是这么说过。是公司的一位董事告诉我的，他也是财务委员会的委员。”

“到底是哪位董事告诉你的？”经纪商气冲冲地追问道。

“如果你一定要知道的话，”记者回答说，“他就是您的岳父大人，韦斯特莱克（Westlake）先生。”

“见鬼，你为什么不早说！”经纪商吼道，“你害我损失了 3500 美元！”他从不相信来自家人的贴士。消息来源越远，才越可靠。

老韦斯特莱克不仅是位富有且成功的银行家，还是位散布贴士的能手。一天，他与约翰 · W. 盖茨不期而遇。盖茨问他有没有什么消息。“如果你打算照我说的做，我就给你一个贴士。不然的话，就不必多费口舌了。”老韦斯特莱克语气生硬地回答道。

“我当然会照您说的做。”盖茨愉快地保证道。

“卖空雷丁铁路！肯定有 25 个点的利润空间，可能还不止。但无论如何，25 个点是绝对没问题的。”韦斯特莱克郑重其事地说道。

“真的太感谢您了。”以“赌一百万美元”著称的盖茨和他热情地握手告别后，便径直朝自己经纪行营业厅方向走去。

韦斯特莱克专门研究雷丁铁路，他对这家公司了如指掌，并且与内部人士过从甚密，因此，这只股票的市况对他来说毫无秘密可言，这是众所周知的事情。现在，他建议那位西部赌客卖空这只股票。

然而，雷丁铁路的股价却从未停止过上涨。短短几个星期的时间，它就上涨了大约 100 个点。一天，老韦斯特莱克在华尔街上碰巧遇到了约翰 · W. 盖茨，但他却装作没看见，继续往前走。约翰 · W. 盖茨追上他，满面笑容地伸出手来，老韦斯特莱克一脸茫然地和他握了握手。

“我要感谢你之前给我的那个关于雷丁铁路的贴士。”盖茨说道。

“我可没给过你什么贴士。”韦斯特莱克皱着眉头说。

“你给了，而且是个绝妙的贴士，我因此赚了 6 万美元。”

“赚了 6 万美元？”

“没错！你不记得了吗，你让我卖空雷丁铁路，但我却买了！韦斯特莱克，反着听你的贴士，我就总能赚到钱。”约翰·W. 盖茨愉快地说道，“总是如此！”

老韦斯特莱克看着这位直率的西部人，不无钦佩地赞叹道：“盖茨，我要是有你这样的头脑，不得富得流油啊！”

前几天，我遇见了著名漫画家 W. A. 罗杰斯（W. A. Rogers）先生，他创作的华尔街漫画被经纪商们广为夸赞。多年来，他在《纽约先驱报》上发表的每日漫画，给成千上万的读者带去了欢乐。他给我讲述了一则有趣的故事，事情发生在我们与西班牙开战前夕*。一天晚上，他和一位经纪商朋友在一起消磨时光。离开时，他从衣帽架上取走了自己的常礼帽，至少他认为那是自己的，因为帽子外形一模一样，而且戴起来也很合适。

当时，华尔街上人们的所思所言，皆是关于和西班牙开战的事。到底会不会开战呢？如果开战，市场必将下跌，这是因为来自欧洲证券持有者的抛压所致，而不仅仅是因为我们自己的抛售。如果相安无事，就必然要买入股票，因为在那些小报耸人听闻的鼓噪下，市场已经出现了相当幅度的下跌。罗杰斯先生接着给我讲述了故事的后续发展。

“我的朋友，就是那位经纪商，前一天晚上我曾去过他家。第二天，他站在交易所里，焦急地思考该买还是该卖。他反复权衡利弊，但根本无法分辨哪些是谣言，哪些是事实。没有任何确凿的消息为他提供指引，一会儿他觉得战争似乎一触即发，紧接着，却又觉得这完全不可能。想必内心的纠结一定让他觉得燥热难耐，于是他摘下礼帽，擦了擦额头上的汗珠。可是，他依然无法确定该买还是该卖。”

“他恰巧朝自己的帽子里瞥了一眼，只见帽子里面用金色的字母赫然写着

---

*指美西战争，是 1898 年美国与西班牙之间爆发的一场战争——译者注

‘战争’二字*。一个念头瞬间闪现——这不正是上帝通过帽子给我的暗示吗？于是，他果断卖空了大量股票。战争果然如期而至，在股价暴跌之际，他及时回补了头寸，因此大赚了一笔。”最后，罗杰斯用一句话为这个故事画上了句号：“那顶帽子再也找不回来了！”

在我听说的关于贴士的故事中，最发人深省的莫过于与 J. T. 胡德（J. T. Hood）有关的那一则，他是纽约证券交易所备受瞩目的会员之一。一天，一位场内交易者伯特·沃克（Bert Walker）告诉他，自己为南大西洋铁路公司的一位知名董事帮了一个大忙。作为回报，这位心怀感激的内部人士告诉他，让他全力买进南大西洋铁路，因为董事会打算采取一项行动，这将会使股价上涨至少 25 个点。虽然并非所有董事都参与了这项行动，但大部分人肯定会按预期投票。

伯特·沃克推断，股息率将会上调。他把这个消息分享给了他的朋友胡德，两人各自买入了几千股南大西洋铁路。在他们买入前后，这只股票的表现始终非常疲软。然而，胡德却认为，这显然是为了便于伯特那位心怀感激的朋友及以他为首的内部人士吸筹。

接下来的一周，星期四市场收盘后，南大西洋铁路公司董事会召开会议，通过了股息分配方案。星期五早晨一开盘，6 分钟内，该股便应声下跌了 6 个点。

伯特·沃克感到十分懊恼。他找到那位对其感恩戴德的董事，董事对此感到懊悔不已。董事解释说，他忘了让沃克买股票这件事，因此，当董事会中占据主导地位的一派改变了原计划时，他忘了打电话给沃克。这位懊悔不已的董事急于弥补自己的过失，于是，他又给了伯特一个贴士。他热心地解释说，他的几位同事想低价买入股票，采取了与他的意见相左的不正当手段。为了赢得他们的选票，他不得不做出让步。不过，现在他们已经满仓吸进了筹码，再也没有什么能阻挡股价上涨了。现在买进南大西洋铁路，绝对是板上钉钉，稳赚

* 指帽子里的“WAR”字母，恰好与 W.A. 罗杰斯（W.A.Rogers）的名字缩写相同。——译者注

不赔的买卖。

伯特不仅原谅了他，还与这位顶级金融家热情地握了握手。自然，他急忙找到他的朋友，也就是同为受害者的胡德，把这个好消息告诉了他，他们马上就要大赚一笔了。之前的贴士说这只股票要上涨，于是他们买进了。可是，与那时相比，现在股价已经下跌了 15 个点，这使他们更加确信，这是买入的好时机，于是，他们两人用联名账户又买进了 5000 股。

两人仿佛敲响了下跌的钟声，这只股票旋即出现了暴跌。很明显，这是由内部抛售导致的。两位职业交易者毫不迟疑地证实了这一怀疑，胡德卖掉了他们合买的那 5000 股股票。当他抛完后，伯特·沃克对他说："要不是那个该死的家伙前天去了佛罗里达，我非得好好教训他一顿不可。会的，我会的，你跟我来。"

"去哪儿？"胡德问道。

"去电报局。我要给那个混蛋发一封电报，让他永生难忘。走吧。"

胡德便跟着去了。伯特带着他来到电报局，在那里，一股压制不住的怒火直冲脑门——他们在那 5000 股上损失惨重——他撰写了一篇言辞激烈的檄文。他给胡德读了一遍，然后说道："这差不多能让他明白我对他的看法了。"

正当伯特要把电报递给候在一旁的电报员时，胡德说："先别发，伯特！"

"怎么了？"

"我建议你不要发。"胡德诚恳地劝阻道。

"为什么不发？"伯特厉声问道。

"这会让他气炸肺的。"

"这不正是我们想要的吗？"伯特诧异地看着胡德说道。

但胡德却摇了摇头，一脸严肃地说："如果你发出这封电报，就再也别指望从他那里得到任何贴士了！"

一位职业交易者尚且能说出这样的话，更不消说那些热衷于接收贴士的冤大头了。人们接收贴士并不是因为愚蠢，而是因为他们喜欢沉醉于我之前提到的那种由希望调配而成的"鸡尾酒"中。

老罗斯柴尔德（Old Baron Rothschild）男爵的致富秘诀尤其适用于投机领域。有人问他，在股票市场赚钱是否是一件非常困难的事情，他回答说，恰恰相反，他认为非常容易。

“那是因为你太有钱了。”提问者反驳道。

“完全不是因为这个。我找到了一个简单的方法，并一直坚持着，想不赚钱都难。如果你想知道的话，我可以告诉你我的秘诀。秘诀就是：我从不在最低点买入，而且总是提前卖出。”

相比之下，投资者属于完全不同的类型，他们中的大多数人特别注重库存、收益统计和各类数据，仿佛这一切意味着事实和确定性。通常，人的因素会被忽略，很少有人会因为某个人而投资一家公司。然而，在我认识的投资者当中，最聪明的是一位“宾夕法尼亚荷兰人”*。后来，他来到华尔街，并结识了罗素·塞奇。

这位宾夕法尼亚荷兰人是位了不起的研究者，也是位不知疲倦的怀疑主义者。他认为，要善于向自己发问，善于用自己的眼睛去观察，而不是依赖别人的观点。这是发生在多年前的事情了，当时，他好像持有不少艾奇逊铁路公司的股票。不久，他开始听到一些关于公司及其管理层令人不安的传闻。有人告诉他，公司总裁莱因哈特（Reinhart）先生并不是外界所认为的那种商业奇才，实际上，他是个铺张浪费的管理者，他的轻率行为正迅速将公司推向混乱的深渊。到了不可避免的清算之日，他必将为此付出代价，不是不报，时候未到。

对于这位宾夕法尼亚荷兰人来说，这正是那种至关重要的消息。于是，他急忙赶往波士顿，去拜访了莱因哈特先生，并向他询问了几个问题。问题主要是复述他所听到的那些指控，然后向艾奇逊－托皮卡－圣菲铁路公司（Atchison, Topeka & Santa Fe Railroad）的总裁求证，这些指控是否属实。

莱因哈特先生不仅断然否认了这些指控，还进一步表示：他将用数据来证

* 这里的“荷兰人”与现代意义上的荷兰公民并不完全等同，更准确地说，这里是指那些历史上从欧洲北部特别是荷兰、德国以及比利时等地，迁移到宾夕法尼亚州的移民及其后裔，这些移民在美国逐渐形成了自己独特的文化和社群，统称为“宾夕法尼亚荷兰人”。——译者注

明，那些指控者不过是群恶意中伤的骗子。这位宾夕法尼亚荷兰人请求获取确切的信息，总裁便向他提供了全部信息，并详细讲解了公司的经营情况和财务状况，精确到了每一分钱。

这位宾夕法尼亚荷兰人谢过莱因哈特总裁后，便返回了纽约，立即将其持有的艾奇逊铁路悉数抛出。大约一周后，他用闲置资金买入了大量特拉华－拉克瓦纳－西部铁路公司（Delaware, Lackawanna& Western）的股票。

多年后，当我们聊到换股换运气这个话题时，他引述了自己的这段往事，并解释了促使他换股的原因。

“你看，”他说，“我注意到，莱因哈特总裁写数据时，从他那红木拉盖书桌的文件架中取出了几张信纸，是那种质地精良的亚麻纸，上面印有精美的双色信头。这种纸非常昂贵，更糟糕的是，这完全是一种不必要的浪费。他在纸上列出寥寥几个数字，向我展示公司某些部门确切的盈利情况，或者向我证明他们是如何削减开支、降低运营成本的。然后，他把那张昂贵的纸揉作一团，扔进废纸篓里。接着，为了让我更好地了解他们正在实施的节约措施，他又重新取出一张印有精美双色信头的信纸，在上面写几个数字，然后‘啪’地一声，又扔进了废纸篓！这简直是肆无忌惮的铺张浪费。我由此想到，如果总裁是这种人的话，他几乎不可能坚持雇佣或奖励那些节俭的员工。因此，我决定相信人们对公司管理层存在铺张浪费的那些指控，没有接受总裁的那套说辞。于是，我卖掉了自己持有的艾奇逊铁路公司的股票。”

“凑巧的是，几天后，我有机会到访了特拉华－拉克瓦纳－西部铁路公司的总裁办公室，当时公司总裁是老萨姆·斯隆（Old Sam Sloan）。离办公楼入口最近的一间房子，就是他的办公室，而且门总是大开着。那时候，只要走进特拉华－拉克瓦纳－西部铁路公司总部办公室，准能看到总裁坐在他的办公桌前。如果有业务的话，任何人都可以直接走进去和他当面洽谈。财经记者们曾经告诉我，在老萨姆·斯隆面前，他们从来不需要拐弯抹角，而是开门见山地直接提问。他总是会直截了当地回答“是”或者“不是”，无论其他董事在股市上可能面临怎样的紧急情况。”

“当我走进去的时候，看到老爷子正在忙着。起初，我以为他是在拆阅信件。等我走近办公桌时，才看到他在做什么。后来我才得知，那是他的日常习惯，信件被分类并拆开后，空信封不会被随手扔掉，他会把它们收集起来，拿到自己的办公室。闲暇的时候，他会沿着信封的周边将其撕开，这样每个信封就变成了两张纸，每张都有一面干净的空白面。他会将这些纸张整齐地堆叠起来，然后分发出去，用来代替便签纸，用在诸如莱因哈特在带有双色信头的信纸上为我书写数字的场合。这样，既避免了浪费空信封，也充分利用了总裁的闲暇时间。一切资源都得到了有效的利用。”

“我意识到，如果特拉华－拉克瓦纳－西部铁路公司有这样的总裁掌舵的话，那么公司的各个部门在管理上一定都会精打细算，因为总裁会确保这一点得到切实执行！当然，我还知道这家公司会定期派发红利，并且资产质量也不错。于是，我尽可能多地买入了特拉华－拉克瓦纳－西部铁路公司的股票。从那时起，这家公司的资本总额已经翻了两番，光每年的分红已经抵得上我一开始投入的本金了。现如今，我仍然持有这只股票。反观艾奇逊铁路公司，就在他们的总裁把一张张印有精美双色信头的亚麻纸揉成一团扔进废纸篓，试图用数字向我证明他不是铺张浪费之徒的几个月后，这家公司便被破产管理人接管了。”

这个故事的精彩之处，就在于它的真实性。而且事实证明，这位宾夕法尼亚荷兰人投资任何其他股票，都不可能像投资特拉华－拉克瓦纳－西部铁路公司这样取得如此巨大的成功。

第十七章　直觉理论

我一个最为亲密的朋友，非常喜欢讲一些关于我的故事，他将其称作“直觉”的故事。他总是说我拥有某种难以捉摸的能力，他宣称，我只是盲目地遵循了某种神秘的冲动，从而能够在最佳时机退出股市。在早餐桌上，他最喜欢讲和一只黑猫有关的故事，他说这只猫要我卖掉我所持有的大量股票，而当我收到这只猫咪的“信息”后，我就会变得烦躁不安，神经紧绷，直到我卖掉所有股票才恢复正常。而且我几乎卖到了这轮行情的最高点，这自然又进一步强化了我这位冥顽不化的朋友的所谓的“直觉理论”。

那时，我去了趟华盛顿，试图说服几位国会议员“对我们苛以重税并非明智之举”。在此期间，我并未过多关注股票市场。决定卖出手中的头寸，完全是临时起意，而这便是我朋友讲述的那则故事的背景。

我承认，有时我确实会出现一股无法抗拒的冲动，促使我在市场上采取特定的行动。这与我当时是在做多还是做空毫无关系，我就是必须离场，只有这样做，我才会心安。我个人认为，之所以会出现这种情况，是因为我看到了很多警告信号。在诸多信号中，也许其中任何一个都不足以清晰、有力地给我提供一个明确、充分的理由去做我突然想做的事情。然而，当这些信号叠加在一起时，或许就形成了人们所说的“盘感”。老一辈的交易者们说，詹姆斯·R.基恩和他之前的大作手们，就培养出了特别强烈的盘感。必须承认，通常来说，这些警告不仅被证明非常准确，而且时机也恰到好处。不过，这个例子与直觉无关，和那只黑猫也没有任何关系。

我的那位朋友逢人便说，我那天早晨起床后脾气很暴躁，我想是可以给出解释的，我那天早上确实因为失望而烦躁不安。我知道，我没能说服我见到的那些国会议员。在华尔街的税收问题上，税务委员会*的看法也与我截然不同。我并不是想拒绝或者逃避对股票交易征税，身为一名经验丰富的股票作手，我只是想向他们提出一项既公平又不失明智的税收方案。我不希望“山姆大叔”**杀鸡取卵，因为若能公平对待，它就能持续产出更多的金蛋。或许是因为我未能说服他们的缘故，这不仅让我大为恼火，并且让我对一个遭受了不公平税收待遇的行业的未来感到非常悲观。不过，我会告诉你到底发生了什么。

在牛市初期，我对钢铁行业和铜类市场的前景十分看好，因此，我也很看好这两个板块的股票，于是，我开始买入其中的一些股票。我先是买入了5000股犹他铜业（Utah Copper），不过很快我便停止了买入，因为这只股票的表现不佳。也就是说，它的表现并没有让我感到当初买入它是明智的选择。我记得，当时它的股价大约是114美元。与此同时，我开始以几乎相同的价格买入美国钢铁。第一天，我就买进了2万股，因为这只股票的表现符合我的预期。我使用的方法，就是此前介绍过的方法。

美国钢铁一如既往地表现良好，因此我持续买入，直到总计持有的股票数量达到了7.2万股。对于犹他铜业而言，则仅限于我买入的初始头寸，从未超过5000股，它的表现不足以支持我继续买入。

大家都知道接下来发生了什么，我们迎来了一轮大牛市行情。我知道市场将要上涨，因为基本形势对市场是有利的。即使在股票价格出现大幅上涨，我的账面利润已经相当可观的情况下，行情纸带仍旧在不停地宣告着：还没到时候！还没到时候！当我抵达华盛顿时，行情纸带依然对我传达着同样的信息。当然，尽管我仍然坚持看涨，但随着市场进入牛市末期，我并没有增加头寸的打算。与此同时，市场显然正朝着我预期的方向运行，我没有必要整天坐在报价板前，时刻等待离场信号的出现。除非遭遇意想不到的灾难，否则，在撤退的号角吹响之前，市场肯定会表现出犹豫不决，或者以其他方式提醒我，

* 美国负责审议税收立法提案的专门委员会。——译者注

** 美国的别称与人格化象征。——译者注

为投机形势的反转做好准备，这便是我能够心无挂碍地去游说那班国会议员的原因。

与此同时，价格仍在持续上涨，这意味着距离牛市结束的日子越来越近了。我并不指望找出确切的牛市结束日期，那完全超出了我的能力范围。不过，毋庸讳言的是，我当然一直密切留意着离场信号的出现。不管在什么情况下，我都会这样做，这已经成为我的一种交易习惯。

虽然不能完全断定，但我还是有所怀疑。就在我清仓卖出的前一天，看到高企的股价，不禁让我想到了自己那巨大的账面利润，以及持有的庞大头寸。紧接着，我又想到，自己在劝说议员们公平、明智地对待华尔街征税这个问题上，付出的努力都化为了泡影。可能就在这思绪纷飞的时刻，卖出的念头开始在我的心中生根发芽。整个晚上，这种潜意识都在我的脑海中不停地盘旋。第二天一早，我便开始思考市场，很好奇当天的走势将会如何演绎。当我来到营业厅时，看到的不仅仅是迭创新高的价格，以及我那可观的利润，还看到了一个拥有巨大吸纳能力的庞大市场。在这样的市场中，我可以卖出任何数量的股票。当然了，当一个人满仓持有股票时，必须时刻留意将账面利润转化为真金白银的机会。在变现过程中，应该尽可能地减少利润的损失。经验告诉我，一个人总能找到将利润变现的机会，而这个机会往往出现在行情的尾声。这与行情纸带阅读技巧无关，与直觉亦无关。

那天早上，当我发现自己可以毫不费力地在市场上卖出全部股票时，我便清仓卖出了。当你决意卖出时，卖出 50 股的智慧和勇气，丝毫不亚于卖出 5 万股。不过，你可以在不压低股价的情况下，在一个极其沉闷的市场上卖出 50 股。而一下子卖出 5 万股单一股票，就要另当别论了。我持有 7.2 万股美国钢铁，这个仓位看上去似乎并不算太大，但要想在不损失部分账面利润的情况下全部卖出，却并非易事。在账面利润被计算出来时，它们看上去是那么可观，一旦有所损失，就会令你心痛不已，就像你真的已经把它们存进了银行一样。

我的总利润约为 150 万美元，并且我抓住时机，将其全部兑现。不过，这并不是我认为自己当时卖出股票是正确做法的主要原因，是市场为我证明了这一点，这才是让我真正感到满意的地方。事情是这样的：我成功地全部卖出了我持有的 7.2 万股美国钢铁，卖出均价只比当天的最高价，即这轮行情的最高价低了 1 个点，这证明我的操作分毫不差。然而，就在同一天的同一时间，当我卖出那 5000 股犹他铜业时，股价却下跌了 5 个点。

请回想一下，我是同时开始买入这两只股票的。后来，我明智地将美国钢铁的头寸从 2 万股增加到了 7.2 万股。同样明智的是，除了一开始买入的 5000 股犹他铜业，我没有继续加仓。此前之所以没有卖掉犹他铜业，是因为我非常看好铜行业，而且股市正值牛市，我认为，即使犹他铜业不能让我大赚一笔，也不会给我带来太大的损失。至于直觉，和所谓的直觉没有任何关系。

培养股票交易者的过程就像医学教育一样，医生需要花费多年的时间来学习解剖学、生理学、药物学和众多旁系学科。他首先要学习理论，然后投身实践。他要观察和归类各种病理现象，还需要学会诊断。如果他的诊断正确，这取决于他观察的准确性，那么他就能做出相对准确的预后 *。当然，他必须时刻牢记，人类犯错的天性和完全不可预见的因素，让他无法做到百分之百准确。随着经验的积累，他不仅学会了采取正确的措施，而且能够果断实施，以至于很多人认为，他这么做是出于本能。实际上，这并非无意识行为，这其实是他根据多年来对这类病例的观察做出的诊断。自然而然，在做出诊断之后，他只能按照经验告诉他的助手依照正确的治疗方法来进行治疗。一个人可以将知识传授给他人——仅限于那些记录在卡片索引上的事实——但无法将经验传授出去。因此，即便交易者知道自己该怎么做，可是，如果他的行动不够果断的话，照样可能会亏钱。

观察、经验、记忆和数学，这是成功交易者必须仰仗的四大要素。他不仅要观察准确，而且要时刻牢记自己观察到的一切。无论他对人类的非理性有多么强烈的主观判断，或者对出乎意料之事发生的频率有多么肯定，他都不能在

* “预后”是一个医学领域的专业术语，它涵盖自然预后和干预预后两个方面。通常而言，预后是指医生根据自身的经验和专业知识，对疾病未来的发展情况作出的预测。——译者注

非理性或者出乎意料之事上下注。他必须始终根据概率下注，也就是说，要尽力去预测事件的发生概率。多年的交易实践、持续的学习研究以及长久的记忆能力，使交易者不仅能够在意料之中的情况发生时立即采取行动，而且能够在意料之外的情况发生时迅速作出反应。

一个人或许拥有出色的数学能力和非凡的精确观察能力，然而，如果他不具备经验和记忆力的话，也可能会在投机中失败。就像医生需要紧跟科学进步一样，明智的交易者永远不会停止对基本形势的研究，他会时刻关注可能影响或左右各个市场走势的各种发展动态。在这个行当摸爬滚打多年后，随时掌握最新动态，逐渐成了明智交易者的一种习惯。他几乎是下意识地采取行动，他养成了宝贵的职业态度，使他在交易中拥有了获胜的机会！职业交易者与业余交易者或者偶尔进行交易的人之间的这种差别，再怎么强调也不为过。例如，我发现，记忆力和数学能力对我帮助很大。在华尔街赚钱，就是建立在数学基础上的。我的意思是，通过处理事实和数据来赚钱。

我之所以说交易者必须随时掌握最新动态，并以一种纯粹的职业态度面对所有市场及所有动态，只不过是想再次强调，直觉和神秘的盘感与成功其实并没有太大的关系。当然，经验丰富的交易者往往会快速采取行动，以至于没有时间提前给出全部理由。但不管怎样，这些理由依然是充分而合理的，因为它们都是建立在事实基础之上的。而这些事实，则是在他经年累月的工作和思考过程中，通过职业视角观察事物时收集起来的。对他来说，到他的磨里就能碾成粉*。请让我具体解释一下职业态度的意思。

我一直密切关注着商品市场的情况，这已经是我多年的习惯了。如你所知，政府报告显示，冬小麦的产量与去年大致持平，而春小麦的产量则高于1921年。情况相当乐观，预计收获期会比往年有所提前。当拿到小麦的这些数据时，我通过数学运算估算出了小麦的产量，由此，我立刻想到了煤矿工人和铁路工人的大罢工。我不由自主地想到了这些情况，因为我的大脑总是在思

*这个成语形象地描绘了一个人善于把握和利用一切机会。原文意译过来就是，任何进入他视野的信息，他都能敏锐地捕捉到其潜在价值，并将其巧妙地转化为交易机会。——译者注

考所有可能对市场产生影响的最新动态。我立刻意识到，这场罢工已经影响到了各地的货物运输，势必会对小麦价格产生不利影响。

我是这样分析的：由于罢工导致运输系统瘫痪，势必会大大推迟冬小麦的上市时间。等到运输状况改善时，春小麦也已经可以运输了。这意味着，当铁路能够大量运输小麦时，将会同时运输两季小麦——延迟上市的冬小麦和提前上市的春小麦，这将导致大量小麦一下子涌入市场。事实就是如此，这是很明显的大概率事件。那些像我一样了解并估算过这些情况的交易者，一段时间内肯定不会做多小麦，除非价格跌下来，跌到买入小麦无异于一笔很好的投资的水平，否则，他们是不愿意买入小麦的。市场上缺乏购买力，价格就理应下跌。有了这样的想法后，我必须验证一下自己的判断是否正确。正如老帕特·赫恩过去常说的："不下注，永远不知输赢。"因此，看空之后就应该果断卖空，没有必要浪费时间。

经验告诉我，市场的运行方式是一位作手绝佳的行动指南。这就像医生给病人测体温、量脉搏，或者观察其眼睛*的颜色和舌苔的状态一样。

通常情况下，人们应该能够在 1/4 美分的价格区间内买进或卖出 100 万蒲式耳小麦。那天，为了测试市场时机，我卖出了 25 万蒲式耳小麦，结果价格下跌了 1/4 美分。由于市场反应并没有明确显示出我想要的信息，因此，我又卖出了 25 万蒲式耳。我注意到，这次抛盘是被分批吸纳的，也就是说，买盘是以每笔 1 万或 1.5 万蒲式耳为单位买进的，而不是像通常那样，通过两三笔交易就悉数吃掉。除了这种零散的买入方式，伴随着我的卖出，价格又下跌了 1-1/4 美分。

现在，我不需要浪费时间来说明市场到底是以何种方式承接了我的卖盘，因为我的卖出，导致小麦价格出现了不成比例的下跌，这向我表明，市场上缺乏足够的买入力量。既然如此，唯一能做的是什么？当然是卖出更多小麦。遵循经验的指引，可能偶尔会遭受愚弄；然而若不遵循，则往往会让人陷入困境。于是，我又卖出了 200 万蒲式耳，价格再次出现下跌。几天后，市场走势

* 通常指的是虹膜的颜色。——译者注

简直是在强迫我再卖出 200 万蒲式耳，价格出现进一步下跌。又过了几天，小麦价格开始出现崩盘，每蒲式耳暴跌了 6 美分，而且跌势并未就此止步，而是伴随着短暂的反弹，总体来看一路下跌。

我并不是在凭直觉行事，也没有人向我提供贴士，是我对商品市场的职业习惯或者说职业态度，给我带来了利润。这种态度，是我在这个行当摸爬滚打多年培养出来的。之所以刻苦钻研，是因为我的职业就是交易。当行情纸带告诉我，我正走在正确的轨道上时，我的职业责任就是继续增加头寸，我照做了。事情就是这样简单。

我发现，在这个行当里，经验往往能为你带来稳定的收益，而观察则能为你提供最好的贴士。有时，一只股票的运行方式就是你需要的全部。只需要加以观察，然后经验就会告诉你，如何利用它与常规运行方式的偏差来获利，也就是说，通过捕捉这种偏差来获取利润。例如，我们都知道，并非所有的股票都会齐涨共跌。不过，在牛市中，同一板块的股票都会上涨；在熊市中，同一板块的股票都会下跌，这是投机领域中一个普遍存在的现象。在市场自身发出的所有贴士当中，这一则最为常见。

经纪行对此十分清楚，并且会把这个贴士传递给那些不明此理的客户。我的意思是，他们会建议客户去交易那些相对滞后的同板块股票。因此，如果美国钢铁出现了上涨，便可以合乎逻辑地认为，坩埚钢铁（Crucible）、共和钢铁（Republic）和伯利恒钢铁也会紧随其后，上涨只是时间问题。同一板块的所有股票，其行业形势和前景应该是相似的，那么，市场的繁荣就应该由所有股票共享。从理论上讲，市场上每只股票都会有表现的机会，这是被经验无数次证明了的。公众之所以买入 A.B. 钢铁，是因为 C.D. 钢铁和 X.Y. 钢铁已经上涨了，而它却还未上涨。

如果某只股票的走势与其在这类市场中应有的走势不符，那么，即便是在牛市，我也绝不会买入这只股票。有时，在确定无疑的牛市中，我买入了某只股票，后来我发现同一板块的其他股票并未表现出牛市特征，我便会卖出手中的股票。为什么这样做？经验告诉我，逆着我称为“板块趋势”的方向操作绝非明智之举。我不能只指望在确定无疑的情况下才交易，我必须根据概率来权衡，并做出预测。有一位老经纪人曾经对我说过："假如我正沿着铁轨行走，看见一列火车以每小时 60 英里的速度向我飞奔而来，我还会继续踏着枕木往前走吗？朋友，我会闪开！在这一点上，我用不着为自己的'明智和谨慎'沾沾自喜。"

去年，在全面牛市展开后，我注意到某个板块中的一只股票并没有跟随该板块的其他股票一起上涨，除了这只股票，该板块的其他股票与市场整体保持同步上涨。当时，我做多买入了大量的布莱克伍德汽车（Blackwood Motors），众所周知，这家公司生意做得很大。其股价每天都会上涨 1 到 3 个点，越来越多的公众开始纷纷买入。这自然使人们的注意力集中到了这个板块上，各种汽车股开始纷纷上涨。然而，有一只股票却一直停滞不前，那就是切斯特汽车（Chester）。它远远落后于其他股票，因此，没过多久，它就引起了人们的议论。切斯特汽车的低价、低迷表现，与布莱克伍德汽车以及其他汽车股的强劲、活跃表现形成了鲜明的对比，顺理成章地，公众们选择了听信谣言散播者、消息贩子以及自作聪明者的建议，开始买入切斯特汽车，因为这只股票有望很快跟随板块内的其他股票一起上涨。

然而，切斯特汽车的股价并未随着公众的买入而上涨，反而出现了下跌。当时，同一板块中的布莱克伍德汽车，已经成为全面上涨行情中备受瞩目的领头羊。我们听到的，都是各类汽车需求大幅增长和产量创纪录的好消息。考虑到上述因素，在那样的牛市中，想要拉升切斯特汽车的股价，应该是轻而易举的事情。

很明显，切斯特汽车的内部人士并没有按照牛市中的惯常做法采取行动。他们之所以未按照常理出牌，可能有两个原因。一个原因可能是，他们希望在拉升股价前积累更多的筹码。但是，只要分析一下切斯特汽车的成交量和交易特征，就会发现这个推测站不住脚。另一个原因可能是，他们担心在拉升股价的过程中会吃进更多的筹码。

当那些本应该买入它的内部人士都拒绝买入时，我还有什么理由买入呢？

我认为，不管其他汽车公司多么欣欣向荣，卖空切斯特汽车都是稳赚不赔的买卖。经验告诉我，要谨防买入那些拒绝跟随板块领头羊走势的股票。

我轻而易举地得出了这样一个事实：内部人士非但没有买入，实际上还在卖出。对我而言，切斯特汽车一反常态的市场表现，已经足以让我对其保持足够的警觉。此外，其他一些迹象也向我表明，不要买入切斯特汽车。行情纸带再次向我发出了警告，这就是我卖空切斯特汽车的原因。不久之后的一天，这只股票出现了大幅下跌。后来，我们从官方渠道获悉，内部人士确实一直在抛售该股，因为他们深知公司的状况不容乐观。

和往常一样，原因在股价大跌后才被披露出来，可是，警告信号却早在股价大跌之前就已经发出来了。我不关心何时大跌，我关心的是何时出现警告信号。我不知道切斯特汽车公司到底出了什么问题，也没有凭直觉行事。我只知道，一定是哪里出问题了。

就在前几天，报纸上报道说，圭亚那金矿（Guiana Gold）上演了一轮惊心动魄的过山车行情。在证券交易所上市前，它在场外交易市场*的交易价格为 50 美元或接近 50 美元。上市伊始，它的交易价格约为 35 美元左右，随后便开始一路下跌，最终跌穿了 20 美元。

我绝不会将那次大幅下跌称为“惊心动魄的过山车行情”，因为那完全在意料之中。随便找个人问问，你或许就能对这家公司的历史有所了解，很多人都知道它的情况。我了解到的情况是这样的：六名极有名望的资本家，联合一家著名的银行组建了一个财团，其中一位成员是贝莱岛勘探公司（Belle Isle Exploration Company）的负责人，该公司向圭亚那金矿提供了超过 1000 万美元的现金。作为回报，贝莱岛公司获得了圭亚那金矿的若干债券和 25 万股股票，占圭亚那金矿总股本（100 万股）的四分之一。

这只股票不仅带息发行，而且广告宣传也做得相当到位。贝莱岛方面认为，最好是将其持有的股票变现，于是，他们拜访了那些银行家。银行家们负

*场外交易市场也被称作柜台交易市场或非正式股票交易市场，与有着严格规则的正规证券交易所截然不同。——译者注

责将这25万股以及他们自己持有的那部分股票派发出去。起初，他们打算将派发工作委托给一位职业作手，作手的报酬是出售25万股所获利润（股价高于36美元的部分）的三分之一。据我所知，协议已经拟好，并准备签署。但是在最后关头，为了节省费用，银行家们决定自己派发，为此，他们组建了一个内部资金池。银行家接手贝莱岛公司那25万股的价格是36美元，而内部资金池则以41美元的价格接手。也就是说，内部人士一开始就给自己的银行同僚们支付了5个点的利润，我不知道他们是否知道这一点。

对于银行家们来说，这次操作显然是一件易如反掌的事情。恰逢牛市，而且圭亚那金矿所属板块的股票已经成为市场的领头羊。公司利润丰厚，且定期分红。这些因素，再加上发行人所享有的极高声誉，使得公众几乎把圭亚那金矿当成了一只投资型股票。据我所知，在股价一路上涨至47美元的过程中，大约有40万股被卖给了公众。

黄金板块非常强劲，可是没过多久，圭亚那金矿的股价就开始下跌了，一共跌去了10个点。如果这是由于资金池派发导致的，那么就没什么问题。然而很快，华尔街上便开始传出这样的声音，说情况并不尽如人意，圭亚那金矿的业绩根本达不到发行人预期的高度。当然，此时股价下跌的原因便浮出水面了。

在原因被公众知晓之前，我就已经收到了市场的警告信号，并着手测试了圭亚那金矿的市场反应，该股的表现与切斯特汽车非常相似。于是，我开始卖空圭亚那金矿，股价跌了下去，我便又卖空了一些，结果股价跌得更低了。这只股票正在重蹈切斯特汽车以及其他十几只股票的覆辙，我对这些股票的历史表现记得一清二楚。

行情纸带明白无误地告诉我，一定是哪里出了问题，而这正是内部人士拒绝买入的原因。这些内部人士比谁都清楚，为什么不应该在牛市中买入自家公司的股票。另一方面，那些不了解情况的普通投资者却仍在买入，因为这只股票曾经涨到过45美元以上，现在股价跌到了35美元以下，这看上去似乎很便宜。而且公司仍在照常派息，在他们看来，这只股票极具投资价值。

接着，消息传来了。像其他重大市场消息一样，在公众得知之前，我就已经知晓了。这些报道证实了公司之前开采到的是贫瘠岩石而非富矿，不过，这只是给我提供了之前内部人士抛售的原因。我之所以卖空，并不是因为这些消息，我早就已经卖空这只股票了，我根据的是股票的市场表现。我的关注点并不复杂，我是名交易者，因此我只寻找一个迹象：内部买入。但在这只股票上，没有任何内部买入的迹象。我无须知道为什么内部人士不看好自己公司的股票，甚至在股价下跌时都不愿买入。重要的是，在他们的派发计划中，显然不包括进一步推升股价的操作。知道这一点就足够了，这使得卖空这只股票变得势在必行。公众已经买入了近 50 万股，股票筹码唯一可能发生的变化是，从一群希望卖出止损的不知情普通投资者手中，换手到另一群希望买进发财的不知情普通投资者手中。

我之所以说这么多，并不是想借我卖空获利这件事，对公众因买进圭亚那金矿而蒙受损失一事进行一番说教。我想要强调的是，对板块行为的研究是何等的重要，以及那些大大小小的经验不足的交易者们为何没能从中吸取教训。

行情纸带不仅会在股票市场上向你发出警告，在商品市场上，它发出的警告也同样响亮。

在棉花市场上，我有过一次有趣的经历。当时，我看空股市，并建立了适量的空头头寸。与此同时，我也卖空了 5 万包棉花。我的股票交易为我带来了丰厚的利润，因此，我全然忽略了在棉花上的头寸。当我终于意识到这一点时，那 5 万包棉花已经让我亏损了 25 万美元。

正如我之前所说，我在股票交易上如鱼得水，操作的得心应手，因此不愿分散注意力。每当想起棉花上的头寸时，我总是安慰自己："等价格回落时，我就平仓。"价格确实出现了些许回落，但就在我下定决心认赔平仓之际，价格便再次反弹上去了，甚至涨得比之前更高。于是，我决定再观望一阵，然后便又回到了股票交易上，并且把全部注意力都集中到了股票上面。最后，我以非常可观的利润平掉了股票上的头寸，然后便前往温泉城（Hot Springs）* 休假

---

* 位于美国阿肯色州加兰县的一座城市。——译者注

去了。

这是我第一次真正静下心来，面对我在棉花交易上的亏损。这笔交易很不顺利，有几次眼看着就要盈利了，但最终还是未能如愿。我注意到，每当有人大量抛出时，市场都会出现一次较为明显的回落。然而，价格几乎马上就会反弹回去，并创出新高。

当我在温泉城待了几天后，我发现自己已经亏损了100万美元，而且亏损的态势仍在持续。我认真地回想了一遍自己的所作所为，在心里对自己说："一定是哪里做错了！"对我来说，意识到自己错了并决定离场，实际上是一个连贯的过程。因此，我果断平仓，亏损了大约100万美元。

第二天早上，我专心地打着高尔夫球，心无旁骛。我在棉花上的操作已成定局，是我做错了，而且我已经为我的错误付出了代价，收据就揣在我的口袋里。此刻，我对棉花市场已经了无挂念。当我返回酒店吃午饭时，我在经纪行营业厅门前停下了脚步，看了一眼报价板。我看到棉花的价格已经下跌了50个点，这倒没什么。可是，我还注意到，当引发价格下跌的抛售压力有所缓解时，棉花的价格却并没有像过去几周那样迅速出现反弹。这表明，此前的最小阻力路线是向上的，因为忽视了这一点，让我付出了100万美元的代价。

由于棉花价格并没有出现通常那种迅速而有力的反弹，那么，此前让我在巨额亏损的情况下平仓的理由便已经不再成立，于是，我卖空了1万包棉花，然后静观其变。很快，市场又下跌了50个点。我又等了一会儿，仍然没有出现反弹。这时，我已经饿得快不行了，于是我走进餐厅，点了一份午餐。服务员还没来得及上餐，我猛然跳起来，直奔经纪行的营业厅。我发现市场仍然没有反弹，于是我又卖空了1万包。我继续等了一会儿，高兴地看到它的价格又下跌了40个点，这表明，我的交易策略是正确的。于是，我回到了餐厅，继续享用午餐。用完餐，我又回到经纪行的营业厅。那天，棉花的价格一直没有出现反弹。就在当天晚上，我离开了温泉城。

打高尔夫球固然很好，但我在棉花交易中做错了，无论是之前的卖空还是之后的平仓，时机都不对。此时，我必须重新投入到工作中去，回到一个可以让我安心交易的地方。市场承接我第一笔 1 万包棉花的情形，促使我卖出了第二笔 1 万包。而市场承接我第二笔 1 万包棉花的情形，则让我确信行情的转折点已经到来，这是市场行为的差异所决定的。

言归正传。我抵达华盛顿后，去了我在那里的经纪行营业厅，这间营业厅由我的老朋友塔克打理。在此期间，市场又下跌了一些。相较于之前做错的时候，现在我更加确信自己是正确的。于是，我卖空了 4 万包棉花，市场随即下跌了 75 个点，这表明市场已经没有任何支撑了。那天晚上，收盘时的价格还要更低。显然，先前的那股买入力量已经荡然无存。我无法预知这股力量何时会再度出现，但我对自己的头寸充满信心。第二天早晨，我离开了华盛顿，开车前往纽约。这一次，我不必匆忙赶路。

抵达费城后，我开车去了一家经纪行的营业厅。我发现棉花市场经历了一场大风暴，价格出现大幅下跌，引发了一阵短暂的恐慌。没等回到纽约，我就通过长途电话指示我的经纪商平掉了我的空头头寸。当我收到成交报告时，我发现已经基本弥补了之前的损失。于是，我继续驱车前往纽约，中途没有再停车查看行情。

直到今天，一些和我一起在温泉城的朋友，还经常谈起那天我从午餐桌上跳起来跑去卖空第二笔 1 万包棉花的情形。不过，那显然不是凭一时的直觉做出的决定，这种冲动源自我坚定的信念——卖空棉花的时机已经到来，不管之前我犯下了多么严重的错误，都无法动摇我的这一信念，我必须抓住这次机会——属于我的机会。我的潜意识可能一直在默默工作，最终为我得出了时机成熟的结论。在华盛顿做出的卖空决定，则是源自我观察的结果。多年的交易经验告诉我，最小阻力路线已经由向上变为了向下。

对于棉花市场曾让我损失 100 万美元这件事，我并没有耿耿于怀。我不会因为自己犯下了那样严重的错误而过分自责，也不会因为自己在费城平仓弥补了损失而沾沾自喜，我的交易思维专注的是交易问题。我认为自己完全有理由断言，正是因为经验和记忆，才让我成功弥补了第一次交易的损失。

第十八章　热带贸易

在华尔街，历史总是在不断地重演。还记得我给你讲过的那个故事吗？就是在斯特拉顿垄断玉米市场时，我成功回补了空头头寸那件事。嗯，还有一次，我在股票市场上也使用了几乎相同的策略，这只股票就是热带贸易公司（Tropical Trading，TT）。不管做多还是做空，我从这只股票上都赚到过钱。它一直是一只非常活跃的股票，是风险偏好型交易者的最爱。该公司内部人士常常被报纸指责更关心股价的短期波动，而非鼓励长期投资。

前几天，我认识的一位能力出众的经纪商断言，无论是操纵伊利铁路公司（Erie）* 的丹尼尔·德鲁（Daniel Drew）**，还是操纵糖业公司的 H.O. 哈夫迈耶，他们从股市中榨取利润的手段，都没有热带贸易公司总裁马利根（President Mulligan）和他的朋友们那般炉火纯青。他们常常诱使空头们卖空热带贸易公司的股票，然后有条不紊地对其进行逼空。整个过程犹如一台碾压机一样冷酷无情，干脆利落。

当然，也有人曾对热带贸易公司在市场上发生的那些“不光彩事件”进行过指责。但我敢说，这些提出批评的人肯定遭受过逼空之苦，这些场内交易

---

* 伊利铁路（Erie Railroad）作为 19 世纪美国中西部至纽约市之间的重要交通命脉，自 1859 年起，便成为了华尔街金融界激烈角逐的焦点。丹尼尔·德鲁、康内留斯·范德比尔特、吉姆·菲斯克及杰伊·古尔德等金融巨头围绕其控制权，展开了旷日持久的争夺，致使公司股价出现大起大落，“伊利之战”因此成为华尔街历史上一场著名的战役。——译者注

** 丹尼尔·德鲁（Daniel Drew）是 19 世纪美国股市的传奇人物，以其狡诈多变、不择手段的交易手法闻名于世，是那个时代美国股市的标志性人物。——译者注

者经常被那群内部人士用灌了铅的骰子*玩弄于股掌之间。那么，为什么他们明知山有虎，却偏向虎山行呢？嗯，一个重要的原因是，他们喜欢交易活跃的股票，而热带贸易公司恰恰能够满足他们的这种需求。这只股票股性活跃，交易时无须探究原因，用不着给出解释，也不会浪费时间，更不用坐立不安地等待消息去点燃行情；除非空头头寸足够大，值得让他们收紧筹码进行逼空，否则，总会有足够的筹码可供流通。总之，在这只股票上，分分钟都会有人上当受骗！

前段时间，我像往年一样来到佛罗里达休冬假。我沉浸在钓鱼的乐趣中，玩得不亦乐乎，除非在收到报纸的情况下，否则我根本不会考虑市场的事情。一天早上，当半周刊邮件**送达时，我看了一眼股市行情，发现热带贸易公司的股价已经涨到了 155 美元。我记得上次看到它的时候，它的价格还在 140 美元左右。我认为我们即将进入熊市，所以我一直在等待卖空股票的时机。不过现在还为时尚早，这就是我远离报价机，跑去钓鱼的原因。我知道，当真正的时机来临时，我就会回去。在此期间，无论我做什么或者不做什么，都不能加快市场的进程。

根据我那天早上收到的报纸来看，热带贸易公司的股价走势在市场上显得尤为突出，这使我看空大市的想法有了具体的靶子。在我看来，在整个市场如此低迷的情况下，内部人士拉升热带贸易公司股价的行为，简直是愚蠢至极。榨取利润也得看时机，该收手时就得收手。在交易者的考量中，很少有人会将一反常态的事情视为有利因素，但对我来说，在当时的市况下，拉升那只股票无疑是一个巨大的错误。在股市中，没有人能肆无忌惮地犯下如此严重的错误而不受惩罚。

看完报纸后，我继续回去钓鱼，但我脑子里一直在想，热带贸易公司的内部人到底意欲何为？毫无疑问，他们注定会失败，就像一个人从二十层楼上跳

---

*“灌了铅的骰子”这一比喻，形象地描绘了某种事物或情境被人为操控，导致结果失去了原有的随机性和公平性。在本文语境下，特指内部人士利用不正当手段干预市场，使场内交易者陷入被动局面。——译者注

**每半个星期收一次邮件，邮件里装的是一叠报纸。——译者注

下去却没有带降落伞一样，必定会摔得粉身碎骨。我满脑子都是这件事，已经容不下其他任何事情了。最后，我干脆放下鱼竿，给我的经纪商拍了一封电报，让他们按市价卖出2000股热带贸易公司股票。发完电报之后，我又能安心钓鱼了，并且当天渔获满满。

那天下午，我通过特快专递收到了回电，我的经纪商报告说，他们已经以每股153美元的价格帮我卖出了2000股热带贸易公司股票。到目前为止，一切都很顺利，我是在下跌的市道中做空的，这是正确的做法。不过，我不能再继续钓鱼了，因为我离报价板实在是太远了。之所以会产生这种想法，是因为在思考了全部原因后，我觉得热带贸易公司股票应该跟随大市一道下跌，而不是在内部人士的操纵下逆势上涨。因此，我离开了钓鱼营地，回到棕榈滩，更确切地说，是回到了能与纽约直线联系的地方。

一回到棕榈滩，我就发现那些误入歧途的内部人士仍然执迷不悟地试图拉升股价，便又卖给了他们2000股。成交报告反馈回来后，我再次卖出了2000股。市场表现堪称“完美”，也就是说，在我的抛售压力下，股价出现了下跌。一切都令我满意，于是，我便开车出去兜了一圈。可是，兜风过程中我却并不怎么开心，而且越想越觉得不快，后悔自己没有多卖一些。于是，我返回到经纪行的营业厅，又卖出了2000股。

只有在卖空这只股票的时候，我才会觉得开心。很快，我的空头头寸就达到了1万股，于是，我决定返回纽约。现在，我有更加重要的事情要做，至于钓鱼的事，就留待他日吧。

抵达纽约后，我特意去了解了一下这家公司的业务情况，包括当前的情况以及未来的前景。了解到的情况进一步增强了我的信念：内部人士拉升股价时简直肆无忌惮，因为在这种时候拉升，既得不到整体市场形势的支持，也没有公司业绩做后盾。

尽管这次上涨既不合逻辑，也不合时宜，但还是吸引了一些公众跟风，这无疑鼓励了那帮内部人士继续他们愚蠢的策略，因此，我又卖出了更多股票。内部人士停止了他们愚蠢的行为。就这样，我按照自己的交易方法，对市场进行反复试探，到最后，我总共卖空了 3 万股热带贸易公司股票。此时，股价已经跌到了 133 美元。

有人曾警告过我，说热带贸易公司的内部人士对华尔街上每一张股票的确切下落、空头的身份和头寸的规模以及其他具有战术意义的相关事实，全部都一清二楚，他们是一些精明能干的交易者。总而言之，他们是一群极其危险的对手。然而，事实胜于雄辩，交易者最强大的盟友是基本形势。

当然，在股价从 153 美元下跌到 133 美元的过程中，空头头寸规模持续增加，而那些喜欢逢低买入的公众却一如既往地认为：这只股票在 153 美元或更高价位时，便被视为值得买入，现在下跌了 20 个点，这无疑是一个更好的买入时机。同样的股票，同样的股息率，同样的管理层和同样的业务，这真是逢低买入的绝佳机会！

公众的买盘减少了市面上的流动筹码。内部人士清楚，有很多场内交易者都在做空，他们认为现在是逼空的绝佳契机，因此股价被迅速拉升到了 150 美元。我敢肯定，有很多空头会选择回补平仓，但我依然不为所动。为什么要动呢？他们或许已经察觉到尚有 3 万股空头头寸没有回补，但这对我来说又有何惧！促使我从 153 美元一路卖空到 133 美元的那些原因不仅依然存在，反而变得比以往更加强烈。内部人士意欲迫使我回补就范，然而，他们却给不出任何令我信服的理由。大势在我的情况下，要做到无所畏惧并保持耐心并非难事，投机者必须对自己和自己的判断充满信心。

已故纽约棉花交易所前理事长、名著《投机的艺术》（Speculation as a Fine Art）* 一书作者迪克森 · G. 瓦茨曾经说过，所谓投机者的勇气，就是按照自己内心的决定去采取行动的信心。就我个人而言，我无惧犯错，因为除非市场证明我错了，否则我绝不轻易认错。实际上，除非我能利用自己的经验获利，否则我就会感到不安。一时的市场走势，并不足以证明我错了。是市场上涨或者下跌的性质，决定了我的头寸是否正确。财富的增长，取决于我的认知水平，

*《投机的艺术》是一部在金融界享有盛誉的经典之作，被杰西 · 利弗莫尔视为枕边宝典。那句耳熟能详的格言——“截断亏损，让利润奔跑”，正是出自这部杰作。——译者注

如果我栽了跟头，必定是因为我犯下了愚蠢的错误。

从 133 美元到 150 美元这轮反弹，没有出现任何令我心生畏惧、需要平仓出局的迹象。如我所料，不久，这只股票便再次开始下跌。在内部人士开始护盘之前，股价便已经跌破了 140 美元大关。他们买入的同时，大量看多该股的传闻如洪水般涌来。“这家公司利润丰厚，收益足以支持其提高定期股息率。”“据说，空头的头寸规模非常庞大，整个空方阵营，尤其是那个大肆做空的家伙，即将面临一场‘世纪大逼空’”。在他们将股价拉升 10 个点的过程中，我听到的消息之多，简直无法向你一一细说。

在我看来，这种操纵似乎并没有什么危险。但当股价触及 149 美元时，我认为华尔街将那些四处流传的看涨言论都当成事实并不明智。当然，对于那些被吓破了胆的空头们，以及经纪行里那些依据道听途说的消息进行交易的客户们来说，不管是我还是某个不起眼的外部人士说的话，都不能让他们信服，唯有行情纸带所记录的一切，才能以最客观的方式给出最有力的反驳。人们连活人的证词都不愿相信，更别提我这个做空 3 万股的家伙了，但他们却愿意相信行情纸带。因此，我采用了对付斯特拉顿逼仓玉米时相同的策略，当时我是通过卖空燕麦的方式引导交易者看空玉米的，这一次，经验和记忆再次派上了用场。

当内部人士通过拉升热带贸易公司的股价意图吓退做空者时，我并没有试图通过卖出股票来抑制股价上涨。我已经卖空了 3 万股，在流通股中占据了相当大的比例，我认为继续增加空头头寸并非明智之举。他们“热心地”为我设下了一个陷阱——第二次反弹更像是一次急切的邀请——我可不打算自投罗网。当热带贸易公司的股价触及 149 美元时，我所做的就是卖出大约 1 万股赤道商业公司（Equatorial Commercial Corporation），这家公司持有一大笔热带贸易公司的股份。

赤道商业公司的股票不像热带贸易公司那样活跃，正如我预料的那样，我的抛售导致赤道商业公司的股价出现大幅下跌。当然，我的目的达到了。那些听信热带贸易公司无可辩驳的看涨消息的交易者和经纪行的客户们，看到热带贸易公司股价上涨的同时，赤道商业公司的股价却在沉重的抛压下出现了大幅下跌，他们自然而然地得出结论，认为热带贸易公司的股价强势不过是一个烟雾弹，是一轮人为操纵的上涨，分明是在掩护赤道商业公司（热带贸易公司的最大股东）的内部人士出货。这些抛盘很可能来自赤道商业公司内部人士的多头持仓，因为没有哪个外部人士会在热带贸易公司股价如此强劲的时刻，还想着卖空那么多股票。于是，人们纷纷卖出热带贸易公司股票，成功抑制了股价的上涨。而那伙内部人士倒也识趣，没打算接下人们急于抛出的全部股票。从内部人士停止支撑热带贸易的那一刻起，其股价就开始下跌了。随后，交易者和主要的经纪行也开始抛售赤道商业，我趁机回补了我的空头头寸，小赚了一笔。当初，我卖空赤道商业就不是为了从中赚钱，而是为了阻止热带贸易公司股价的上涨。

一次又一次，热带贸易公司的内部人士及其敬业的公关人员不断向市场散布各种利好消息，试图拉升股价。每当他们这么做时，我就会卖空赤道商业的股票。当热带贸易的股价出现下跌，并带动赤道商业的股价出现回落时，我便会趁机回补，这让那些操纵者的嚣张气焰有所收敛。最终，热带贸易公司的股价跌到了 125 美元。然而，空头头寸的规模实在是太大了，因此，内部人士趁机将股价推升了 20 到 25 个点。由于空头规模过度扩张，因此，这次反击行动完全合理。我虽然预见到了这次反弹，但我并没有回补，因为我不想丢掉我的头寸。在赤道商业的股价跟随热带贸易的股价同步上涨之前，我就已经卖空了大量的赤道商业，结果和前几次一样，这彻底戳穿了关于热带贸易公司的那些利多言论。在最近那次股价大涨后，这类言论曾一度甚嚣尘上。

到这个时候，整体市场已经变得相当疲软。正如我之前告诉你的，正是因为坚信我们正处于熊市，才促使我在佛罗里达的垂钓营地开始卖空热带贸易。当时我还做空了不少其他股票，但热带贸易是我的“心头好”。最终，那帮内部人士因无力抗衡强大的基本形势，热带贸易的股价开始大幅下滑。多年来，它的股价首次跌破了 120 美元，然后又跌破了 110 美元，继而跌破了面值，然而我依旧没有回补。

一天，整个市场极度疲软，热带贸易的股价跌破了 90 美元。在人气涣散之际，我选择了回补平仓，还是老原因，我抓住了时机——市场流动性好，市况极度低迷以及卖方远远多于买方。即便有可能会让你觉得我是在自吹自擂，可我还是要告诉你，我几乎是在这轮行情的最低点回补了那 3 万股热带贸易。不过，我当时并没有想过在最低点回补，我只是想在尽量减少利润损失的情况下，兑现我的账面利润。

自始至终，我都稳坐不动，因为我知道，我的头寸是正确的，我既没有违逆市场趋势，也没有与基本形势背道而驰。正是这一点让我确信，那伙过于自信的内部人注定会失败。他们所尝试的，前人早已尝试过，并且无一例外，均以失败告终。那些股价下跌途中常见的反弹，即使我们所有人一样，都知道这是意料之中的事，也无法将我吓倒。因为我知道，与其先回补，再在更高的位置上卖空，倒不如坚守头寸，稳坐不动。

最终，通过坚守我认为正确的头寸，我赚取了超过 100 万美元的利润。这并非依靠直觉、高超的纸带解读技巧或顽强的勇气，这是我对自己判断的信念所带来的回报，与我的聪明才智或自命不凡毫无关系。知识就是力量，而拥有力量则无须惧怕谎言——即便谎言是被行情纸带打印出来的，也会很快就被撤回去。

一年后，热带贸易的股价再次被拉升至 150 美元，并在这个价位附近徘徊了几个星期。整个市场理应出现一次回调，因为它已经经历了一轮连续上涨，且牛市特征已不明显。我之所以知道这一点，是因为我进行了市场测试。当时，热带贸易所属板块的经营状况非常糟糕，即使市场上的其他股票都应该上涨（实际上并没有），我也找不出任何支持这些股票上涨的理由，因此，我开始卖空热带贸易，我打算总共卖空 1 万股。随着我的卖出，股价开始下跌，我看不到股价下跌过程中有任何支撑。然而，顷刻间，买盘的性质却发生了改变。

我可以向你保证，当支撑出现的那一刻，我立即便察觉到了。我这么说，并非在炫耀自己有多厉害。我立刻意识到，那些从不觉得有义务维系股价的内部人士，却在整体市场普遍下跌的情况下买进股票，这背后必定有原因。他们既不是无知的白痴，也不是慈善家，更不是为了在场外卖出更多证券而维系股价上涨的投资银行家。尽管我和其他人都在卖出，但股价还是上涨了。

在 153 美元时，我回补了我那 1 万股。到了 156 美元时，我转而开始做多。因为到那时，行情纸带告诉我，最小阻力路线是向上的。虽然我看空整个市场，但我面对的是具体个股的交易状况，而不是一般的投机理论。结果股价一飞冲天，突破了 200 美元大关，这成为当年的轰动性事件。有传言和报道称，在这次逼空行情中，我损失了八九百万美元，这让我感到受宠若惊。事实上，我不仅没有做空，而是随着热带贸易股价的上涨一路做多。而且，我持有的时间甚至有点儿长，以至于损失了一部分账面利润。

你想知道我为什么会这样做吗？因为我认为，如果我是热带贸易公司的内部人士，我就会采取同样的行动。但是，这不是我应该考虑的事情，因为我的职责是交易。也就是说，我要专注于眼前的事实，而不是想当然地认为别人应该怎么做。

第十九章　市场操纵

不知何人，也不知何时，有人把“操纵”一词与在股票交易所里销售大宗证券的普通销售流程联系在一起。为了在低价买入想要收集的筹码而操纵市场的行为，也是一种操纵。但这两者却有所不同。进行此类操纵或许不必堕落到采取非法手段，却很难避免做出一些被认为是不正当的事情。在牛市中，如何在不抬高自己买入价格的情况下买入大量股票呢？这就是问题所在。如何解决这个问题呢？这取决于诸多因素，不可能给出一个通用的解决方案。除非回答说：或许可以通过极其巧妙的操作手法来解决。是否可以举例说明一下？嗯，这取决于具体情况，无法给出更具体的答案。

我对交易的各个环节都抱有浓厚的兴趣。当然，我不仅从自己的亲身经历中学习，也会借鉴他人的经验。不过，要想从下午收盘后在经纪行营业厅听来的那些故事中学习如何操纵当今的股票，是极其困难的。昔日的大部分技巧、手段和应变方法，要么已经过时和无用，要么已经变得非法和不切实际。证券交易所的规则和条件都已经发生了变化，关于丹尼尔·德鲁、雅各布·利特尔（Jacob Little）* 或杰伊·古尔德（Jay Gould）** 50 或 75 年前的那些故事，即便讲述得再准确、再详实，也几乎不值一闻了。今天的操纵者没有必要再去考

---

* 雅各布·利特尔（Jacob Little）是美国华尔街资深投机家，出生于马萨诸塞州的钮波里波特（Newburyport），是华尔街历史上首个以“巨熊”著称的人物，他也是美国式卖空交易与可转换证券领域的开创者。——译者注

** 杰伊·古尔德（Jay Gould）人称“海盗大亨”，是 19 世纪美国铁路与电报系统领域无可争议的巨头，也是“镀金时代”股票市场的大操纵者。1869 年，他精准狙击黄金市场，引发了轰动一时的“黑色星期五”大恐慌。——译者注

虑他们的所作所为，就如同西点军校*的学员无须通过学习古人娴熟的射箭术，来增加他们的弹道学实用知识一样。

另一方面，研究人性的因素却是大有裨益的。比如，人们总是很容易相信那些他们愿意相信的东西；人们总是放任自己——甚至可以说是投怀送抱——受到贪婪的影响；人们总是因为粗心大意而遭受损失。恐惧与希望，亘古未变。因此，对投机者的心理进行研究，一如既往非常具有价值。武器会变，但战略不会变，无论是在纽约证券交易所，还是在战场上，皆是如此。我认为托马斯·F. 伍德洛克（Thomas F. Woodlock）**的总结最为精辟，他指出："成功的股票投机原则是基于这样一个假设——未来，人们仍将犯下他们过去所犯的错误。"

在股市繁荣的时候，也就是公众蜂拥入市的时候，根本不需要任何巧妙的手段，因此，在这种时候浪费时间去讨论操纵还是投机是毫无意义的，就像试图分辨同时落在街对面同一屋顶上的雨滴有何不同一样。冤大头们总是妄想不劳而获，在所有繁荣时期，吸引他们的总是由贪婪所唤醒的、被普遍繁荣所激发的嗜赌本能。他们最终总是会为此付出代价，这是已经被彻底证明了的。在这个肮脏的世界里，根本不存在这种不劳而获的特权。起初，当我听到那些过去的交易和手法时，我曾一度认为，19 世纪六七十年代的人要比 20 世纪的人更容易上当。然而，就在我这样想的当天或者第二天，我准能在报纸上读到一些诸如此类的新闻：关于最新庞氏骗局的报道，或某家对赌行破产的消息，冤大头们投入的数百万资金最终化为了乌有。

我刚来纽约的时候，洗筹（wash sales）和对敲（matched orders）非常盛行，尽管这些行为是被股票交易所明令禁止的。有时，洗筹的手法实在太过拙劣，根本瞒不过任何人。每当有人试图清洗某只股票的浮筹时，经纪商们便会毫不犹豫地对客户说"洗衣店生意兴隆"。此外，正如我之前说过的，他们曾

---

*西点军校全称美国陆军军官学院（The United States Military Academy），又被称为美国陆军学院，是美国第一所军事学校，坐落于纽约州西点镇，哈德逊河西岸。——译者注

**托马斯·F. 伍德洛克（Thomas Francis Woodlock，1866 年 9 月 1 日—1945 年 8 月 25 日），曾任《华尔街日报》主编，并担任美国州际商务委员会委员。——译者注

不止一次地公然发动所谓的“对赌行做盘”，即快速将某只股票的股价压低两三个点，只不过是为了在行情纸带上留下价格下跌的记录，以此将对赌行里大量做多某只股票的小额交易者洗劫一空。

至于对敲交易，由于各家经纪商操作起来很难做到协调一致，而且这类交易也违反股票交易所的规定，因此，他们在使用这种手法时总是会有所顾忌。几年前，一位著名的作手在对敲时取消了对敲交易中的卖单，却未取消买单，结果，一位不明就里的经纪人在短短几分钟内就将股价拉高了近 25 个点。然而，当他一停止买入的时候，股价便又以同样的速度快速跌落了下来。这种对敲交易的本意是想营造出交投活跃的假象，但使用的手段却如此不靠谱，因而导致了一次糟糕的交易。你瞧，即使面对的是最好的经纪商，也不能对他们完全信任——如果你希望他们继续保留纽约证券交易所会员资格的话。此外，税收政策也使得所有涉及虚假交易的行为成本变得比过去更加高昂。

“操纵”一词在词典中的定义还包括垄断。然而，垄断可能是操纵的结果，也可能是竞相买入的结果。比如，发生在 1901 年 5 月 9 日的“北太平洋铁路垄断案”（Northern Pacific Corner）*，显然就不是操纵的结果。再如，在“斯图兹汽车垄断案”（Stutz Corner）中，相关各方都付出了高昂的代价，无论是在金钱还是声誉上，而且，这也不是一场精心策划的垄断事件。

事实上，在那些主要的垄断事件中，很少有策划者能够从中获利。一方面，范德比尔特（Vanderbilt）** 海军准将两次垄断哈莱姆铁路（Harlem Corners），确实都获利不菲，但这几百万美元是老爷子应得的——他是从众多投机倒把者、腐败的立法者和背信弃义的市政官员身上赚到的。另一方面，杰伊·古尔德在“西北铁路垄断案”（Northwestern Corner）中却铩羽而归，S.V. 怀特执事在“拉克瓦纳铁路垄断案”（Lackawanna Corner）中获利 100 万

*具体细节，请参阅本书第三章。——译者注

**范德比尔特（Cornelius Vanderbilt，1794 年 5 月 27 日—1877 年 1 月 4 日）以“海军准将”的外号闻名于世，是一位通过航运和铁路事业发家致富的美国杰出工业家及慈善家。作为范德比尔特家族的奠基人，他也是历史上最为富有的美国人之一。范德比尔特捐资创办了以其名字命名的范德比尔特大学，为教育事业做出了卓越贡献。——译者注

美元，而吉姆·基恩（Jim Keene）* 在“汉尼拔－圣乔铁路交易案”（Hannibal & St. Joe Deal）中却损失了 100 万美元。当然，垄断能否获利，取决于能否以高于成本的价格出售积累起来的持仓。空头头寸必须达到一定的规模，才能较为轻松地实现这一目标。

过去，我常常感到纳闷，为何半个世纪前的大作手们如此热衷于垄断，他们都是些能力出众、经验丰富、头脑清醒的人，不至于天真到去相信同行们会对他们大发慈悲。然而，他们却还是会经常遭遇重挫，次数之多，令人感到震惊。一位睿智的老经纪人告诉我，19 世纪 60 年代和 70 年代的所有大作手们都有一个共同的夙愿，那就是完成一次垄断。在多数情况下，这种愿望都源自虚荣，其他情况下，则是出于报复的欲望。不管怎样，能被人说成是成功垄断了某只股票的人，实际上是对其智慧、胆识和财富的一种赞誉，这给了垄断者傲视群雄的权利，他心安理得地接受来自同行的赞美，并认为这是实至名归。促使垄断策划者全力以赴的，不仅仅是预期的利润，还有冷血作手们的虚荣心在作祟。

在那个时代，人与人之间相互倾轧，毫不留情。我想我之前告诉过你，我曾多次设法逃脱被逼空的命运，这并非因为我拥有某种神秘的盘感，而是因为我通常能够敏锐地察觉到买盘的性质变化，从而避免在不宜卖空时继续卖空。我是通过经验性的常识和测试来实现这一点的，过去，人们肯定也尝试过这种方法。老丹尼尔·德鲁过去经常对空头们进行逼空，迫使他们高价买回当初卖给他的伊利铁路，然而，他自己也曾在伊利铁路上被范德比尔特海军准将逼空过。当老德鲁乞求准将放他一马时，范德比尔特海军准将却无情地引述了老德鲁这个“大空头”自己那两句不朽的格言：

卖空非己物，
买回或入狱。

有一位作手，华尔街上已经很少有人记得他了，这位跨越时代的巨头凭借

---

*吉姆·基恩即詹姆斯·基恩。——译者注

“掺水股”（watering stock）* 一词，赢得了不朽的名声。

1863 年春天，阿迪森 · G. 杰罗姆（Addison G. Jerome）** 是公认的公开市场之王。据说，他的市场贴士被视为和银行存款一样可靠。从各种报道来看，他是一位伟大的交易者，从市场中赚取了数百万美元的财富。他出手阔绰，挥金如土，在华尔街拥有众多追随者——直到拥有“沉默的威廉”（William the Silent）*** 之称的亨利 · 基普（Henry Keep）****，在“老南方铁路垄断案”（Old Southern Corner）中榨干了他的数百万美元。顺便提一句，基普是罗斯韦尔 · P. 弗劳尔（Roswell P. Flower）***** 州长的连襟。

在过去的大多数垄断案中，操纵行为的手法主要是为了防止那个用各种方式诱导做空这只股票的人知道你正在垄断该股。因此，这种做法主要针对的是同行专业人士，因为普通公众并不喜欢站在空头一边。诱使那些精明的职业交易者卖空那些股票的原因，与今天几乎没什么两样。

根据我听到的故事，除了海军准将参与的“哈莱姆铁路垄断案”是那些背信弃义的政客在卖空之外，职业交易者之所以卖空股票，则是因为他们认为股价过高。他们认为股价过高的理由，是它之前从未达到过这样的高度，他们觉得股价已经高到不值得买入了。既然不值得买入，那么卖空就成了正确的选择。这听起来是不是很现代？他们考虑的是价格，而准将关注的是价值！老一辈人告诉我，在那之后的许多年里，每当人们想要形容一个人极度贫困时，就

---

* 掺水股（watering stock）也被称作虚股，依面额计算，公司发行的股份总额中，超出实际所投入资本的部分。——译者注

** 阿迪森 · G. 杰罗姆（Addison G. Jerome，1811—1864），证券经纪人出身。至 1863 年，他已经通过股市积累起了巨额财富，并创办了自己的投资银行。由于他在华尔街享有崇高的声誉，该银行取得了巨大的成功。此后，其在“老南方铁路垄断案”中被榨得倾家荡产，最终在穷困潦倒中去世。——译者注

*** 威廉一世被誉为荷兰的“国父”。当他听取西班牙国王菲利普二世阐述将新教徒驱逐出尼德兰的计划时，内心深感震撼，缄默不言，因此被世人称为“沉默者威廉”。——译者注

**** 亨利 · 基普（Henry Keep，1818—1869），美国货币投机者、银行家、股票投机者和铁路金融家。——译者注

***** 罗斯韦尔 · P. 弗劳尔（Roswell P.Flower，1835 年 8 月 7 日—1899 年 5 月 12 日）是一位美国政治家，曾于 1892 年至 1894 年间担任纽约州第 30 任州长。——译者注

会说，“他卖空了哈莱姆铁路”。

多年前，我有幸与杰伊·古尔德原先的一位经纪人有过一次交流。他郑重地向我保证，古尔德先生是当之无愧的人中龙凤——老丹尼尔·德鲁曾声音颤抖地评价他说，“与他过招，无异于自寻死路”——他远远超过了过去和现在的其他所有操纵者。他所取得的赫赫功绩，非金融奇才所不能为，这是毋庸置疑的。即使以现在的眼光来看，他顺应新形势的能力依旧令人惊羡，对于一名交易者来说，这一点是最难能可贵的。他进可攻，退可守，转换自如，因为他更关心资产运作，而不是股票投机。

他进行市场操纵是为了投资，而不仅仅是为了改变市场方向。他很早就意识到，赚大钱在于拥有铁路公司，而不是在股票交易所场内操纵铁路股。当然，他也利用了股票市场。不过我觉得，这是因为从股市中捞快钱、捞容易钱是最灵活、最省力的方法，而他无时无刻不需要大笔的资金，就像老科利斯·P. 亨廷顿（Collis P. Huntington）* 总是缺钱一样，因为除了银行愿意借给他的钱，他总是还有两三千万美元的资金缺口。有远见而无资金，唯有对空长叹；有远见而有资金，则意味着功成名就；功成名就则意味着权尊势重；权尊势重则意味着财源广进；财源广进则意味着更大的成就。如此循环往复，无休无止。

当然，操纵市场的行为并非仅限于那个时代的大人物，还有许多中小操纵者也参与其中。我记得一位老经纪人给我讲过一则关于 19 世纪 60 年代初市场风气的故事。他说：“我对华尔街最初的记忆，源自第一次随父亲去金融区的经历。我父亲去那里办事，阴差阳错地把我带上了。我们沿着百老汇街向前走，我记得在华尔街拐了个弯。我们沿着华尔街继续走，走到布罗德街或拿骚街的交汇处，也就是现在美国信孚银行（Bankers' Trust Company）大楼所在的那个街角时，我看到一群人跟在两个人后面。打头的一位朝东走着，竭力装出一副若无其事的样子。紧跟在他身后的是一个红脸大汉，他一只手疯狂地

---

* 科利斯·P. 亨廷顿（Collis P.Huntington，1821—1900），美国实业家和铁路巨头。——译者注

挥舞着帽子，另一只手在空中挥舞着拳头，大声叫嚷，声音盖过了嘈杂的人群：‘夏洛克（Shylock）*，夏洛克！借钱的利息是多少？夏洛克！夏洛克！’我注意到，人们纷纷从窗户里探出头来观看。那时候还没有摩天大楼，但我确信，那些从二楼和三楼探出身子看热闹的人，一不小心就可能摔下楼去。我父亲向旁人打听发生了什么事情，有人回答了他，但我没有听清楚。我紧紧握住父亲的手，生怕人群把我们冲散。人群越聚越多，整条街上人头攒动，我感到很不安。怒目圆睁的人们不断地从四面八方涌来——有从北面的拿骚街赶过来的，有从南面的布罗德街赶过来的，还有从华尔街东西两侧赶过来的。我们费了好大的劲儿才从拥挤的人群中挣脱出来。父亲向我解释说，那个大喊‘夏洛克’的人是某某某。我已经记不清他的名字了，但我记得那人是当时纽约股票圈里最大的作手。据说，他在华尔街赚的钱和赔的钱比其他任何人都要多，当然，除了雅各布·利特尔。我之所以记得雅各布·利特尔这个名字，是因为我觉得，对于一个大男人来说，这个名字着实有点滑稽**。而那位被称作夏洛克的人，则是一个臭名昭著的占款人。我已经记不清他的名字了，但我记得他又高又瘦，面色苍白。在那个年代，占款人会通过提前借入资金的方式将资金占住，以此来减少证券交易所场内借款人的可借资金。他们办完借款手续后，会拿到一张保付支票***，但并不会真的去提取和使用这些资金。当然，这也是一种操纵行为，是垄断的一种形式，我认为。”

我同意这位老经纪人的说法。那段市场操纵的历史，已经一去不复返了。

---

*喜剧《威尼斯商人》中的人物。后人用“夏洛克”比喻贪得无厌、狠毒无情的放债者和冷酷无情之人。——译者注

**雅各布·利特尔（Jacob Little），又译小雅各布，遂有此一说。——译者注

***保付支票，是指经付款人保付后由保付人负绝对付款责任的支票。——译者注

第二十章　股票操作

我本人从未和华尔街上那些至今仍被人们提到的股票大作手们有过交流，我指的不是那些商业领袖，而是股票作手，他们活跃在我之前的那个时代。虽然我刚来纽约的时候，他们当中最了不起的一位，詹姆斯·R.基恩，正处于鼎盛时期，但那时我还很年轻，一心只想在一家声誉良好的经纪行复制我在家乡对赌行里取得的成功。当时基恩正忙于操作美国钢铁的股票——那是他股票操作的杰作——我当时对股票操作还一无所知，既不了解它的实质，也不了解它的价值和意义，而且我也不太需要这方面的知识。如果我当时真的对其有所思考的话，我想我一定会把它看作是一种冠冕堂皇的高级骗术，其低级形式，就是对赌行对我使用过的那些花招。自那以后，我听到的关于这个话题的谈论，有很大一部分都是猜测和臆测，与其说是理智分析，不如说是东猜西猜。

不止一个熟悉基恩的人曾对我说过，基恩是华尔街有史以来最勇敢、最杰出的作手。这的确是极高的赞誉，因为华尔街曾出现过许多伟大的交易者，如今，他们的名字大多已被遗忘。即便只是昙花一现，他们也曾在各自辉煌的日子里留下过浓墨重彩的一笔！是行情纸带将他们从默默无闻拉到了金融舞台的聚光灯下，只是小小纸带的力量终究不够强大，不足以长久地将他们定格在聚光灯下，让他们扬名于后世。但无论如何，基恩无疑是他那个时代最优秀的作手，那是一段漫长而激动人心的岁月。

为哈夫迈耶兄弟提供服务期间，他充分利用了自己对这个行当的了解、作手的经验以及自己的天赋。他们希望基恩为糖业公司的股票打开市场，他当时正处于破产状态，否则，他肯定会继续独立交易，不会委身于人。他可真是位了不起的豪赌客！他在糖业公司股票上的操作取得了成功，使该股成为热门的交易标的，从而变得易于脱手。从此，他经常被邀请负责资金池的管理。据说，在管理资金池时，他从不要求也不接受任何管理费用，而是像资金池的其他成员那样，按照份额收取报酬。当然，股票的市场操作则完全由他负责。合作双方也经常会爆出相互背信弃义的传闻，他与惠特尼－赖安集团（Whitney–Ryan）之间的夙怨，就源于这样的指控。操盘手很容易被合伙人误解，因为他们不会像操盘手本人那样看待他的需求，这是我从自己的亲身经历中得出的结论。

1901年春天，基恩对美国钢铁股票的成功操作，是其最辉煌的巅峰之作，遗憾的是，这次操作并未留下准确的记录。据我所知，基恩从未就此事与J.P.摩根进行过面谈。摩根的公司是通过塔尔博特·J.泰勒的公司（Talbot J. Taylor & Co.）进行交易的，基恩的大本营就设在这家公司的营业厅里，而塔尔博特·泰勒是基恩的女婿。我确信，基恩的报酬并非仅仅是金钱，更重要的是他从工作中获得的乐趣。众所周知，那年春天，他不但助推了整个市场的上涨，并且从中赚取了数百万美元。

他曾对我的一个朋友说过，短短几个星期内，他就在公开市场上为承销团卖出了超过75万股股票。考虑到以下两点，这样的成绩实属不易：一则这是一只未经市场检验过的新股，而且该公司的总市值超过了当时整个美国的债务总额；再则是在同一时间，D.G.里德（D. G. Reid）、W.B.利兹（W. B. Leeds）、摩尔兄弟（Moore brothers）、亨利·菲普斯（Henry Phipps）、H.C.弗里克（H. C. Frick）以及其他钢铁巨头们，也在基恩助推的同一个市场上，向公众抛售了不计其数的股票。

当然，当时的基本形势对基恩是有利的——良好的经济形势、乐观的市场情绪和雄厚的资金支持——这些都为他的成功奠定了坚实的基础。当时，我们所面对的不仅是一轮波澜壮阔的大牛市，而且是一轮经济繁荣的浪潮，以及一种难以重现的乐观情绪。然而，好景不长，随后便爆发了因证券过剩而引发的市场恐慌。1901年，美国钢铁普通股的股价被基恩拉升到了55美元，然而，

1903 年该股的价格就跌到了 10 美元，1904 年更是进一步跌到了 8–7/8 美元。

我们无法分析基恩的操纵手法。他的著作无从获取，也没有详细的记录。要是能够了解他在联合铜业（Amalgamated Copper）上的操作手法，一定会很有意思。H.H. 罗杰斯和威廉·洛克菲勒都曾试图在市场上抛售手上多余的股票，但均以失败告终。最终，他们只得请求基恩出面帮他们出清仓位，基恩答应了。要知道，H.H. 罗杰斯是当时华尔街上最有才干的商人之一，而威廉·洛克菲勒则是整个标准石油集团最富冒险精神的投机者，他们都拥有无尽的财富和巨大的声望，以及多年的股票市场经验，然而，他们还是得向基恩求助。

我之所以提到这一点，是想说明，专业的事情要交给专业的人做。这只股票虽然经过大肆宣传，发行人又是美国最大的资本巨头，但仍然卖不出去，除非他们愿意在资金和声誉上做出重大牺牲。罗杰斯和洛克菲勒足够明智，他们知道只有基恩能帮到他们。

基恩立即着手开始工作。当时正值牛市，他以接近面值的价格卖出了 22 万股联合铜业公司的股票。在他处理完内部人士持有的股票后，公众却仍在买入，结果股价又继续上涨了 10 个点。事实上，当内部人士看到公众如此踊跃地买入他们卖出的股票时，他们也开始跟着看多了。有一种说法是，罗杰斯确实建议过基恩做多联合铜业，不过，这不太可能是想让基恩接盘。罗杰斯是个非常精明的人，不可能不知道基恩绝非任人宰割的羔羊。基恩一如既往地坚持既定战略，即在股价大幅上涨之后的下跌过程中大举卖出，当然，他的战术则是根据他的需要和日间波动决定的。股市如战场，牢记战略和战术之间的区别是非常重要的。

基恩的一个密友——他是我认识的最棒的飞钓手*——前几天告诉我，在操作联合铜业期间，有一天基恩发现，他手上的股票几乎没有了。也就是说，他之前为了拉升股价而被迫吃进的股票已经几乎卖完了。第二天，他就买回了几千股。第三天，他会根据市场情况调整卖出量，然后便不再干预市场。一方面，他是为了观察市场如何自我调整；另一方面，则是为了让市场逐渐适应他

---

* 飞钓是一种钓鱼方法。——译者注

的操作模式。到了真正出货的时候，他就会像我之前告诉你的那样操作：在股价下跌过程中卖出。因为大众交易者总是喜欢在下跌过程中寻找反弹的机会，此外，下跌过程中往往还伴随着空头回补的现象。

在那次交易中，与基恩关系最密切的人告诉我，基恩卖掉罗杰斯和洛克菲勒的联合持仓后，大约为他们获得了2000万至2500万美元的现金。之后，罗杰斯打发给基恩一张20万美元的支票。这不禁让人想起了一则故事，说是有位百万富翁的太太，给了大都会歌剧院女清洁工50美分，作为帮她找到那条价值10万美元珍珠项链的报酬。基恩把那张支票退了回去，并礼貌地附了一张便条，上面写着，他不是股票经纪人，但他很高兴能为他们服务。他们收下了支票，并回信表示很期待能再次与他合作。此后不久，H.H.罗杰斯友好地向基恩透露了一个贴士，让他在130美元左右买入联合铜业！

詹姆斯·R.基恩，的确是位杰出的作手！他的私人秘书告诉我，当市场走势符合他的预期时，基恩先生就会变得脾气暴躁。认识他的人都说，他脾气暴躁时会语带讥讽，这些犀利的言语会让听者久久难以忘怀。然而，当他处于亏损状态时，他的情绪却异常稳定，表现得温文尔雅、和蔼可亲，而且机智幽默、风趣迷人。

基恩拥有任何成功投机者都具备的卓越心理素质，而且显而易见的是，他从不与行情纸带争辩。他无所畏惧，从不鲁莽，一旦发现自己错了，他能够并且会立即调整策略。

自基恩那个时代以来，股票交易所的规则发生了诸多变化，对既有规则的执行也变得更加严格，在股票卖出和资本利得上新增了许多税种。诸如此类的变化，使得这个行当看起来与以往大不相同，基恩用起来得心应手的那些获利手段，如今已不再适用。此外，我们确信，华尔街的职业道德水准已经提升到了一个更高的层次。

然而，公允地说，无论在我们金融史上的哪个阶段，基恩都会是一个了不起的操盘手，因为他是一位伟大的股票作手，对投机这个行当具有深入的了解。他之所以能够取得那些成就，是因为他顺应了当时的形势。即便是在

1922年，他也会像在1901年或是1876年（他刚从加州来到纽约，两年内就赚取了900万美元）那样，在事业上取得成功。有些人的步伐始终都会走在大众的前列，无论世事如何变迁，他们注定都会成为引领潮流的人。

事实上，这一变化远没有你想象的那样激进。回报没有原来那么丰厚了，是因为这项工作已经不再具有开创性，因此，所得回报也不再是开创者的标准。不过，在某些方面，操作变得比过去更容易了，但在另一方面，则比基恩的时代要难得多。

毫无疑问，宣传是一门艺术，而操作就是以行情纸带为媒介的宣传艺术。行情纸带应当传达出操作者希望受众接收到的信息，信息越真实，就越具有说服力；说服力越强，宣传效果也就越好。例如，如今的操作者不仅要让股票看起来强劲，还要让它真正变得强劲。因此，操作必须建立在正确的交易原则之上。正是这一点，能够让基恩成为一名如此出色的操作者，因为他本身就是一位出类拔萃的交易者。

“操纵”一词如今听起来有些刺耳，因此，它需要有一个新名字。我认为，如果其目的是为了大量抛售股票，那么这个过程本身就没有什么神秘或不正当之处，当然，前提是这类操作不能伴有虚假陈述。毫无疑问，操作者必然会在投机者中寻找买家，他们瞄向的是那些寻求高额回报的人，因为这些人愿意冒比常规交易更大的风险。对于那些明知这一点，却仍将自己没能赚到快钱而归咎于他人的家伙，我向来是没有多少同情心的。这样的人，赚钱的时候觉得自己聪明绝顶，亏钱的时候却说对方是骗子，是操纵者！这种时候，从这类人口中说出这个词，言下之意是暗指有人在背后捣鬼。但事实并非如此。

通常，操作的目的是为了增加市场的流动性，也就是能够随时以某一价格大规模卖出股票。当然，由于市场整体形势的逆转，联合持仓者可能会发现，除非以极不理想的价格卖出，否则自己很难将股票脱手。这时，他们可能会决定聘请一位职业作手，他们相信，职业作手的技巧和经验能够帮助他们实现有序退出，从而避免遭受惨重的损失。

你或许已经注意到，我并没有提及那种旨在以尽可能低廉的价格大量收集股票筹码的操纵行为，例如，通过买入股票以争夺控制权的行为，因为这种情况在今天并不常见。

当杰伊·古尔德希望进一步掌控西联汇款公司（Western Union），决定大批量买入该公司的股票时，多年未在证券交易所场内露面的华盛顿·E. 康纳（Washington E. Connor）* 突然出现在西联汇款的交易席位前，开始竞价买入该公司的股票。所有交易者都嘲笑他太过愚蠢，竟然认为他们那么容易上当，于是爽快地把他想买的股票全部卖给了他。他们觉得，这样的把戏太拙劣了，以为通过假装古尔德先生想要买进西联汇款公司的股票就能抬高股价。这算操纵吗？我想，我只能回答："是，也不是！"

正如我之前所说，在大多数情况下，操作的目的是尽可能以最好的价格将股票卖给公众。这不仅仅是卖出的问题，还涉及派发的问题。无论从哪个方面来看，一只股票由 1000 个人持有，显然比由一个人持有更有利于市场稳定。因此，操作者不仅要考虑卖个好价钱，还要考虑筹码分布的特性。

如果无法吸引公众购买你手中的股票，那么将股价拉得再高也没有意义。每当那些经验不足的操作者试图在顶部出货却未能如愿时，那些老手们就会摆出一副明察秋毫的样子，说："牵马到河易，强马饮水难。"真是些狡猾的老狐狸！事实上，最好牢记一条操作规则，这是基恩和他那些能干的前辈们烂熟于心的一条规则。规则如下：将股票价格拉升到尽可能高的价位，然后在下跌过程中卖给公众。

让我从头开始讲起。假设某人——某个承销团、某个资金池或某个个人——持有一大批股票，希望以尽可能高的价格卖出。这是一只在纽约证券交易所正式上市的股票，卖出的最佳场所当属公开市场，而最佳买家则是普通公众。卖出事宜由某人负责，他和他的现任以及前任同事都曾经试图在证券交易所抛售该股，但都未能成功。很快，他对股市操作有了充分的了解，并意识到自己缺乏胜任这项工作所需的经验和能力。他本人认识或者听说过几位成功处理

---

* 华盛顿·E. 康纳是杰伊·古尔德证券经纪公司（Jay Gould stochbroking firm）的合伙人兼经纪人。——译者注

过类似交易的人，他决定借助他们的职业技巧来完成这项工作。于是，他向他们中的一位寻求帮助，这就像生病时去看医生，或者遇到技术问题找工程师一样。

假设他听说我在这方面很在行。我认为他会尽可能地了解我，然后，他会安排一场面谈，并按时来到我的办公室。

当然，很有可能的是，我早已对这只股票及其具体情况有所了解，了解这些既是我的职责，也是我谋生的方式。来访者告诉我他和他的同事们的意图，并请我接手这笔交易。

接下来轮到我说话了。我会要求他们提供一切必要信息，以便明确我需要承担的任务。我要确定这只股票的价值，并评估其市场潜力。同时，我会结合对当前形势的解读，来评估这项操作成功的可能性。

如果根据我所掌握的信息，使我倾向于持乐观态度，我就会接受这个提议，并当场向对方开出我提供服务的条件。如果对方接受了我开出的条件，包括酬金和其他相关事宜，我就会立刻着手工作。

通常来说，我会要求得到一大笔股票的认购期权*。我坚持采用梯式行权的方式**，因为这对所有相关方来说都是最公平的，行权的价格从略低于当前的市价开始，然后逐渐升高。比如说，我得到了10万股的认购期权，而股票当前的市场价为40美元，我会先从35美元的价格开始认购几千股，然后再以37美元、40美元、45美元、50美元的价格继续认购，以此类推，直到75美元或80美元。

如果由于我的专业操作导致股价出现上涨，而且在最高价位时，股票的需求依旧旺盛，使我能够卖出相当数量的股票，我当然会行使我的认购期权。结果是不但我赚到了钱，而且我的客户也赚到了钱，这是理所当然的。如果他们为我的工作支付了报酬，他们理应得到相应的回报。当然，有时资金池也可能

*认购期权赋予投资者在某一特定时间点，以事先约定的价格（通常称为行权价）买入某一资产（如股票）的权利。——译者注

**梯式期权是一种兼具期权特性与独特设计理念的金融工具和衍生品合约，它赋予购买者在约定的期限内，依据一系列预设的不同价格阶梯，灵活选择购买或销售特定资产的权利。——译者注

会以亏损告终，但这种情况很少发生，因为除非我看到明确的盈利机会，否则我不会接手这项工作。今年，我有一两笔交易不太走运，没能实现盈利，但事出有因，那是另一个话题了，也许以后我会讲讲。

推动一只股票进入多头行情的第一步，就是要“宣传”！要满世界“宣传”！要逢人就说这只股票即将进入牛市行情。这听起来可能有点傻，对吧？嗯，请稍微思考一下，其实并不像听起来那么傻，对吧？实际上，宣传你真实意图的最有效方式，就是让这只股票变得活跃和强劲起来。

说一千道一万，世界上最强有力的宣传机器就是行情报价机，而迄今为止最好的宣传媒介就是行情纸带。我不需要为我的客户发放任何宣传资料，不必向每日新闻透露这只股票的价值，也不必通过财经评论为公司的前景打广告，甚至不需要拉拢跟风者，我只需要让这只股票活跃起来，就能达到种种理想的效果。只要这只股票活跃起来，要求给出解释的呼声就会蜂拥而至。当然，这就意味着，必要的理由就会自动浮出水面，根本不需要我劳心费神。

场内交易者所要求的，不过是交易活跃。只要有一个自由交易的市场，他们就会在任意价位上买卖任何股票。只要他们看到某只股票交易活跃，就会成千上万股地交易。他们的总交易量相当可观，他们必然会成为操作者的第一批买家。他们会一路追随股价的上涨，因此，在操作的各个阶段，他们都发挥着巨大的作用。

据我所知，詹姆斯·R. 基恩常常会雇佣最活跃的场内交易者，这既是为了掩盖操作的源头，也因为他深知，这些人是最出色的交易推手和贴士散布者。他经常口头授予他们一些行权价高于市价的认购期权，以便他们能在行权之前给他提供一些帮助，让他们获得应得的利润。为了获得职业交易者的跟随，我所要做的，就是让股票活跃起来，交易者所有的要求不过如此。当然，最好记住，这些交易所场内的职业交易者买入股票的目的是为了卖出获利，他们并不要求获得多大的利润，但必须能够快速盈利。

由于我之前提到的原因，我通过让股票变得活跃来吸引投机者的注意。我买进卖出股票，交易者们也纷纷效仿。如果一个人能够像我一样，通过认购期权锁定大量投机性持有的股票，卖压就不会变得那么强烈，因此，买盘就会强于卖盘。与其说公众是在追随幕后操作者，不如说是在追随场内交易者。公众作为买家入市，我则满足他们的买入需求，也就是说，把股票卖给他们。如果需求足够旺盛，那么他们就能吸纳超过我在操作初期被迫买入的股票数量。当这种情况发生时，我就会进行技术性卖空。换句话说，我卖出的股票数量将会超过我实际持有的股票数量。对我来说，这样做是非常安全的，因为我其实是根据我的认购期权卖出的。当然，当公众的需求减弱时，股价就会停止上涨，这时，我就会选择等待。

比如说，假设股票已经停止上涨。一天，市场出现了疲软迹象，或许整个市场已经呈现出某种回调趋势，亦或者一些眼光敏锐的交易者可能已经察觉到我的股票几乎没有买单，于是他们开始卖出，其他交易者也开始跟着卖出。不管出于什么原因，我的股票开始下跌了。这时，我开始买入。如果股票仍被发行方看好，我自然应当为其提供支撑，而且，我能够在不增加持股的情况下为其提供支撑，也就是说，不会增加日后需要卖出的股票数量。请注意，我这样做并未削弱我的资金实力，实际上，我只不过是回补了之前在更高价位上——为了满足公众、交易者或两者的需求——卖空的那部分股票。

让交易者和公众明白在股价下跌过程中仍然存在买入需求是很有必要的，这不仅有助于防止职业交易者不计后果的卖空行为，也有助于阻止持股者在恐慌情绪下的清仓式抛售行为。这种抛售行为通常会在股价越来越疲软时出现，当股价缺乏有效的支撑时，就会发生这种情况。我所进行的回补买入行为，构成了我所谓的股价“稳定程序”。

随着市场的拓展，我当然会在股价上涨的过程中卖出股票，但卖出的数量绝不会多到足以抑制股价上涨，这样做是严格按照我稳定股价的计划进行的。很明显，在股价合理有序的上涨过程中，我卖出的股票越多，就越能鼓励那些保守的投机者，他们的人数要远远超过激进的场内交易者。当股价不可避免地出现疲软时，我也能够为该股提供更多的支撑，因为我始终坚持卖空，因此，我总是能够在不增加持仓的情况下为股价提供支撑。

通常来说，我会在一个能够给我带来利润的价位开始卖出。不过，我也经常在没有盈利的情况下卖出，旨在创造或者增强我所谓的“无风险买入能力”。我的工作不仅仅是为客户拉高股价，或者为其卖出大量股票，我还要为自己赚钱，这就是我从不要求任何客户为我提供操作资金的原因，我的报酬取决于我能否成功盈利。

当然，上述做法并非一成不变，我没有也不会去坚持一套僵化的系统，我会根据具体情况调整我的条款和条件。

若要将手中的股票派发出去，就应该先把它拉升到尽可能高的价位，然后再卖出。我之所以强调这一点，不只是因为这是基本原则，还因为公众显然认为，所有的卖出都是在最高点完成的。有时，一只股票就像被水浸透了一般，无法上涨，这就是卖出的时候。股价自然会因你的卖出而下跌，而且下跌的幅度可能会超出你的预期，不过通常都可以将其拉回。

只要我操作的股票在我买入时能够上涨，我就知道一切顺利。如果需要的话，我会毫无畏惧地用自己的钱信心满满地买进，就像对待其他表现相同的股票一样，这就是最小阻力路线。你还记得我关于最小阻力路线的交易理论吧？嗯，一旦确定了价格的最小阻力路线，我就会顺着它进行操作，这并不是因为我在那一刻正在操作那只特定的股票，而是因为我自始至终都是一名股票交易者。

如果我的买入没有促使股价上涨，我就会停止买入，然后开始向下卖出。即便我没有操作这只股票，我也同样会这样做。如你所知，股票的卖出工作主要是在股价下跌过程中完成的。在股价下跌过程中，一个人可以脱手的股票数量之多，简直令人震惊。

请允许我再次重申，在整个操作过程中，我始终没有忘记自己是一名股票交易者。毕竟，作为一名操作者所面临的问题，与作为一名交易者所面临的问题是一样的。当操作者不能随心所欲地操作一只股票时，操作就应该结束了。当你正在操作的股票没有按照应有的方式运行时，那就放弃吧。不要与行情纸带争辩，也不要试图挽回利润，在退出成本尚低且时机尚好时，及时退出。

第二十一章　帝国钢铁

我很清楚，所有这些泛泛之谈都不会给人留下深刻的印象，笼统的说法一向如此。或许举一个具体的例子，效果可能会更好。下面我来告诉你，我是如何在只吃进 7000 股的情况下，将一只股票的价格拉升了 30 个点，并成功激发出一个几乎可以吸纳任何数量股票的市场。

这只股票就是帝国钢铁（Imperial Steel）。该股是由一群信誉卓著的人发行的，并被广泛认为具有较高的投资价值。该股大约有 30% 的股本是通过华尔街的各家机构向公众发售的，但股票上市后，交易却并不怎么活跃。时不时会有人询问这只股票的情况，首发承销商的这位或那位内部人士就会出面作出回应，称公司的收益好于预期，前景非常令人鼓舞。这些话确实不假，也相当乐观，而且说得也很到位，但并未在市场上激起太大的波澜。从投机者的角度来看，这只股票毫无吸引力；从投资者的角度来看，其股价的稳定性和分红的持续性还有待进一步验证，所以该股一直表现平平，走势波澜不惊。它的表现是如此的“绅士”，即便在内部人士发布了一些货真价实的重大利好后，也从未使股价掀起过一丝涟漪。不过，股价也并未因此下跌。

帝国钢铁处于一种无人关注、无人评论、无人推荐的状态。股价之所以不跌，是因为无人卖出。无人卖出的原因在于，没有人愿意卖空一只筹码分布不够分散的股票——卖家在很大程度上会受制于重仓持股的内部人士。同样，也没有人愿意买入这样的股票。因此，对于投资者而言，帝国钢铁是一只不折不扣的投机股；而对于投机者而言，它就是一潭死水，从买进的那一刻起，它就陷入一种恍惚状态，迫使你成为被动投资者。对于那些不得不持有这只“死股”一两年的人来说，他们的损失将远远超过买入这只股票时的成本。当真正的机会来临时，他们就会发现，自己已经被这只股票牢牢套住了。

一天，帝国钢铁集团的一位核心成员代表他自己及其合伙人来找我。他们控制了 70% 的未派发筹码，希望能为这只股票开拓一个市场。他们希望我能以比他们自己在公开市场上卖出的价格更高的价位卖出这些股票。他们想知道，我接受这份任务的条件是什么。

我告诉他，我会在几天后通知他。然后，我开始调查这家公司的情况，聘请专家对公司的生产、经营和财务等各个部门进行全面调研，他们向我提供了客观的调研报告。我并不是为了找出这家公司的优点或缺点，而是为了掌握原原本本的事实。

报告显示，这是一家值得投资的公司。公司的发展前景显示，只要投资者愿意稍作等待，那么以当时的市场价格买进该股便是合理的。在这种情况下，价格上涨实际上是最常见且最合理的市场走势，这也是对未来价值进行贴现的过程。因此，我看不出有任何理由不认真且自信地接手帝国钢铁的拉升工作。

我把我的想法告诉了我的助理，他在我的办公室打电话给对方，与其详细商讨了这个项目。我向他阐明了我的条件，我的服务报酬不是现金，而是 10 万股帝国钢铁股票的认购期权，这些期权的行权价为 70 美元到 100 美元。对某些人来说，这似乎是一笔不小的费用。然而，作为内部人士，他们应该很清楚，他们不可能以 70 美元的价格卖出 10 万股，甚至连 5 万股都困难，因为这只股票根本没有市场。所有关于公司丰厚盈利和美好前景的言论，都没有吸引来买家，至少没有吸引到大批买家。此外，只有在我的客户先赚得数百万美元之后，我才能将我的报酬变现。我要求的并不是一笔高得离谱的卖出佣金，而是一笔合情合理、视操作结果而定的报酬。

了解到这只股票确实具有价值，且整体市场形势看涨，有利于所有优质股票的上涨，我认为我应该能做得很好。我的客户被我的观点所鼓舞，立刻同意了我的条件。整个项目在愉快的氛围中开始了。

我尽可能地采取了全面的自我保护措施。该集团拥有并控制着大约 70%

的流通股，我要求他们将这 70% 的股份托管在一份信托协议的名下，我可不打算成为大股东们的垃圾场。在大部分股份被安全托管之后，我仍然需要考虑剩下的 30% 零散股份，但这是我必须承担的风险，经验丰富的投机者从不指望参与毫无风险的项目。事实上，所有未被托管的股票被一次性全部抛售到市场上的可能性，并不比一家人寿保险公司的所有投保人在同一天全部死亡的可能性大多少。正如保险公司有未公开的死亡率精算表一样，股票市场也有其未公开的风险精算表。

在规避了此类股市交易中可规避的风险之后，我便准备开始行动了。我的目标是让我的认购期权产生价值，为此，我必须推高股价，激发出一个能让我卖出 10 万股股票（我持有的期权标的数量）的市场。

我做的第一件事就是搞清楚在股价上涨过程中，有多少股票会涌入市场。通过我的经纪商，很容易就能做到这一点，他们很容易就能查明有多少股票在以市价或者略高于市价卖出。我不知道是不是场内交易员将指令簿上的订单泄露给了他们，现在股票价格名义上是 70 美元，但是以这个价格，我甚至连 1000 股都卖不出去。在这个价位上，哪怕是稍低一点的价位上，我根本看不到任何合理需求。我只能依据经纪商提供的数据行事，不过，这已经足以让我看清楚，有多少股票在待价而沽，以及需求有多么低迷。

掌握了这些关键信息后，我就悄悄吃下了所有以 70 美元及以上价格卖出的股票。当我说“我”的时候，你应该明白，我是指我的经纪商。这些卖单都来自一些小股东的名下，因为我的客户在托管他们的股份之前，自然已经撤销了之前可能已经发出的任何卖单。

我没必要买进太多的股票，我知道，只要股价涨势良好，就会引来其他的买单，当然，也会有卖单。

我从未向任何人提供过关于帝国钢铁的看涨贴士，我根本没必要这么做，我的工作是通过最有效的宣传手段直接调动市场情绪。我并不是说永远都不应该进行看涨宣传，就像宣传毛衣、鞋子或汽车的价值一样，宣传新股的价值既合情合理，也很有必要，公众应该获得准确可靠的信息。我之所以说“没必要这么做”，是因为行情纸带已经提供了我所需要的一切。正如我之前所说，值得信赖的报纸总是试图为市场的波动提供解释，这就是新闻。他们的读者不仅想要了解股票市场发生了什么，还想知道为什么会发生。因此，即便操作者不采取任何行动，财经记者也会报道所有可以利用的信息和传言，而且还会对收益报告、行业状况及市场前景进行一番分析。简而言之，他们会报道一切可能解释股价上涨的信息。每当有记者或熟人问我对某只股票的看法时，如果我确有看法，我都会毫不犹豫地告诉他。我不会主动提供任何建议，也从不提供任何贴士，但是保密对我的操作并无益处。我很清楚，最好的贴士提供者，最有说服力的推销员，是行情纸带。

当我吸纳了所有以 70 美元及稍高价格卖出的股票后，已经缓解了市场的卖出压力，这自然明确了帝国钢铁的最小阻力路线，它明显是向上的。当敏锐的场内交易者察觉到这一事实时，他们就会顺理成章地推断出这只股票即将上涨，尽管他们无法确定具体涨幅，但已经足以使他们开始买入了。他们对帝国钢铁的需求，完全是由该股显而易见的上涨趋势所引起的——行情纸带发出了绝对可靠的看涨贴士！我迅速满足了他们的需求，将最初从那些疲惫不堪的持股者手中买入的股票卖给了这些交易者。当然，这次卖出必须慎之又慎，只限于满足他们的需求。我没有强行将股票推向市场，也不希望股价上涨得太快。在操作的这个阶段就卖出我持有的 10 万股中的一半，可不是明智之举。我的任务是创造一个市场，可以卖掉我的全部头寸。

尽管我只卖出了交易者急于买入的数量，市场却还是暂时失去了我原本预期的稳定购买力，紧接着，交易者停止了买进，股价也停止了上涨。一旦发生这种情况，失望的多头或是那些交易者便会开始卖出——上涨趋势一旦受阻，他们的买入理由就不复存在了。不过，我已经为这轮抛售做好了准备，在股价下跌的过程中，我买回了此前在高出几个点的价位上卖给交易者的那些股票。我知道他们势必会卖出这些股票，而我的买入行为则阻止了股价的进一步下跌。当股价止跌企稳后，卖单便不再继续涌出了。

之后，我开始了新一轮操作。我吃进了所有在股价上涨过程中抛出的股票，数量并不太多，随后，股价从一个高于 70 美元的起点，开始了第二轮上涨行情。别忘了，在股价下跌过程中，许多持股者对自己没能够早一点卖出而后悔不已，但他们却不愿在股价离最高点只差三四个点的位置上卖出。这种投机客总是会发誓说，只要股价出现反弹，他们一定会全部卖出。在股价上涨过程中，他们下单卖出。然而，随着股价趋势的变化，他们却又改变了主意。当然，总会有一些稳健的快枪手会选择在股价上涨过程中获利了结，对他们而言，只有真正到手的利润才算得上利润。

接下来，我所要做的就是重复这个过程：交替买卖，但每次操作都力求股价创出新高。

有时，当你把所有的卖盘全部接下后，快速拉高股价是非常有利的，这样可以使你正在操作的股票出现一轮所谓的“做多小高潮”。这是一种极佳的宣传方式，因为它不但能引起人们的议论，还能吸引职业交易者和那些喜欢活跃市场的投机公众。我认为，这部分人不在少数。在操作帝国钢铁的过程中，我就是这么做的。井喷行情激发出来的任何需求，我都会悉数满足。我的卖盘总是将股价的上涨幅度和速度控制在一定范围之内。我在股价下跌过程中买进，在股价上升过程中卖出，我所做的不仅仅是拉高股价，也是在激发帝国钢铁的市场流动性。

自从我开始操作帝国钢铁以来，无法自由买卖这只股票的情况已经不复存在。我指的是，人们买入或卖出合理数量的股票，而不会导致股价产生剧烈的波动。那种对买了怕被套牢、卖了怕被逼空的恐惧已经消失无踪。对帝国钢铁市场前景长期看好的信念，开始在职业交易者和公众间逐步蔓延，这在很大程度上是因为上涨行情增强了人们的信心。当然，行情的活跃也扫清了许多其他方面的障碍。结果，在买卖了成千上万股之后，我成功地把它的股价拉回到了面值。当股价达到每股 100 美元时，人们开始争先恐后地买入帝国钢铁。为什么不呢？现在，人人都知道这是一只好股票，它过去是，现在仍然物超所值。股价的上涨，就是最好的证明，既然它能够从 70 美元上涨 30 个点，就能从 100 美元再涨 30 个点。这就是很多人的想法。

在将股价拉升 30 个点的过程中，我只吃进了 7000 股。这批股票的均价几乎正好是 85 美元，这意味着我从中获得了 15 个点的利润。当然，我的全部账面利润要比这多得多。这笔利润相当安全，因为市场可以容纳我想卖出的全部股票。如果操作得当，股价有望涨得更高。另外，我还拥有 10 万股梯式认购期权，行权区间为 70 美元到 100 美元。

随着形势的发展，我没有按照原定计划将账面利润兑现为实实在在的现金。我不得不说，这是一次漂亮的操作，完全正当合理，理应取得成功。公司的资产确实很有价值，即使股价再高一些，也不算贵。有一家资本实力雄厚的知名银行，是集团的一位原始股东，希望能够取得公司的控制权。相比个人投资者而言，控制一家像帝国钢铁这样生意兴隆且不断发展的企业，对于银行来说更具价值。不管怎样，这家银行向我开出了收购我所有股票期权的报价，这意味着我将获得巨额的利润，于是我立刻接受了。如果能够一次性卖出让我获利丰厚的股票，我很乐意这么做。我对自己从这次交易中获得的利润感到非常满意。

在处理掉我手上那 10 万股股票的期权之前，我了解到，这些银行家已经聘请了更多专家，对该公司进行了更加彻底的评估。评估报告显示，他们给我开出的报价是合理的。我保留了几千股作为投资，因为我对这家公司很有信心。

我操作帝国钢铁的过程中，没有任何不标准、不合理之处。只要我买入后股价出现了上涨，我就知道一切正常。有些股票有时会像被水浸透了一般，但这只股票从未出现过这种情况。当你发现一只股票没有对你的买盘做出充分的回应时，那就卖掉吧，没有比这更好的贴士了。你知道，如果一只股票确有价值，而且整体市场形势良好，那么无论它下跌多少点，哪怕是 20 个点，你也总能把它重新拉回来。不过，在操作帝国钢铁的过程中，我从来不需要这样做。

在我操作股票的过程中，我始终坚守基本的交易原则。或许你会好奇，为何我一再提及这一点，又为何总是强调自己从不与市场争辩，也不会因为市场的表现而动怒。你可能会认为，那些不仅在生意场上赚取了成百上千万美元，而且还能在华尔街上成功运作的精明人士，他们应该懂得冷静地应对市场。然而，事实可能会让你感到惊讶，那些最成功的发行人，常常会因为市场没有按照他们的意愿运行，表现得像个脾气暴躁的泼妇。他们似乎把市场的这种表现看作是对自己的一种侮辱，于是，他们先失冷静，再失金钱。

关于我和约翰·普伦蒂斯（John Prentiss）不和的传闻，一直不绝于耳。人们纷纷猜测，我们之间必然发生过一出有趣的故事，比如某桩股市交易出了差错，或是我们中的某人背叛了对方，导致我或者他损失了数百万美元，亦或是诸如此类的情节。然而，事实并非如此。

多年来，我和普伦蒂斯一直保持着友好关系。他曾多次向我提供信息，使我得以利用这些信息获利。我也曾给过他一些建议，但不知他采纳了没有。如果他采纳了，就能节省下一笔资金。

普伦蒂斯在石油产品公司（Petroleum Products Company）上市的组织和宣传方面发挥了重要作用。尽管公司勉强成功上市，但随后基本形势却急转直下，新股的表现并未达到普伦蒂斯及其合伙人的预期。当基本形势有所好转后，普伦蒂斯组建了一个资金池，开始运作石油产品公司。

对于他的操作手法，我无可奉告。他没有告诉过我他是如何操作的，我也没有问过他。很明显，尽管他拥有华尔街的经验，而且确实非常聪明，但他的操作却并没有带来多大的价值。没过多久，他便发现，他们根本卖不掉多少股票。他肯定尝试了他所知道的一切方法，因为不到万不得已，他是不会让一个外来者接替自己的位置的，除非资金池的管理人感到自己无法胜任这项工作，而这恰恰是普通人最不愿意承认的事情。不管怎样，他找到了我。一番寒暄过后，他告诉我，希望由我来负责激活石油产品公司的股票市场，并处理掉资金池所持有的总计略多于 10 万股的股票。当时，该股的价格在 102 到 103 美元之间。

在我看来，这件事情似乎不够稳妥，于是，我婉言谢绝了他的提议。可是，他却坚持要我接受，并且他是以个人名义提出的，所以最终我还是接受了。我向来不喜欢与那些缺乏成功信心的企业扯上关系，不过我也觉得，一个人应该对自己的朋友和熟人有所承担。我答应会尽力而为，但也向他坦言，我对此并无十足把握，并向他一一列举了我必须面对的种种不利因素。普伦蒂斯听后只是说，他并没有要我一定给资金池带来成百上千万美元的利润。他确信，只要我接手，就一定能处理得很好，让任何通情达理的人都会感到满意。

就这样，我违背了自己的判断力，接手了这件事情。我发现，正如我所担心的那样，情况相当棘手，这在很大程度上是由于普伦蒂斯在为资金池的账户操作股票时犯下的错误导致的。不过对我来说，最主要的不利因素则是时机。我确信，牛市正在迅速走向尾声，因此，曾经让普伦蒂斯备受鼓舞的“市场好转”，到头来却只是一轮短暂的反弹。我担心，在石油产品公司的项目取得显著成果之前，市场就会明确转为熊市。然而，我已经允诺了这件事，所以我决定竭尽全力去做。

我开始拉升股价，并取得了一定程度的成功。我记得，我把股价拉升到了107美元左右，这已经算是相当不错的成绩了。我甚至还卖掉了一些股票，虽然数量不多，但我很高兴没有增加资金池的持股量。很多没有加入资金池的人，都在等着股价出现小幅上涨后抛售股票，我简直就是他们的大救星。如果基本形势更为有利一些的话，我会做得更好。遗憾的是，他们没有早一点找到我。我觉得，我现在能做的，就是在尽可能减少资金池损失的情况下全身而退。

我派人请来了普伦蒂斯，向他阐明了我的观点，但他却坚决反对。于是，我向他解释了持此立场的原因。我说：“普伦蒂斯，我很清楚地感受到了市场的脉搏。你的股票缺乏跟风盘，公众对我操作的反应，已经清楚地表明了这一点。听着，如果你已经尽力使石油产品公司对交易者产生足够的吸引力，并且始终向其提供了所需要的一切支持，然而，你却发现公众仍然对它毫无兴趣，那么你便可以确定，市场一定是出问题了。问题并不在于股票，而是在于市场本身。勉强行事，只会徒劳无功。如果非要硬来，注定会招致失败。当有人跟风买入的时候，资金池的管理人应该是很愿意买入自己的股票的。然而，如果他就是市场上唯一的买家，他还继续买入的话，那他就是个傻瓜。正常情况下，我每买进5000股，公众就应该愿意或者能够跟着买进5000股。我肯定不会自拉自唱的，如果我这么做，结果只有一个，那就是被一大堆我不想持有的股票所淹没。现在能够做的事情只有一件，那就是卖出，脱手的唯一方法就是卖出。

“你的意思是，不计代价的大甩卖？”普伦蒂斯问道。

“没错！”我说。看得出来，他正准备反驳我。“如果我真的清空资金池的股票，你得明白，价格一定会跌破面值，并且……”

“哦，不！绝对不行！”他喊道，仿佛我在邀请他加入自杀俱乐部。

“普伦蒂斯，”我对他说，“拉高股价以便卖出，是股票操作的一项基本原则。但是，在股价上涨的过程中，你无法做到大规模卖出，这做不到。大规模卖出通常是在股价从顶部下跌的过程中完成的，我无法将你的股票拉升到 125 或者 130 美元。我很想这么做，但我做不到，因此，你必须从当前的价位开始抛售。在我看来，所有的股票都将下跌，石油产品公司也不会例外。与其下个月让别人卖出导致价格崩盘，不如现在由资金池自己动手卖出，反正终归是要跌的。”

我不觉得我说了任何吓人的话，然而，你甚至能在地球的另一边听到他的咆哮声。他根本不想听这种话。这绝对不行，这将对股票记录产生极大的负面影响，更不用说那些持有该股作为贷款抵押物的银行将会面临的麻烦了，如此等等。

我再次告诉他，在我看来，世上没有什么能够阻挡石油产品公司的股价下跌 15 到 20 个点，因为整个市场都在朝下跌的方向发展。我再次重申，指望他这只股票成为一个美丽的例外，简直是荒谬至极。然而，我的这番话没有起到任何作用，他照例坚持要我支撑这只股票。

普伦蒂斯不仅是一个精明的生意人，而且是当时最成功的发行人之一。他在华尔街的交易中赚取了成百上千万美元，对投机行当的了解远超常人，然而，他竟然坚持要在熊市初期去支撑一只股票。虽然这是他发行的股票，但这无论如何都算不上一笔好买卖，让我难以接受。于是，我再次和他争论起来，但仍旧无济于事，他坚持下单支撑股价。

当整体市场变得疲软，下跌真正开始的时候，石油产品公司自然是随着其他股票一道下跌。我非但没有卖出，反而是按照普伦蒂斯的指示，为内部人士的资金池买入股票。

唯一的解释是，普伦蒂斯不相信熊市已经近在眼前。我确信牛市已经结束，我已经通过对石油产品公司和其他股票的测试，验证了这一初步推测。我没有等到熊市正式宣布到来，便已经开始卖出了。当然，我没有卖出一股石油产品公司的股票，我卖空的是其他股票。

正如我预料的那样，石油产品公司内部资金池一开始持有的股票，以及后来徒劳地支撑股价而买进的那些股票，全部被深度套牢。最终，他们选择了清仓。如果当初普伦蒂斯允许我随时按照我自己的意愿卖出的话，卖出的价格不至于如此之低。这件事不会有第二种结果。然而，普伦蒂斯却仍然认为他是对的，至少他嘴上是这么说的。我听说，他说当初我之所以给他那样的建议，是因为我卖空了其他股票，而当时整体市场仍处于涨势之中。这自然是在暗示，不计代价地抛售石油产品公司的股票，势必会导致其股价暴跌，而这有利于我在其他股票上的空头头寸。

这纯属无稽之谈，我并不是因为卖空了股票才看空。我看空，是基于对市场形势的评估，而且只有在我看空之后，我才会卖空股票。在错误的道路上挣扎，永远也赚不到大钱，在股市中尤其如此。我卖出资金池持仓股票的计划，是基于20年的经验得出的唯一可行且明智的做法。作为交易者，普伦蒂斯本应像我一样，有足够的经验清楚地看到这一点，当时做任何其他事情都已经太晚了。

我猜测，普伦蒂斯和成千上万的门外汉一样，都有一种错觉，认为股票操盘手可以无所不能，事实并非如此。1901年春天，基恩对美国钢铁普通股和优先股的操作，是其最引人注目的一次操作。他之所以能够成功，既不是因为他聪明机智，足智多谋，也不是因为他背后有一个全国最富有的人组成的财团作后盾。这些因素虽然在一定程度上帮助了他，但并非主要原因。他成功的主要原因在于，当时的市场形势良好，公众的情绪也恰到好处。

违背经验的教导，不按常识行事，终非明智之举。不过，华尔街的冤大头可不尽是些门外汉。普伦蒂斯对我的不满，我方才已经告诉过你。他之所以会心生不满，恰恰是因为我没有按照自己的意愿去操作，而是按照他的要求去操作导致的。

如果操作的目的是大规模地销售股票，且不包含故意虚假的陈述，那么这样的操作就不存在任何神秘、不光彩或不正当之处。合理的操作必须建立在合理的交易原则之上，尽管人们非常重视洗筹之类的传统操作手法，但我可以明确告诉你，单纯的欺骗手法几乎毫无价值。实际上，在股票市场上操作股票，与在柜台市场（OTC）销售股票和债券的区别在于客户群体的性质，而非交易的具体形式。J. P. 摩根公司向公众发售债券时，面向的是投资者；操作者向公众大量抛售股票时，面向的则是投机者。投资者寻求的是安全性，期望投入的资本能带来持续的利息回报，而投机者追求的则是能够快速获利。

操作者必然会在投机者中寻找其主要市场，只要有机会获取高额的回报，投机者就愿意承担高于正常水平的交易风险。我本人从不认同盲目的赌博行为，我可能会孤注一掷，也可能会只买一百股。但无论哪一种情况，我的行动都必须基于合理的分析和判断。

我清楚地记得，自己是如何开始涉足股票操作这一行的，也就是替他人销售股票。每当回想起这段往事，我都会会心一笑，因为它完美地展现了华尔街专业人士对股市操作的态度。这是发生在我“东山再起”之后的事情，也就是1915 年，我通过伯利恒钢铁的交易，踏上财务复苏之路以后。

那时，我的交易表现得一直相当稳定，运气也非常不错。我既不主动寻求报纸的曝光，也不刻意地隐藏自己。同时，你也知道，华尔街的专业人士总是会对活跃作手的成功和失败经历夸大其词。报纸收到这些消息后，自然会将其刊登出来，一时间，有关我的各种传闻四起。一则传闻说我已经破产了无数次，而另一则传闻则声称我赚取了成百上千万美元，而这些传闻竟然都出自同一个消息来源。对于这些传闻，我唯一的反应就是，这些传闻出自何方？是如何产生的？又是如何传播的？我的经纪人朋友一个接一个地向我转述同一个传闻，每次都会有些许不同，每次都有所改进，更加绘声绘色。

我之所以讲述这些，是为了向你说明，我是如何开始为别人操作股票的，是报纸上刊登的那些关于我如何全额偿还了数百万美元债务的报道发挥了重要作用。报纸对我的豪赌和盈利经历进行了大肆宣扬，使我成了华尔街上人们谈论的焦点。一位作手手握 20 万股股票头寸便能左右市场的日子已经一去不复返了，但你也知道，公众总是希望找到能够继承昔日市场领袖衣钵的继任者。基恩先生，作为一位技艺精湛的股票作手，一位靠自己的本事赢得了数百万美元财富的成功者声名远扬。正因如此，众多发行人和投资银行纷纷向他抛出了橄榄枝，希望他能帮助他们大规模分销证券。简而言之，正是因为华尔街对他作为一名交易者的成功事迹耳熟能详，才使得他的股票操作服务大受欢迎。

然而，基恩先生已经离世。他曾戏称，除非能够在天堂找到等他的赛森比（Sysonby）*，否则他不会在那里停留片刻。另外两三位曾在股市历史上留下过短暂辉煌的人物，也重新陷入了长期沉寂，变得无人问津。我尤其要提到的是那些在 1901 年来到华尔街的西部赌客，他们通过持有美国钢铁的股票赚取了巨额财富，然后留在了华尔街。实际上，他们更像是杰出的发行人，而非基恩那种类型的股票作手。但他们极为能干，极其富有，而且在自己及其朋友掌控的公司的证券业务上取得了巨大成功，但他们终究没有达到基恩或弗劳尔州长这种伟大操作者的高度。尽管如此，华尔街上仍然有很多关于他们的流言蜚语。在职业交易者和投机氛围浓厚的经纪行中，他们无疑拥有一批追随者。后来，随着他们的交易不再活跃，华尔街发现没有了股票操作者的身影，至少在报纸上难以读到关于他们的消息了。

你还记得 1915 年交易所恢复营业后开启的那轮大牛市吗？随着市场的不断扩大，协约国在美国的采购额攀升至数十亿美元，我们进入了一个繁荣时

*赛森比（1902—1906）是一匹美国纯种赛马。1901 年 10 月 1 日，基恩在已故的马库斯·戴利（Marcus Daly）的遗产拍卖会上，以 6600 美元的价格购得了当时已怀有赛森比的母马奥普蒂姆（Optime）。——译者注

期。在股票操作方面，根本无须任何人费心，就能为战时繁荣创造出一个无限的市场。许多人仅凭一纸合同，甚至是签订合同的意向，便赚取成百上千万美元。他们要么借助友好的投资银行家的帮助，要么将自己的公司在场外市场上市，由此成为了成功的发行人，公众愿意购买任何经过充分宣传的东西。

当繁荣的热潮逐渐消退后，一些发行人发现，自己需要寻求专家的帮助来销售股票。此时，公众已经被各种各样的证券套住了，一部分人还是在高位买入的，想出掉这些未经市场检验的新股绝非易事。繁荣期过后，公众确信任何东西都不会再上涨了。这并不是说买家的辨别能力有所增强，而是那种盲目买进的热潮已经结束，人们的心态已经发生了变化。价格甚至不需要下跌，只要市场变得沉闷并且持续一段时间，就足以让人们变得悲观。

在每一次繁荣时期，新公司如雨后春笋般涌现，其成立的目的主要在于（即便不完全是）利用公众对各种股票的强烈需求。此外，还有一些公司上市发行较晚。发行人之所以会犯这种错误，是因为出于人性本能，他们不愿看到繁荣的终结。而且，当潜在利润足够大时，他们甘愿为之铤而走险。当人们的想法被希望蒙蔽时，便无法看清市场的顶部。

普通人看到一只原本无人问津的股票突然从每股 12 或 14 美元飙升到 30 美元时，往往会认为这肯定就是顶部了。然而股价却继续攀升到了 50 美元，这时人们认为这绝对是上涨的终点了。随后，股价继续攀升至 60 美元、70 美元，直至 75 美元，此时人们确信，这只几周前股价还不到 15 美元的股票，绝对不可能继续上涨了。但股价却仍在继续上涨，竟然涨到了 80 美元、85 美元，于是，那些只关注价格，从不考虑价值，只受恐惧驱使，从不受形势制约的普通人，就选择了最简单的应对方法，不再考虑涨势终有尽头。这也正是那些看似聪明的门外汉，虽然避开了在最高点买入的风险，却始终无法兑现收益的原因。* 在繁荣时期，公众往往是最先享受到纸上富贵的人，然而，这些利润却永远地停留在了纸面上。

---

* 这里是指由于他们不考虑涨势会有尽头，因此最终选择了持股不动，结果却坐了过山车。——译者注

第二十二章　联合炉具

一天，吉姆·巴恩斯（Jim Barnes）来找我。他不仅是我的主要经纪商之一，更是我的挚友。他直截了当地说，希望我能帮他一个大忙。这让我感觉有些意外，因为以往他从未向我提出过这样的请求。我请他详细说说要帮什么样的忙，希望能尽力帮到他，因为我确实希望能帮到他。然后他告诉我，他们公司在某只股票上持有相当大的份额。事实上，他们不仅是这家公司的主要发行人，而且还持有该股票的大部分份额。现在出现了一些情况，迫使他们必须出售相当数量的股票。吉姆希望我能帮他出售这些股票，这只股票就是联合炉具公司（Consolidated Stove）。

出于种种原因，我并不想与此事有任何瓜葛，但巴恩斯曾对我有恩，并且他坚持从个人情谊的角度出发，希望我能够助他一臂之力，这让我难以拒绝。巴恩斯是我的好伙伴、好朋友，而且我知道到他的公司确实深陷其中，所以最终我同意尽我所能地去帮他。

在我看来，战时繁荣和其他繁荣之间最鲜明的区别在于，"青年银行家"这一崭新的角色在股市中发挥了重要的作用。

这场繁荣蔚为壮观，其始末缘由对于所有人而言都是显而易见的。与此同时，国内最大的一些投资银行和信托公司，也竭尽全力地帮助各类发行人和军火制造商迅速跻身百万富翁之列。当时的情况甚至发展到了这种地步：只要某人声称他有一个朋友是协约国委员会某位成员的朋友，即便尚未拿到合同，他也能获得履行合同所需的全部资金。我曾听到一些令人瞠目结舌的故事，说的是一些职员靠着从对他们信任有加的信托公司借来的钱，摇身一变成为了经营数百万美元大生意的公司总裁。采购合同在各方之间频繁转手，每一次转手都会留下一笔丰厚的利润。大量黄金如同洪水般地从欧洲涌入这个国度，各家银行则绞尽脑汁地设法留下这些黄金。

老古董们或许会对这种做生意的方式心存疑虑，但这样的人似乎并不多见。在四平八稳的年代，白发苍苍的银行行长固然备受推崇，但在这个充满挑战的时代，年轻才是最重要的资本。而且，银行也确实赚取了巨额的利润。

在赢得了马歇尔国民银行（Marshall National Bank）年轻行长对他们的友谊和信任后，吉姆·巴恩斯和他的合伙人决定合并三家知名炉具公司，并计划向公众发售新公司的股票。几个月来，公众一直在抢购各种股票，甚至包括那些雕版印刷公司的股票凭证。

一个棘手的问题是，当时炉具行业生意兴隆，这三家公司有史以来第一次为其普通股股东派发了股息，这些公司的大股东们并不希望放弃对公司的控制权。他们的股票在场外市场上颇受欢迎，想卖多少就能卖多少，因此，他们对现状感到非常满意。但这三家公司的市值规模太小，无法撑起大的市场行情。吉姆·巴恩斯的公司正是看到了这一点，才决定介入。巴恩斯的公司指出，合并后的公司必须达到一定规模，才能在证券交易所上市，届时，新发行的股票将比老股票更具有价值。在华尔街，通过更换股票凭证颜色来提高其价值的做法由来已久。例如，如果一只股票难以按面值出售，那么可以采取一股拆四股的方式，有时拆分后的新股甚至能卖到 30 美元或 35 美元一股，这相当于老股票的股价达到了 120 美元或 140 美元一股，而这是老股票永远都无法触及的价格。

巴恩斯和他的合伙人似乎成功说服了他们的一些朋友加入合并计划。这些朋友投机性地持有一家大公司——格雷炉具公司（Gray Stove Company）的一批股票，并同意以一股格雷炉具公司换取四股联合公司的条件进行合并。随后，米德兰炉具（Midland）和西部炉具（Western）也紧随“老大”的步伐，以一股换一股的方式加入了合并计划。米德兰炉具和西部炉具的股票在场外市场的报价，大约在每股 25 至 30 美元之间，而知名度更高且具有派息能力的格雷炉具，其股价则在每股 125 元左右徘徊。

为了筹集资金买下那些坚持要求现金收购的股东的股份，并为重组和宣传提供额外的营运资金，公司不得不筹集数百万美元的资金。巴恩斯拜访了那位马歇尔国民银行行长，行长慷慨地借给他的财团 350 万美元，抵押品是新成立公司的 10 万股股票。据我所知，财团向行长保证，股票的价格将不会低于 50 美元每股。对于银行来说，这将是一笔非常赚钱的买卖，因为抵押品价值巨大。

发行人犯下的第一个错误在于时机把握不当，当时市场新股发行已经达到了饱和，他们本应该意识到这一点。即便如此，如果他们没有试图获取其他发行人在繁荣顶峰时所获取的巨额利润，他们本可以赚取一笔可观利润的。

你千万不要以为吉姆·巴恩斯和他的合伙人尽是些傻子或者毫无经验的新手，他们都是精明人，对华尔街的手法了如指掌，其中一些人还是极其成功的股票交易者。他们犯下错误并非仅仅是高估了公众的购买力，这种购买力毕竟只有通过实际测试才能确定。他们犯下的代价更为高昂的错误在于，他们预计牛市会持续更长时间。我想，这可能是因为这些人之前取得了巨大且特别迅速的成功，以至于他们毫不怀疑在牛市转弱之前就能完成这桩交易。他们名声在外，在职业交易者中间和经纪行里拥有大批的追随者。

这桩交易得到了极好的宣传，各大报纸在报道时毫不吝啬篇幅。合并前的三家公司一直被视为美国炉具行业的代表，其产品享誉全球。这次合并充满了浓厚的爱国主义情怀，日报上充斥着大量关于合并后的公司将进军全球市场的报道，拿下亚洲、非洲和南美洲的市场简直易如反掌。

该公司董事均为财经版面读者耳熟能详的人物，公关工作处理得极为妥当，未具名内部人士对股价走势做出的承诺既明确又令人信服，这催生了市场对新股的巨大需求。最终的结果是，当申购结束时，他们发现，这只以每股 50 美元向公众发售的股票，竟然被超额认购了 25%。

想想看！发行人原本期望的最好结果是，经过数周的努力，将股价推升到 75 美元或更高的价位，以使均价达到 50 美元，然后顺利卖出新股。这意味着，参与合并的老公司的股价要上涨100%。这恰恰暴露了他们的危机所在，他们并没有完成这一既定目标。这充分说明，每个行业都有自己的门道，泛泛的智慧不如具体的专业知识有价值。发行人对于意外的超额认购感到欣喜若狂，于是他们得出结论，公众愿意以任何价格买入任何数量的股票。实际上，他们竟然愚蠢到没有足额配售股票。既然发行人决心要贪婪到底，起码应该贪婪得高明一些。

他们自然应当足额配售，这样一来，相对于向公众提供的认购总量，他们就超募了25%。当然，这将使他们能够在必要时支撑股价而无须额外花费。他们轻而易举地就占据了强有力的战略地位，我在操作股票时，总是努力使自己处于这样的地位。他们本可以阻止价格下跌，从而增强公众对新股价格的稳定性及其背后承销团的信心。他们应该记住，向公众发售新股并不意味着工作结束，这只是他们需要销售的一部分股票而已。

他们自以为发行工作取得了巨大的成功，但不久之后，他们所犯的两个重大错误的后果便显露无遗，公众不再买入任何新股，因为整个市场开始呈现出回落态势。内部人士这时候却临阵退缩了，没有为联合炉具的股价提供支撑。在股价回落的情况下，如果连内部人士都不买自己公司的股票，那么应该由谁来买呢？股价缺乏内部支撑，通常被视为一个极好的看跌信号。

没有必要详细罗列统计数据，联合炉具公司的股价随市场整体波动，但从未超越其最初略高于50美元的上市价格。为了将股价维持在40美元以上，巴恩斯和他的朋友们最终不得不亲自进场买入。令人遗憾的是，他们未能在新股上市之初就给予足够的支撑，更糟糕的是，他们没有全额配售公众认购的股票。

不管怎样，该股如期在纽约证券交易所上市了，但其股价却一路下跌，直至跌至37美元才勉强止跌。之所以能够维持在这一水平，是因为吉姆·巴恩斯及其合伙人不得不将其维持在这一价位，因为他们抵押给银行的那10万股，是按照每股35美元的价格计算的。如果银行试图清算这笔贷款，那么股价跌到多少就不得而知了。那些曾热切希望在50美元时买入的公众，现在对37美元的价格已不再感兴趣，甚至可能连27美元的价格都不愿购买。

随着时间的推移，银行信贷过度扩张的问题开始引起人们的思考。“青年银行家”的时代已悄然落幕，银行业似乎正处在走向保守主义的边缘。现如今，即便是亲密朋友，也被要求偿还贷款，就好像他们从未与银行行长一起打过高尔夫一样。

贷款方没有进行催收，借款方也没有请求延期，这样的局面令双方都感到十分为难。例如，与我朋友吉姆·巴恩斯有业务往来的那家银行，虽然表面上看起来依旧和善，但内心却在想：“看在上帝的份上，赶紧还清贷款吧，否则大家都得有大麻烦！”

局势的复杂性及其潜在的严重后果，促使吉姆·巴恩斯来找我，希望我能帮忙卖掉那10万股股票，以偿还银行那笔350万美元的贷款。吉姆现在已经不指望从这只股票上获利了，如果财团在这只股票上的损失能够控制在较小的范围内，他们就感激不尽了。

这看起来似乎是一项无望的任务。整体市场既不活跃也不强劲，尽管偶尔出现一些反弹行情，让每个人都为之一振，但大多数人都不相信牛市即将卷土重来。

我给巴恩斯的答复是，我会调查清楚这件事，然后告诉他接手这项工作的具体条件。嗯，我确实进行了一番深入研究，我并没有分析公司的上一份年度报告，我的研究仅限于这个问题的股市层面。我无意通过鼓吹这只股票的盈利能力和发展前景来推动股价上涨，而是计划通过公开市场处理掉那批股票。我所要考虑的全部问题是：哪些因素应该、可以或者可能会对我完成这项任务起到帮助或者阻碍作用。

我发现的一个显著问题是，太多的股票被极少数人持有，这远远超出了安全范围，令我感到极为不安。比如，纽约证券交易所会员、兼营投资银行业务和经纪行业务的克利夫顿·P. 凯恩公司（Clifton P. Kane & Co.）就持有7万股。凯恩是巴恩斯的挚友，多年来一直专注于炉具股票，在促成这次合并中起到了举足轻重的作用，其客户也因此受益颇丰；前参议员塞缪尔·戈登（Samuel Gordon），是他侄子的公司——戈登兄弟公司（Gordon Bros.）的特别合伙人，同样持有 7 万股；著名的约书亚·沃尔夫（Joshua Wolff）则持有 6 万股。

这意味着，一小撮资深华尔街专业人士总计持有 20 万股联合炉具。他们根本不需要任何好心人来提醒他们何时卖出股票，一旦我开始操作，试图吸引公众买入，也就是说，如果我把股票操作得强劲且活跃，就可以看到凯恩、戈登和沃尔夫趁机抛售，且抛售量绝非小数目。一想到他们那 20 万股股票如尼亚加拉瀑布般地倾泻进市场，我就感到不寒而栗。别忘了，牛市的高潮已经过去，无论我的操作多么巧妙，都无法创造出压倒性的需求。

吉姆·巴恩斯对这项工作已不再抱有任何幻想，于是将其谦让给了我。他交给了我一只被水浸透了的股票，让我在牛市即将结束时将其卖出。当然，报纸上还没有关于牛市即将结束的报道，但我知道，吉姆·巴恩斯知道，银行也一定知道。

尽管如此，但我已经向吉姆做出了承诺，于是我派人请来了凯恩、戈登和沃尔夫。他们手中持有的那 20 万股股票，就像高悬于顶的达摩克利斯之剑。我想，我或许可以用一条铁链来替换系剑的那根马鬃。在我看来，最简单的方法就是通过与他们达成某种互惠协议来实现。在我卖出抵押给银行的那 10 万股股票时，如果他们能给予帮助，持股不动，我就会积极地帮助他们，努力开拓出一个市场，让我们所有人的持股都能顺利脱手。

就目前的情况而言，只要他们抛出手中持有的股票，哪怕只抛出十分之一，也将引发联合炉具的股价出现大幅下跌。他们对此心知肚明，因此，他们不敢轻易尝试。我所要求的只不过是他们能明智地把握卖出时机，用明智的无私取代愚蠢的自私。无论是在华尔街还是其他地方，损人不利己的行为都是得不偿失的。我希望他们能够明白，任何过早或轻率的抛售行为，都会妨碍到整体的抛售计划。时间紧迫。

我希望我的提议能够引起他们的兴趣，因为他们都是经验丰富的华尔街人士，对联合炉具的市场需求具有清醒的认识。克利夫顿·P. 凯恩是一家生意兴隆的经纪公司的负责人，该公司在 11 个城市设有分支机构，拥有成百上千的客户，他的公司过去还曾担任过多个资金池的管理人。

持有 7 万股的戈登参议员，是一位极其富有的人。对于都市报刊的读者来说，他的名字可谓家喻户晓，原因是他曾被一名 16 岁的美甲师起诉违背婚约，这名美甲师拥有一件价值 5000 美元的貂皮大衣，并持有被告写给她的 132 封情书。他引导他的侄子们做起了经纪商生意，而他则担任他们公司的特别合伙人，他曾参与过数十个资金池项目。此外，他还从米德兰炉具公司继承了大量股份，并因此获得了 10 万股联合炉具公司的股票。由于他持有的股票数量庞大，因此，他并没有理会吉姆·巴恩斯那些疯狂的看多贴士，而是在市场仍有承接能力时兑现了 3 万股。后来，他向友人透露，他原本打算卖出更多的，但鉴于其他大股东都是他的老友至交，并且恳求他不要再抛售了，出于对他们的尊重，他才停止了卖出。另外，正如我前面所说的，压根也没有市场供他卖出了。

第三位是约书亚·沃尔夫。他可能是所有交易者中最出名的一位，二十年来，他一直以场内豪赌客闻名于世。在拉高或压低股价方面，他鲜有对手，因为对他来说，一两万股与两三百股没什么两样。在我来到纽约之前，就已经听说过这位大赌客。那时，他正与一群同样热衷于豪赌的人混在一起，无论是在赛马场上还是在股票市场上，他们的赌注都上不封顶。

人们过去常常指责他，说他不过是个赌徒而已。但他确实有真本事，而且在投机领域中展现出了极强的天赋。同时，他向来对附庸风雅之事不感兴趣，这也使他成为无数轶闻趣事的主角。其中流传最广的一个故事是，约书亚受邀参加了一场他认为非常豪华的晚宴，由于女主人的疏忽，没能及时岔开话题，几位宾客便开始讨论起了文学。坐在乔希（Josh）* 旁边的一个女孩，看到他除了张嘴吃东西外，从未开口讲话，于是转向他，一脸期待地想听听这位大金融家的见解。她问道："哦，沃尔夫先生，您觉得巴尔扎克怎么样？"

乔希礼貌地停止了咀嚼，咽下食物后，回答道："我从不交易场外市场的股票！"

---

* 乔希（Josh）是英文名字 Joshua（约书亚）的非正式简称或昵称，常见于男性。——译者注

这便是联合炉具公司最大的三位个人股东。当他们来找我时，我告诉他们，如果他们能够组建一个财团，拿出一部分资金，并以略高于市价的价格授予我一份他们股票的认购期权，我就会尽我所能地为他们造市，他们立刻问我需要多少资金。

我回答道："你们持有那只股票已经很长时间了，却一直束手无策。你们三位加起来合计持有 20 万股，你们很清楚，除非你们能激活市场，否则根本没有机会脱手。要想顺利出手，必须有一个足够大的市场来吸纳你们想要抛售的股票，明智的做法是准备好充足的资金，以便能够在操作初期买入必须买入的股票。如果一开始就因为资金不足不得不半途而废，那就毫无意义了。我建议你们组建一个财团，筹集 600 万美元资金，然后授予财团一份认购期权，以每股 40 美元的价格认购你们手中那 20 万股，同时将你们的股票全部托管。如果一切顺利，你们不仅能甩掉烫手的山芋，而且财团也能从中获利。"

正如我之前告诉你的，关于我在股市的盈利，流传着各种各样的传言，我想这对我也有所帮助，因为没有什么比成功更能带来成功了。总之，我不必向这些家伙多做解释，他们很清楚，如果他们单打独斗能走多远。他们认为我的计划非常不错，当他们离开时，他们表示会立刻着手组建财团。

他们没费多大力气，就成功说服了很多朋友加入财团。我想，在描述财团的盈利前景时，他们可能比我还要自信。据我所知，他们确实深信不疑，因此，他们给出的贴士并不算违背良心。不管怎样，在短短几天内，财团就顺利组建起来了。凯恩、戈登和沃尔夫以每股 40 美元的价格，授予财团 20 万股的认购期权，并且由我负责将这些股票交由第三方托管，这样，我拉升股价的时候，它们就不会被抛售到市场上了。我必须保护好自己，很多很有希望成功的交易，最终却未能如愿以偿，就是因为资金池或财团成员之间相互背信弃义导致的。

在华尔街，人们对相互倾轧的事情向来不抱有偏见。第二家美国钢铁与线材公司（American Steel and Wire Company）上市时，内部人士之间就曾互相指责对方背信弃义，并试图抛售股票。此前，约翰 · W. 盖茨和他的朋友，与塞利格曼家族（the Seligmans）及其银行合作伙伴之间曾有过一份君子协定。嗯，我曾经在一家经纪行的营业厅里，听到有人吟诵过这首据说是由约翰·W. 盖茨所做的四行诗：

狼蛛跃上蜈蚣背，
诡异悚笑透骨寒。
誓洒毒液除妖孽，
否则自身命难安！

请注意，我绝非意指我的华尔街朋友想要在股票交易中算计我。然而，按照为人处世的一般原则，虽说害人之心不可有，但防人之心却不可无，这是常理。

沃尔夫、凯恩和戈登告诉我，他们已经组建了财团，准备筹集600万现金。除了等待资金到账，我别无他法。我多次催促他们抓紧时间，因为时间紧迫。然而，资金却是分批到账的，我记得总共是分四五次到账的。我不清楚具体原因是什么，但我记得我不得不向沃尔夫、凯恩和戈登拨打了紧急求助电话。

那天下午，我收到了几张大额支票，这使我手中的现金总额达到了大约400万美元，他们承诺剩余款项将在一两天内到账。事情终于有了一点进展，看来，在牛市结束之前，财团可能真的会采取行动了。即便在最理想的情况下，这也是一项艰巨的任务，因此，我越早开始工作越好。虽然公众对不活跃股的最新市场动向并不怎么感兴趣，但是，有了这400万美元现金，就能通过巧妙的操作手法激发人们对任何股票产生兴趣，这笔资金足以吸纳所有可能出现的卖盘。正如我之前所说，如果时间紧迫，就没有必要等待剩下的200万美元到账了。股票越早涨到50美元，对财团就越有利，这是显而易见的事情。

第二天早上开盘时，我惊讶地发现，联合炉具的交易量异常巨大。正如我之前告诉你的，这只股票已经好几个月萎靡不振了，股票价格一直稳定在37美元。吉姆·巴恩斯小心翼翼地不让它跌破35美元，因为这是那笔大额银行贷款的抵押价格。至于说股价上涨的可能性，那简直是微乎其微，宁可期待磐石山穿越海峡，也别指望联合炉具的股价能在行情纸带上出现上涨。

嗯，先生，这天早晨，这只股票的需求异常旺盛，因此价格上涨到了 39 美元。在开市后的第一个小时里，成交量就超越了整个前半年的成交总量。这成为了当天的轰动事件，对整个市场都产生了积极的推动作用。后来我听说，在经纪行的客户室里，这件事成为人们谈论的唯一话题。

虽然我不知道这意味着什么，不过，看到联合炉具公司的股价上涨，我并没有感到不快。一般而言，我无须到处打听任何股票异动的缘由，因为场内的朋友们，包括为我做交易的经纪人和场内交易的私人朋友，都会及时通知我。如果他们觉得这些消息可能对我有用，他们就会打电话告诉我他们听到的任何消息或者传言。这一天，我所听到的唯一消息就是，确实有内部人士正在买入联合炉具，并非是在洗筹，而是实实在在的买入，买家买下了从 37 美元到 39 美元的所有抛盘。当追问买入原因或乞求透露点消息时，他们却断然予以拒绝，这让那些老谋深算且警惕性极高的交易者断定，这背后一定有事，有大动作在酝酿。当一只股票的股价因内部人士的买入而出现上涨，而这些内部人士又不鼓励人们跟风时，那些密切关注行情纸带的人就会开始疑惑，想了解究竟何时会发布官方公告。

我自己并没有主动采取任何行动，我只是观察、思考，并持续追踪交易动态。然而，到了第二天，买盘的数量不仅大幅增加，而且势头更加猛烈。那些限价在 37 美元以上，几个月以来一直挂在场内交易员指令簿上的卖单，被迅速和轻松地消化，新的卖单却不足以遏制股价的上涨势头。股价自然随之上涨，不仅轻松突破了 40 美元，而且很快便触及了 42 美元。

当股价触及这一价位的那一刻，我认为是时候开始卖出银行持有的作为抵押品的股票了。当然，我也预料到，一旦我开始卖出，股价就会下跌。但只要我的整体卖出均价能达到每股 37 美元，那么我的操作就是无可挑剔的。我知道这只股票的真实价值，并且从它几个月来不活跃的交易情况来看，我也对其销售前景有了一定的了解。嗯，先生，我小心翼翼地将股票逐步抛出，直到成功卖出了3万股，而且股价的上涨势头并未因此受阻！

那天下午，我得知了这次及时却又令人迷惑的股价上涨的原因。原来，前一天晚上收市后到第二天早上开市前，场内交易者们得到了一个贴士，说我非常看好联合炉具，按照我的惯例——那些从未研究过我交易记录的人的说法——我打算一口气将股价推高15到20个点，且不会出现回调。这位提供贴士的人，竟是约书亚·沃尔夫，正是他自己的内部买入行为，引发了前一天的股价上涨。他在场内交易者中的密友非常信任他的贴士，因为他对这只股票了如指掌，不可能误导他的追随者。

事实上，市场上的股票抛压并不像之前担心的那么大。考虑到我已经锁定了30万股，你就会明白，我之前的担忧确实是有根据的。现在看来，推高股价的工作并不像我之前预想的那么难。说到底，弗劳尔州长是对的，每当他被指控操纵他们公司的特别股票*时，比如芝加哥燃气（Chicago Gas）、联邦钢铁（Federal Steel）或伯灵顿铁路，他总是会说："我所知道的唯一能让股价上涨的方法就是买进它。"这是场内交易员的唯一方法，而且股价也确实作出了反应。

次日清晨，早餐之前，我从晨报上读到了一条报道，其内容是，拉里·利文斯顿即将积极做多联合炉具。这条报道早已被成千上万的人读过，并且毫无疑问，其已通过电报传至经纪行的数百家分支机构和城外营业厅。不过，关于此事的更多细节则众说纷纭。一种说法是，我已组建了一个内部资金池，准备打击那些过度做空的势力；另一种说法则暗示公司近期可能会宣布分红；还有一种说法则提醒世人，不要忘了我通常对看好的股票所采取的操作手法；还有一种说法指责公司隐瞒资产，以便内部人士暗中收集筹码。但所有人都一致认为，股价的上涨尚未正式开始。

当我来到办公室，在开市前查阅邮件时，我意识到，整个华尔街已经被大量建议立即买入联合炉具的热门贴士淹没了。我的电话铃声不停地响，接电话的职员一早上听到了不下一百次以不同形式提出的同一个问题：联合炉具公司

---

*特别股票这一术语，指的是那些与普通股股票持有人的权利存在差异的股份类别。这些特殊股份包括但不限于优先股、混合股、后配股、可转换股以及可赎回股等。——译者注

的股票真的要上涨吗？不得不说，约书亚·沃尔夫、凯恩、戈登，可能还得加上吉姆·巴恩斯，他们在传播贴士方面做得非常出色。

我根本没想到自己会有这么多追随者。那天早上，全国各地的买单如潮水般涌入，要求买入一只三天前无论什么价格都无人问津的股票，而且都是几千股的大单。别忘了，事实上，公众唯一可以依据的就是我在报纸上作为一名成功豪赌客的名声，因此，我得感谢那一两位富有想象力的记者。

嗯，先生，这是股价上涨的第三天，我再次开始卖出联合炉具。接下来的第四天和第五天，则继续卖出。我意识到，我已经为吉姆·巴恩斯卖掉了那10万股股票，这些股票原本是马歇尔国民银行为350万美元贷款所持有的抵押品。如果说最成功的操作是操作者以尽可能小的代价达到了预期的目标，那么联合炉具的这笔交易，绝对是我华尔街职业生涯中最成功的一次。在整个操作过程中，我根本不需要自己买入任何股票。我不用为了将来更容易卖出而先行买入股票，也不用先把股价拉升到最高点再开始卖出，我甚至不用在股价下跌时卖出大部分股票，而是在股价上涨过程中卖出。不需要你费任何力气，就有人为你创造出足够的购买力，尤其是在时间紧迫的情况下，这简直就像是一场美梦。

我曾听弗劳尔州长的一位友人谈及，在这位伟大的牛市旗手操作的案例中，有一次是为伯灵顿的资金池操作，他为资金池卖出了5万股股票并实现了盈利，弗劳尔经纪公司（Flower & Co.）因此获得了超过25万股的交易佣金。威廉·P. 汉密尔顿（W. P. Hamilton）* 说，为了派发22万股合并铜业公司的股票，詹姆斯·R. 基恩在操作中至少交易了70万股该公司的股票，真是一笔可观的佣金收入！相比之下，我只需要支付为吉姆·巴恩斯实际卖出的那10万股股票的佣金，真是省了不少钱。

在我为朋友吉姆卖出承诺要脱手的股票后，财团答应筹集的资金却迟迟没有到账，而且我也不想买回任何已被我卖出的股票，所以我宁愿找个地方去度

---

* 威廉·P. 汉密尔顿（William P.Hamilton，1867—1929）是一位卓越的财经新闻记者，也是华尔街经典著作《股市晴雨表》的作者。——译者注

个短假，具体细节我记不太清了。但我清楚地记得，我没有再理会过这只股票，而且没过多久，该股的股价就开始下跌。

一天，整个市场都很疲软，某个失望的多头急于卖出他手中的联合炉具。由于他的卖出，联合炉具的股价跌破了 40 美元的认购价，似乎没人再愿意买入这只股票。我之前就跟你说过，我对基本形势并不乐观，这使我比以往任何时候都更加感激之前的那个奇迹，它使我成功出脱了那 10 万股股票，又不必像那些热心的贴士散布者预测的那样，在一周之内将股价拉升二三十个点。

由于缺乏支撑，该股股价开始呈现出规律性的下跌趋势。直到有一天，股价大幅下跌至 32 美元，这是该股有史以来的最低价。你可能还记得，为了防止银行将他们手中的 10 万股股票强制平仓，吉姆·巴恩斯和最初的那个财团曾努力将股价维持在 37 美元。

那天，我正在办公室里安静地研究行情纸带，这时，有人通报约书亚·沃尔夫到访。我回答说可以见他，就见他急匆匆地闯了进来。他身材并不魁梧，但显然带着满腔怒火，我立刻便察觉出来了。

他跑到站在报价机旁的我身边，大喊："嘿，这究竟是怎么回事？"

"请坐，沃尔夫先生。"我礼貌地对他说。我自己也坐了下来，好让他心平气和地说话。

"我不想坐！我就想知道这是什么意思！"他歇斯底里地喊道。

"什么什么意思？"

"你到底正在对它做什么？"

"我对什么做什么？"

"那只股票！那只股票！"

"哪只股票？"我问道。

但这却让他更加火冒三丈，他咆哮道："联合炉具！你到底正在对它做什么？"

"什么也没做！绝对什么也没做。怎么了？"我说。

他瞪了我足足五秒钟，然后爆发了："看看股价！看看！"

他确实很生气，于是我站起来看了看行情纸带。

我说："它现在的价格是 31–1/4 美元。"

"对！ 31–1/4 美元，我手里还有一堆。"

"我知道你有 6 万股，你已经持有很长时间了，因为你当初买的是格雷炉具……"

他没让我把话说完，就抢着说："但我又买了很多，其中一些买入价高达 40 美元！而且我现在还拿着！"

他充满敌意地瞪着我。我不得不做出解释："我又没让你买。"

"你没让我什么？"

"我没让你大肆买进。"

"我没说是你让我买的，但你说打算要拉高它的……"

"我为什么要这么做？"我打断了他。

他看着我，气得说不出话来。等他回过神来，他说："你说打算要拉高它的，你已经拿到买它的钱了。"

"是的。但我一股也没买。"我告诉他。

这句话彻底激怒了他。

"你明明有超过 400 万美元的现金可以用来购买它，你却 1 股也没买？什么也没买？"

"1 股也没买！"我重复道。

他现在已经气得说不出一句完整的话了。最后，他挤出了一句："你到底在搞什么鬼把戏？"

他内心一定罗列了各种难以启齿的罪名来指责我。我确信，我能从他的眼神中读出一长串罪名。我不由得对他说："沃尔夫，你真正想问我的其实是，为什么我没有在 50 美元以上买下你在 40 美元以下买入的股票。是吗？"

"不，不是。你不仅有一份行权价为 40 美元的认购期权，还有 400 万美元现金可以用来推升股价。"

"是的，但我没动那笔钱，而且我的操作也没有让财团损失一分钱。"

“利文斯顿，你听我说……”他开口道。

但我没让他继续说下去。

“听着，沃尔夫。你很清楚，你和戈登、凯恩持有的20万股已经被锁定，所以即使我推升股价，市场上也不会出现太多的流通股。而我之所以不得不拉升股价，原因有二：一是为这只股票造市，二是为我的那份行权价为40美元的认购期权创造利润。然而，你却并不满足以40美元的价格卖出已经把你拖累了好几个月的6万股股票，或者不满足你在财团所占的那份利润（如果有的话）。于是，你决定在股价低于40美元时大量买入，然后在我用财团的资金拉升股价时，再将这些股票倒给我，因为你确信我一定会这么做。你打算在我买入之前先行买入，在我出货之前先行出货，十有八九，我会成为最终接盘的那个人。我猜，你料定我不得不将股价拉升到60美元，这真是一笔稳赚不赔的买卖。

“你可能买了1万股，纯粹就是为了将来倒给我。为了确保我不接盘时会有人接盘，你向美国、加拿大和墨西哥的每个人都散布了贴士，完全不顾及给我带来的额外麻烦。你所有的朋友都知道我应该会怎么做，有了他们和我的买盘，你便可以坐收渔利。好吧，你把贴士散布给你的密友，他们买入后，又把这个贴士告诉了他们的朋友，第三批得到贴士的人，则打算把贴士散布给第四批，然后是第五批，甚至可能还有第六批冤大头。当我最终想要卖出时，却发现早已被数以千计的聪明投机者抢先了一步，你这个想法可真是对我仁至义尽啊，沃尔夫！

“在我甚至还没有想过要买1股的时候，联合炉具的股价就已经开始上涨，你无法想象当时我有多么惊讶；你更无法想象，当承销团以40美元左右的价格卖出了10万股，卖给那些打算以50或60美元的价格卖给我的人时，我内心有多么感激。我真是白痴到家了，没有用那400万美元为他们赚钱，不是吗？那笔钱确实是打算用来买股票的，但前提是我觉得有必要这么做，实际上我认为并没有这个必要。”

约书亚毕竟在华尔街摸爬滚打了多年，不会让愤怒情绪干扰到正事。他听了我所说的话，便冷静了下来。等我说完后，他用友好的语气说道："喂，拉里，老兄，我们该怎么办？"

"悉听尊便。"

"哎，行行好。如果你是我们，你会怎么做？"

"如果我是你们，"我郑重其事地说，"你知道我会怎么做吗？"

"怎么做？"

"我会全部抛出！"我告诉他。

他看了我一会儿，二话没说，转身就走出了我的办公室。从那以后，他再也没有来过。

此后不久，戈登参议员也来了，他也是满腹牢骚，指责我让他们麻烦缠身。接着，凯恩也加入指责我的行列。他们忘了，当初组建财团时，他们的股票很难大量卖出。他们只记得，当初我手握财团的数百万美元资金，而且股价还活跃在 44 美元时，我却没有帮他们卖出持股，而现在股价已经跌到了 30 美元，行情低迷得犹如一潭死水。按照他们的想法，我本应该在那时帮他们统统卖掉，从中大赚一笔。

当然，他们也会冷静下来，毕竟财团并未损失一分钱，而主要问题依然未变：如何卖出他们的股票。一两天后，他们又找到我，请我帮他们摆脱困境，尤以戈登最为坚持。最终，我让他们将手中的股票集中起来放入资金池，我提出以 25-1/2 美元的价格帮他们卖出这些股票，超出这个价格的部分，我收取一半服务费用。该股的最新报价大约是 30 美元。

现在，我的任务就是帮他们出清股票。考虑到整个市场形势，特别是联合炉具的表现，只有一种方法可行，那就是在股价下跌的过程中直接卖出，而不是试图先拉高股价再卖出。在拉高股价的过程中，我当然需要大量买入股票。但是，在股价下跌的过程中，我就可以遇到那些寻找低价买入机会的买家。他们总是认为，当一只股票从顶部下跌了 15 到 20 个点时，这只股票就已经便宜了不少，特别是当这个高点是最近才形成的时候，他们更是会这么认为。在他们看来，股价反弹是迟早的事，联合炉具的股价曾经涨到过接近 44 美元的价位，现在却跌到了 30 美元以下，看起来确实是个不错的机会。

方法一如既往地奏效。那些捡便宜货的买家买入了足够多的数量，使我得以成功出清了资金池的持股。你认为戈登、沃尔夫或凯恩会有一丝感激之情吗？一丝也没有。他们仍然对我怀恨在心，至少他们的朋友是这么告诉我的。他们经常向别人抱怨我是如何对待他们的，他们无法原谅我，因为我没有像他们期望的那样，凭一己之力主动拉高股价。

事实上，如果不是沃尔夫和其他人四处散布他们那些热门的看涨贴士，我根本不可能卖出抵押给银行的那 10 万股股票。如果我像往常一样，按照普遍的本能行事，那我只能接受市场给出的任何价格。我之前已经告诉过你，我们面临的是一个下跌市场。在这样的市场上，唯一的卖出方式就是别太计较价格，当然也不是不计后果，除此之外，别无他法。不过，我猜他们并不相信这一点。他们仍然很生气，而我却没有，生气解决不了任何问题。我不止一次深切地体会到，一个情绪失控的投机者注定会失败。当然，在这次事件中，这些牢骚满腹的人还是很幸运的。

不过，我要告诉你一件奇怪的事情。一天，我太太拜访了一位别人热情推荐给她的女裁缝。这位女裁缝手艺精湛，服务热情，性格也很讨喜。在第三次或第四次拜访时，女裁缝觉得跟我太太比较熟络了，便对她说："我希望利文斯顿先生能尽快拉升联合炉具的股价，我们买了一些，因为听说他要拉升股价。而且我们总是听人家讲，他在所有的交易中都非常成功。"

我对你讲，想到无辜的人可能会因这类贴士而损失钱财，我就会感到不快。或许你能理解，为何我从不提供任何贴士。那位裁缝让我觉得，要说不满这件事，我倒是真的对沃尔夫有所不满。

第二十三章　匿名权威

股票投机永远不会消失，人们也不希望它消失。无论怎样警示潜在风险，都无法阻止人们进行投机。无论人们多么精明能干，多么富有经验，都无法完全避免预测错误。再精心制定的计划，也有可能会失败，因为总会有未曾预料之事，甚至是无法预料之事发生。灾祸可能源自自然灾害或天气变化，可能源自自己的贪婪或他人的虚荣，也可能源自恐惧或一厢情愿的希望。除了这些可称为“先天”的因素之外，股票投机者还必须提防某些在道德和商业层面都站不住脚的行径和恶习。

当回首并反思 25 年前初到华尔街时的那些普遍做法时，我必须承认，华尔街已经发生了许多向好的变化。老式对赌行虽已不复存在，但冒牌“经纪行”却依旧生意红火，无情地收割那些渴望快速致富的男男女女。证券交易所的工作非常出色，不仅严厉打击这些彻头彻尾的骗子，同时坚持要求其会员严格遵守各项规则。现如今，许多有益的规章制度与限制措施都得到了严格的执行，当然仍有改进的空间。华尔街根深蒂固的保守主义思维，而非道德上的麻木不仁，才是某些恶习得以长期存在的根源。

尽管股票投机获利一向很难，但它正日益变得愈发艰难。就在不久前，务实的交易者还能对交易所上市的几乎所有股票都有一个较为充分的了解。1901 年，当 J.P. 摩根将美国钢铁公司挂牌上市时——不过是对一些小型联合公司的再合并，其中大部分成立时间还不到两年——证券交易所上市的股票只有 275 只。另有约 100 只股票在“非上市板块”，其中还包括许多交易者无须过多关注的股票，因为它们发行量较小，或者因为是次级股票或担保股票，交易不活跃，因而缺乏投机吸引力。事实上，其中绝大多数股票已经多年没有交易了。反观今日，常规上市的股票就有大约 900 只。而在近期活跃的市场上，约有 600 只不同的股票在进行交易。

此外，以前的股票板块或类别比较容易跟踪，它们不仅数量较少，而且总市值也较小，交易者需要留意的信息和涉及的领域也没有那么广泛。但如今，各行各业的股票都可以交易，世界上几乎每个行业都有代表性的股票上市交易，因此，交易者需要投入更多的时间和精力去了解股市动态。在这种情况下，对于那些追求明智操作的投机者而言，股票投机已变得更加困难。

成千上万的人投机性地买卖股票，但真正能够从中获利的人却少之又少。从某种程度上来讲，公众总是时刻处于市场之中，因此，公众总是会遭受损失。投机者的天敌是：无知、贪婪、恐惧以及希望。尽管世界上有各种法律条文和交易规则，也无法彻底消除人类的这些天性。意外事件往往能够将精心策划的计划击得粉碎，这种情况也超出了冷血经济学家或热心慈善家所能掌控的范围。此外，还有一种导致亏损的原因，就是有意为之的误导信息，它与直截了当的贴士截然不同。这些误导信息往往以各种伪装和掩饰的形式传递给股票交易者，因此，它更具有欺骗性和危害性。

当然，一般的场外交易者要么依据贴士，要么依据传闻来进行交易。这些贴士或者传闻可能是口头的，也可能是书面的；可能是直接的，也可能是间接的。即便是普通的贴士，也可能让人难以防范。例如，你的一位挚友真心希望你变得富有，于是向你透露了他买卖股票的信息，也就是他买或卖了某只股票。尽管他是出于好意，但如果这个贴士是错误的，你又能怎么办呢？此外，公众在面对职业或心术不正的贴士提供者时所受到的保护程度，与遇到假金砖或假酒时相差无几。

面对典型的华尔街谣言时，投机公众往往既得不到保护，也没有任何救济途径。证券分销商、操纵者、资金池和大户们会采用各种手段，以尽可能高的价格抛售他们多余的持股。而报纸和新闻收报机传播的利好消息，其危害性则尤为严重。

随便哪天浏览财经新闻社的快讯，你都会惊讶地发现，它们刊登了许多隐含半官方性质的声明，这些声明的权威来源往往是“某位重要内部人士”“某位知名董事”“某位高级官员”或“某位权威人士”。在读者看来，这些人通常应该清楚自己在说什么。这是今天的快讯，我随便挑了一条，大家听一听：“一位银行界领袖表示，目前预期市场下跌还为时过早。”

真的有位银行界领袖说过这样的话吗？如果他真的说过，他为什么要这么说呢？他为什么不允许公布自己的名字？他是担心一旦公布名字，人们会更倾向于相信他的话吗？

这里还有一条关于一家公司的声明消息，该公司的股票本周交易非常活跃，这次发表声明的是一位“知名董事”。那么，在这家公司的十几位董事中，到底是哪一位董事发表了这番言论呢？显然，由于匿名原因，无论声明可能带来何种损害，都不会有人因此受到指责。

除了对投机行为进行明智的研究外，股票交易者还必须考虑华尔街上这个行当的某些具体情况。除了设法弄清楚如何去赚钱，还必须设法避免亏钱。知道什么不该做与知道什么该做几乎同样重要，最好牢牢记住：几乎所有个股的上涨行情都存在某种形式的操纵行为，而这类上涨行情都是由内部人士精心策划的，其目的只有一个，那就是卖出股票，并获取尽可能高的利润。普通经纪行的客户却认为，只要他坚持不懈地追问某只股票上涨的原因，他就会成为一个精明的交易者。自然，操纵者会对上涨的原因作出“精心设计的解释”，以便于派发。我坚信，如果不允许发表利好性质的匿名言论，公众的损失将会大大减少。这里我指的是那些旨在让公众买入或继续持有股票的言论。

绝大多数以未具名董事或内部人士名义发表的看多文章，都给公众留下了不可靠且具误导性的印象。公众因为接受这种半官方性质的、貌似可信的言论，每年遭受了成百上千万美元的损失。

举例来说。一家公司在其特定业务领域经历了一段低迷期，该公司的股票交易并不活跃，其股价反映了人们对其实际价值的普遍且可能是准确的看法。如果股价在那个水平上过于低廉，就会有人意识到这一点并趁机买入，从而推动股价上涨。如果股价过高，同样会有人意识到这一点并趁机卖出，从而导致股价下跌。实际上，由于该股股价没有明显的波动，因此，没有人谈论或交易它。

当公司从事的业务领域迎来转机时，谁会率先知晓这一消息，是内部人士还是公众？可以肯定的是，一定不是公众。那么接下来会发生什么呢？如果业绩持续改善，那么收益就会增长，公司就能够恢复派息能力。如果之前没有停止派息，公司就能提高股息率。换言之，该股的价值将会提升。

假设这种改善得以延续，管理层是否会公布这一好消息？总裁会告知股票持有人吗？是否会有某位热心公益的董事，为了那些关注报纸财经版和新闻社快讯的公众，发表一份亲笔签名的声明？是否会有某位低调的内部人士，秉持其一贯的匿名作风，发表一份未署名的声明，表示公司的前景极为光明？这次却没有！没有人透露一个字，报纸和新闻收报机上也没有发布任何声明。

能够创造价值的信息被小心翼翼地对公众保密，与此同时，那些现在变得沉默寡言的“知名内部人士”则悄然入市，买入他们能够买到的所有廉价股票。随着这种深知内情却又不显山漏水的买入行为持续进行，股票价格随之水涨船高。财经记者们知道，内部人士应该知晓股价上涨的原因，于是纷纷提出问题。全体保持匿名的内部人士一致宣称，他们没有消息可供发布，不知道股价上涨有何依据。有时，他们甚至会宣称，他们并不特别关注变幻莫测的股票市场或者股票投机者的行为。

随着股价持续攀升，终于迎来了令人高兴的一天，那些知情人士已经买入了他们想要持有或能够持有的所有股票。这时，华尔街上开始听到各种看涨的传闻。新闻收报机向交易者们“权威”地透露，这家公司确实已经走出了困境。那位之前不愿透露姓名的低调董事，先前曾声称不知道股价上涨有何依据，现在他的言论又被引用了，当然，依旧是保持匿名。他声称，股东们完全有理由对公司的前景感到鼓舞。

在铺天盖地利好消息的驱使下，公众开始纷纷买入这只股票，这些买入行为进一步推高了股价。随着时间的推移，那些始终未透露姓名的董事们的预测最终成真，公司恢复了派息，或者根据具体情况进一步提高股息率。与此同时，利好消息层出不穷，不仅数量远超以往，而且变得更加热烈。当一位“重要董事”在被要求直截了当地说明公司的情况时，他向外界宣布，公司的改善远超预期；在一家新闻社的多次请求下，一位“知名内部人士”最终承认，公司的收益简直超乎寻常；一位与公司有业务往来的“知名银行家”表示，公司销售量的增长在该行业历史上是空前的，即便没有新的订单，公司也要日夜不停地运转，才能满足现有的订单需求，天知道要多少个月才能完成；一位“财务委员会委员”在一份加注了双引号的声明中表示，对于公众对股价上涨所表现出来的惊讶，他本人对此感到惊讶。他认为，唯一令人惊讶的应该是股价上涨得如此克制。只要分析一下即将发布的年度报告，就能很容易地计算出这只股票的账面价值比市价高出了多少。然而，在任何情况下，这些乐于分享的慈善家的名字都未曾被提及。

只要收益持续保持良好，内部人士也没有察觉到公司的繁荣景象有任何放缓的迹象，他们就会继续持有在低价时买入的股票。既然没有什么因素会导致股价下跌，那他们为什么要卖出呢？那么，一旦公司的业务遭遇危机，会发生什么呢？他们会发表声明或发出警告吗？会给出哪怕最微弱的一点暗示吗？不太会。现在，趋势已经向下。就像当初公司业务好转时，他们悄无声息地地买入一样，现在，他们也悄无声息地卖出。

由于内部人士的卖出，股票自然会下跌。紧接着，公众开始听到那些熟悉的“解释”。一位“重要内部人士”坚称公司经营一切正常，下跌不过是空头卖空所致，他们企图借此影响整个市场。在股票下跌了一段时间后，如果某天突然出现大幅下跌，那么对“原因”或“解释”的需求就会变得非常强烈，除非有人出来说点什么，否则，公众就会担心出现最坏的情况。

于是，新闻收报机现在就会打印出这样的内容：“当我们请公司的一位知名董事解释股票疲软的原因时，他回答说，他能得出的唯一结论是，今天的下跌是由空头打压造成的。公司的基本面没有变化，公司的业务从未像现在这样好过。除非在此期间发生完全无法预料的事情，否则，在下次议息会议上，很可能会提高股息率。市场上的空头势力已经变得非常激进，而股票之所以陷入疲软，显然是空头发动突袭造成的，他们意图借此清除那些意志不坚定的持股者。”新闻收报机为了做出充分的报道，很可能会继续宣称，据“可靠消息”称，当天下跌时买入的大部分股票都是内部人士所为，而那些空头将会发现，他们已经落入了一个陷阱。算总账的一天终会到来。

除了因听信看涨言论而买进股票所造成的损失外，公众还会因被劝阻不卖出股票而蒙受损失。除了让人们买入“知名内部人士”想要卖出的股票以外，退而求其次的策略是，在内部人士不愿继续支撑或者增持某只股票时，阻止人们卖出这只股票。当公众阅读了那位“知名董事”的声明后，他们会如何认为呢？普通的场外交易者会怎么想呢？当然，他们会认为这只股票本不应该下跌的，是空头的抛售行为导致了下跌；一旦空头停止抛售，内部人士便会策动一轮报复性的上涨行情，迫使空头高价回补。公众这么认为也是合理的，因为如果股价下跌确实是由空头打压造成的，那么确实会发生这种情况。

尽管有了对过度扩张的空头势力进行强力逼空的威胁或者承诺，但这只股票并未出现反弹，反而是持续下跌。没法不跌呀，内部人士向市场投放的股票实在是太多了，根本难以消化。

这只被“知名董事”和“重要内部人士”卖出的股票，像足球一样在职业交易者之间踢来踢去，它的价格持续下跌，仿佛深不见底。内部人士深知，行业形势将对公司的未来收益产生不利影响，因此，他们不敢支撑股价，直到公司业务下一次好转。届时，就会再次出现内部买入和内部人士集体沉默的现象。

多年来，我已经做了不少交易，并且一直密切关注着股票市场的动态。可以说，我不记得哪次股价大幅下跌是由空头打压导致的。所谓空头打压，不过是准确掌握了实际情况后的卖出行为。然而，不能简单地将股票下跌归咎于内部人士卖出或内部人士不愿买入，这会让每个人都急于卖出手中的股票。一旦市场上只有卖盘而没有买盘，那将会是一场灾难。

公众应当深刻认识到这一点：股价长期下跌的真正原因绝不是空头打压。

当一只股票持续下跌时，可以肯定它一定是出了问题，要么是市场环境出了问题，要么是公司本身出了问题。如果下跌是不合理的，那么当该股跌破其实际价值时，通常很快会引来买盘，从而遏制股价进一步下跌。事实上，空头卖空一只股票大赚一笔的唯一机会，就是在那只股票股价过高的时候。内部人士绝不会公开这一事实，对此，你可以赌上你的最后一分钱。

当然，最经典的例子当属纽黑文铁路（New Haven）*。如今家喻户晓的事情，在当时却鲜有人知。1902 年，该公司的股票价格高达 255 美元，是新英格兰地区首屈一指的铁路投资。在那个地区，持有纽黑文铁路股票的数量，是衡量一个人声望和地位的标准。如果有人妄言这家公司正走向破产，他不会因此被送进监狱，而是会和其他疯子一起被关进精神病院。

当摩根先生任命了一位富有闯劲的新总裁后，公司崩溃的序幕便就此拉开了。起初，人们并未看清新政策对公司的影响。随着联合铁路公司（Consolidated Road，即纽黑文铁路）接连以虚高的价格购进资产，一些眼光敏锐的观察者开始质疑新总裁梅伦（Mellen）的政策是否明智。有人以 200 万美元的价格购入了一个电车系统，却以 10,000,000 美元的价格转手卖给了纽黑文铁路。这时，有一两个狂妄之徒胆敢妄议管理层行事鲁莽，这无疑是犯了妄议之罪。质疑即便是纽黑文铁路这样的公司也承受不起这样的挥霍，就像是在质疑磐石山的坚固性一样荒谬。

当然，最先察觉到前方暗流涌动的是内部人士，他们意识到了公司的实际状况，并开始减持手中的股票。由于他们的卖出以及不再对股价提供支撑，新英格兰这只优质铁路股的股价开始下跌。像往常一样，人们纷纷提出疑问，并要求得到解释。一如往常的解释很快便出现了："知名内部人士"宣称，据他们所知，没有任何问题，股价下跌是由于空头肆无忌惮的卖出所致。基于此，新英格兰的"投资者们"继续持有纽约－纽黑文与哈特福德铁路公司的股票。

* 纽约－纽黑文与哈特福德铁路公司（The New York, New Haven and Hartford Railroad Company），通常被称为纽黑文铁路（New Haven Railroad）或简称为"纽黑文"（The New Haven）。——译者注

他们为什么不这么做呢？内部人士不是说没有任何问题，只是空头在卖出吗？不是宣布继续派发股息并按时支付了吗？

与此同时，此前承诺的逼空行情并未如期而至，股价反而创出了新低。内部人士的卖出行为变得愈发急切，愈发不加掩饰。当波士顿那些秉持公共精神的人要求对股票的惨烈下跌给出一个合理的解释时，他们却被指责是股票掮客和蛊惑人心者。对新英格兰地区所有期望进行安全投资并获取稳定股息回报的人来说，这样的下跌无疑给他们带来了巨大的损失。

这次历史性的下跌，从每股 255 美元跌到每股 12 美元，这绝不是也不可能是空头打压造成的。它既不是由空头操作引发的，也不是由空头操作维持的，内部人士自始至终都在卖出，而且他们卖出的价格总是高于他们说出真相或允许真相被公之于众时达到的价格。无论股价是 250 美元、200 美元、150 美元、100 美元、50 美元还是 25 美元，这都不重要，对这只股票来说都仍然太高。内部人士知道这一点，而公众却不知道。当公众试图通过买卖一家公司的股票获利时，如果能够意识到自己所处的不利地位，即只有少数人能够全面了解公司的真实情况，或许还有几分获利的希望。

在过去 20 年里，那些经历过严重暴跌的股票，它们的下跌并非仅仅由于空头打压所致。然而，这种解释容易被公众接受，因此导致了他们千百万美元的损失。这种解释让那些对自己的股票表现早已感到不满的人变得犹豫不决，迟迟不愿卖出。如果他们不指望空头停止打压后股价能够立刻回升，他们原本是会选择清仓的。过去，我经常听到基恩受到人们的指责，在他之前，查理·沃里肖弗（Charley Woerishoffer）* 或艾迪生·卡马克也常被人们无端非议。后来，我成了股票下跌时的替罪羊。

我想起了英特维尔石油公司（Intervale Oil）的例子。当时，一个内部资金池推高了该公司的股价，并在上涨过程中成功地吸引了一些买家，股价被操纵者拉升到了 50 美元。在这个价位上，资金池开始卖出股票，随后股价出现

---

* 查尔斯·沃里肖弗（Charles Woerishoffer）是镀金时代华尔街最具代表性的经纪商之一，同时也是最具影响力的交易巨擘之一。——译者注

快速下跌。紧接着，像往常一样，人们纷纷要求给出解释：为什么英特维尔石油如此疲软？提出这个问题的人实在是太多了，以至于这个问题的答案成为了重要新闻。

一家财经新闻社联系上了那些最了解英特维尔股价上涨行情的经纪商，他们也应该清楚股价下跌的原因。当这家新闻社要求他们给出一个可以公开刊印并向全国广播的理由时，这些经纪商，这些做多资金池的成员们是如何回答的呢？嗯，他们说拉里·利文斯顿正在打压市场！这还不够，他们补充说，他们正准备“收拾”他。然而，英特维尔资金池的抛售行为并未就此停止。当时，该股股价仅为每股 12 美元左右，即便他们将股价进一步压低至 10 美元或者更低的价位，他们的平均卖出价格也仍将高于成本价。

对于内部人士来说，在股价下跌时卖出是明智的，也是恰当的。然而，对于那些以 35 或 40 美元买入的场外交易者来说，情况就不同了。看到收报机上打印出来的信息，这些场外交易者坚持持股不动，等待着拉里·利文斯顿从愤怒的内部资金池那里得到他应有的惩罚。

在牛市中，尤其是在繁荣时期，公众一开始往往能够赚到钱，但后来却又赔了回去，原因就在于他们在牛市中待得太久了。这种“空头打压”的说法，则会让他们更不愿意离开市场。公众应当警惕那些匿名内部人士给出的、旨在让公众相信的解释。

第二十四章　尔虞我诈

公众总是希望从别人那里得到贴士，这正是提供与接受贴士成为普遍做法的原因。经纪商通过市场简讯以及口头方式为客户提供交易建议，这样做是可以理解的。然而，经纪商不应过分强调当前的实际状况，因为市场走势总是领先于实际状况六到九个月的时间。除非有证据表明，在接下来的六到九个月内，公司的业务前景能够继续维持现有的盈利水平，否则，仅凭当前的收益情况就建议客户买进股票的做法是站不住脚的。如果能够将目光放长远，就可以清晰地看到，随着形势的发展，当前的盈利能力也在发生变化，当下那些关于股票很便宜的理由将不再成立。

交易者必须着眼于长远，然而，经纪商关心的则是眼下赚取的佣金，因此，市场简讯通常不可避免地存在一定的误导性。经纪商靠收取公众的佣金为生，但他们却试图通过市场简讯或以口头方式诱导公众，买入他们已经从内部人士或操纵者那里接到了卖出指令的同一只股票。

这种情况时有发生。一位内部人士找到一家经纪公司的负责人，说道："希望您能为我的股票创造一个市场，以便我能卖出 5 万股。"

接着，经纪商会进一步询问更多细节。假设该股的报价为 50 美元，内部人士告诉他："我会以 45 美元每股的行权价授予您一份 5000 股的认购期权，并且股价每上涨 1 个点，就再授予您 5000 股，总共授予您 5 万股。同时，我还会按市价授予您一份 5 万股的认沽期权。"

现在，对于这家经纪商来说，如果有大量的跟风者，这会是一笔很容易就能赚到的钱。当然，这也正是内部人士寻求的那种经纪商。在这种交易中，一家与各地分支机构设有专线，关系网遍布全国各地的经纪公司，通常能吸引到大量的跟风者。记住，在任何情况下，经纪商的操作都绝对安全，因为他们持有认沽期权。只要他们能够吸引他们的客户跟风，那么除了常规的佣金之外，他们还能以巨大的利润出清手中的全部头寸。

我脑海中浮现出一位华尔街上大名鼎鼎的“内部人士”的事迹。

他致电一家大型经纪公司的首席客户经理，有时甚至会更进一步，致电该公司的某位初级合伙人。他会这样说：

“嘿，老兄，我想感谢您过去对我的多次帮助，我要给您一个赚大钱的好机会。我们正在组建一家新公司，用以吸收我们一家公司的资产，并且我们会以远高于当前市价的价格收购该公司的股票。我会以每股 65 美元的价格给你 500 股班塔姆商场（Bantam Shops）的股票，现在这只股票的市价是 72 美元。”

这位心怀感激的内部人士，将这件事告诉了好几家大型经纪公司的十几位负责人。既然这些接受了内部人士慷慨馈赠的人都身处华尔街，那么当他们拿到这只已经显示出利润的股票时，他们会怎么做呢？他们自然会建议能够联系到的每一个人都去买入这只股票。那位慷慨的馈赠者对此心知肚明，他深知他们会帮他开拓出一个市场，这位好心的内部人士便能以高价将自己手中的“优质股票”卖给可怜的公众。

股票承销商还有一些其他推销手段，也应该被禁止。交易所应该禁止那些以分期付款的方式在场外向公众发售的股票上市交易。为股票提供官方报价，实际上是对股票价值的一种认可。此外，拥有公开市场的官方背书，以及时有出现的价格差异，是诱发此类交易的全部因素。

另一种常见的销售手法是，专门针对市场需求增加股本，这让无数不善思考的公众付出了巨额的代价。然而，这种行为并未导致任何人入狱，因为它是完全合法的。实际上，这一手法的整个过程，只不过是改了改股票凭证的颜色而已。

这种用 2 股、4 股甚至 10 股新股换取 1 股老股的做法，通常是为了让原先的商品变得更容易出售。原先是每包1磅，售价1美元，但销售困难。如果改为每盒1/4磅，售价25美分，可能会卖得更好，也许定价为27或30美分也会很畅销。

公众为何不思考一下，为什么要让股票变得容易购买呢？这再次体现了华尔街慈善家的运作手法。然而，明智的交易者会对无事献殷勤的人保持警惕，这就是所需的全部警告。公众却对此视而不见，每年损失了成百上千万美元。

任何旨在通过制造或散布谣言，对个人信用或公司业务造成不利影响的人，即那些旨在通过诱导公众卖出从而压低证券价值的人，都将受到法律的惩罚。制定该法律的初衷，可能是希望通过惩罚那些在萧条时期公开质疑银行偿付能力的人，以此来减少引发恐慌的风险。当然，它也起到了保护公众的作用，防止公众以低于实际价值的价格抛售股票。换句话说，国家的法律会惩罚那些散布此类利空消息的人。

如何保护公众避免以高于实际价值的价格买入股票的风险呢？谁来惩罚那些散布未经证实的利好消息的人呢？没有。然而，公众因听信匿名内部消息，在股价过高时买入股票所遭受的损失，比在所谓的“打压”期间，因听信利空消息以低于股票实际价值的价格卖出股票所遭受的损失要大得多。

如果通过一项法律，像现在惩罚散布利空谣言的人一样惩罚散布利好谣言的人，我相信公众将能避免成百上千万美元的损失。

发行人、操纵者以及其他从匿名乐观言论中获益的人会告诉你，任何依据谣言和匿名言论进行交易的人，都应自行承担损失。同理，我们也可以说，任何愚蠢到吸毒成瘾的人，都没有资格得到保护。

证券交易所应当施以援手，这对保护公众免受不公平行为的侵害极为重要。如果一个深知内情的人希望公众接受他对事实的陈述，甚至是他自己的观点，那就让他署名。署名并不一定会使利好消息成真，但这样做会让“内部人士”和“董事”们更加谨慎。

公众应当始终牢记股票交易的基本原则。当一只股票上涨时，无须详细解释其上涨的原因，唯有持续地买入，才能使一只股票持续上涨。只要股票保持上涨势头，只是偶尔出现小幅自然回撤*，那么跟随其趋势便是一种相当安全的选择。但是，如果一只股票在经历了长时间的稳定上涨之后，转而逐渐下跌，仅偶尔出现小幅度的反弹，那么很明显，其最小阻力路线已经由上升转为下降。既然如此，为何还有人要求给出解释呢？股票之所以下跌，可能有非常充分的原因，但这些原因仅被少数人知晓。这些人要么对这些原因秘而不宣，要么告诉公众这只股票很便宜。公众应该认识到，少数知情者是不会将真相公之于众的，这个行当的本质就是如此。

许多所谓“内部人士”或高管的声明，实际上并没有任何事实依据。有时，这些内部人士甚至根本未被要求发表任何声明，无论是匿名的还是署名的，这些故事其实是由某位或某些在市场上拥有巨大利益的人编造出来的。当一只股票的价格上涨到某一阶段时，大型内部持股人并不排斥借助职业大交易者的力量来交易该股票。尽管内部人士可能会告诉这位职业大交易者正确的买入时机，但你可以确信，他们绝不会透露何时是卖出时机。这使得这位职业大交易者与公众处于同样的境地，只不过他需要一个足够大的市场才能退出。这时，你收到的“信息”往往最具误导性。当然，也有一些内部人士，在交易的任何阶段都不能信任他们。一般而言，大公司的高管可能会基于他们掌握的内幕信息在市场上采取行动，但他们并不会公然说谎。他们只是什么都不说，因为他们发现，有些时候沉默是金。

我已经多次说过，但说再多都不为过：多年作为股票作手的经历使我深信，虽然一个人可能在某些特定情况下从个别股票中获利，但没有人能够始终如一、持续不断地战胜股票市场。无论一个交易者多么富有经验，他交易亏损的可能性依然存在，因为投机无法做到百分之百安全。

华尔街的专业人士深知，相较于遭遇饥荒、瘟疫、作物歉收、政局更

---

*在杰西·利弗莫尔亲笔所著的《股票作手操盘术》一书中，对自然回撤这一概念进行了全面深刻的阐述。——译者注

迭或其他所谓的常见意外，依靠“内部”贴士行事，破产的速度将会更快。在华尔街或其他任何地方，都没有通往成功的康庄大道，为什么还要自设路障呢？

——全书完——

附录　传奇落幕*

1940年11月27日，杰西·利弗莫尔和他的妻子哈丽特在利弗莫尔最喜欢的夜总会白鹳俱乐部（Stork Club）。他看起来神情恍惚，面色苍白，憔悴不堪，第二天，他就自杀了。（图片来源：每日新闻）

1940 年 11 月 27 日，星期三晚上，在纽约时尚的白鹳俱乐部私人用餐区，社交摄影师唐·阿登（Don Arden）来到了杰西·利弗莫尔的餐桌前。此时，利弗莫尔正在与他的第三任妻子哈丽特（Harriet）共进晚餐。

当摄影师询问利弗莫尔是否介意拍照时，现场非常嘈杂。“完全没问题”，

* 摘译自 Tom Rubython. *Jesse Livermore Boy Plunger*[M]. 2014——译者注

利弗莫尔回答道，并补充说："但这将是你给我拍的最后一张照片，因为我明天就要离开很长一段时间了。"然而，没有人注意到这一幕。闪光灯一亮，阿登按下了快门。随后，利弗莫尔的妻子妮娜（Nina）——他亲昵地这样称呼她，而她则总是称他为劳里（Laurie）——便起身与朋友跳舞去了，留下她的丈夫一个人坐在餐桌旁沉思。那天晚上，他不需要人陪伴，因为他正在做一生中最重大的决定：是否结束这一切！

洗出来的照片令人感慨万千。等到这张照片从暗室中取出时，照片中的主人公已经离世。那个曾经青春洋溢的投机小子，如今已经不再年轻。以往，他看上去总是比实际年龄小 10 岁。但当他步入 50 岁后，这一状态发生了逆转，他现在看上去比实际年龄老了 10 岁。尽管只有 63 岁，但他的外貌和步态却如同 70 多岁的老人一般。

第二天早上，也就是 11 月 28 日星期四，他离开位于公园大道 1100 号的三层公寓，步行至位于第五大道 745 号施贵宝大厦顶层的办公室，这里可以俯瞰整个中央公园。办公室里没有什么事情可做，这些天，他一直以股市顾问的身份替别人交易股票，以此打发时间，但成果平平。

1934 年，随着在富兰克林·罗斯福（Franklin Roosevelt）* 任内美国证券交易委员会的成立 **，股票市场的规则以及被允许的操作方式已经发生了改变，这使得像利弗莫尔这样的老一辈交易者的处境变得非常艰难。美国证券交易委员会的新法规逐渐让他感到疲惫不堪，如今，他用来攫取四笔巨额财富（一度使他成为世界上最富有的人之一）的几乎每一种方法，都已经被宣布为非法。每天早晨，当他坐在办公室里的时候，他能做的只是回想那些早已逝去的光辉岁月，以及思考如何消磨午餐前的无聊时光。

午餐时间，他去了附近的荷兰雪梨酒店。酒店位于第五大道与东 59 街的交汇处，从这里可以欣赏到中央公园的优美景色。当时，这家酒店开业了 13

* 富兰克林·罗斯福（Franklin Roosevelt）是美国第 32 任总统，任期自 1933 年至 1945 年。——译者注

** 美国证券交易委员会是依据 1934 年颁布的证券交易法令设立的美国联邦政府独立机构。——译者注

年，酒店只占据当时世界上最大单体住宅公寓的一小部分。这座棕色石灰石大厦是当时最优雅的建筑之一，其公共休息室的风格融合了文艺复兴时期的精华。他经常去吃午餐的酒吧虽小，但私密性好，是禁酒令时期专门打造的。这样的风格非常适合利弗莫尔，多年来，这里是整个曼哈顿地区他最喜欢去的地方。在这里，他可以一边眺望中央公园，一边沉浸在自己的思绪里。

过去，他甚至在荷兰雪梨酒店长期包下了一套房间，作为他在曼哈顿的落脚点。股市收盘后，他便会提前离开办公室，与年轻的歌舞女郎定期约会。这些女郎都是由他的朋友——剧院经理小弗洛伦兹·齐格菲尔德（Florenz Ziegfeld Jr.）介绍给他的。他后来回忆起那段时光，将其称为“我一生中最快乐的日子”。直到1936年，他和妻子在公园大道购置了一套永久性公寓后，才最终搬出了那套房间。

出于上述原因，以及那里所承载的回忆，利弗莫尔选择将那里作为自己的人生归宿，可能并非偶然。自1927年以来，那里便一直作为他的午餐场所。下班后，他经常顺便去那里喝一杯鸡尾酒，时常还会和以前的女友们一起喝一杯，而那时她们大多都已结婚生子。

那天午餐时间走进荷兰雪梨酒店的这个人，却并未展现出华尔街有史以来最成功的投资者*所特有的那种心境。相反，他带着一种过气之人的心境，他认为自己的人生是一场徒劳。他原本拥有的数百万美元财富早已荡然无存，他的生活全靠微薄的年金和妻子的慷慨解囊。妻子本身就很富有，这得益于她之前的四次婚姻，而她的每次婚姻都以丧偶而告终。

在利弗莫尔看来，自己是个彻头彻尾的失败者——无论是在事业上，还是在个人生活上，都一败涂地。他对自己失败的原因了如指掌，因为他已经分析过很多次了。他的问题可以简单地概括为一个词，那就是“一致性”。尽管在华尔街坊间，他被认为是仅次于J. P. 摩根的人物，但他的一生却经历了

* 附录引文的作者汤姆·鲁比森并非市场专家或财经作家，而是一位传记作家，因此在专业术语上，不宜对其过于苛求。值得注意的是，利弗莫尔本质上是一位交易者而非投资者。但为了忠实于原文，翻译时仍保留了“投资者”这一表述。——译者注

从美国“首富”到美国“首负”的剧烈变化——在短短 5 年内，他就获得了这两项“殊荣”。另外，他还有过多次婚姻。多年来，他的个人生活一直备受争议。据他自己估计，在股市赚取了数百万美元的同时，他还与数百名女性发生过关系，其中大多数是在他婚内发生的，而且很多女性还未满 21 岁。

杰西・利弗莫尔酷爱美女，这给他的一生带来了无尽的痛苦。在位于公园大道宽敞的十室公寓举办的一场80人派对上，他与他的第三任妻子哈丽特携手亮相。

那个星期四，利弗莫尔独自坐在一张餐桌旁，一边品尝着鸡肉沙拉，外加一杯白葡萄酒，一边在他钱包里夹着的一个笔记本上胡乱写着。随后，他起身离开，步行返回办公室。据一路上遇到他并打过招呼的人说，他当时似乎正在心中为即将发生的事情做最后的决定。策划自己的死亡，这很符合利弗莫尔的一贯作风，就像策划他的每一轮股市操作一样。

三个小时后，当他下午 4 点半左右回到荷兰雪梨酒店时，没有任何引起他人怀疑的迹象。午餐时招待过他的酒保卡尔・费希尔（Carl Fischer）为他调制了两杯鸡尾酒中的第一杯，这种鸡尾酒被称为“古典鸡尾酒”，是一种威士忌和苦味酒混合而成的烈酒。看起来利弗莫尔需要借酒壮胆来完成此事。

在酒吧里的一张小桌子旁，他坐了半个小时，期间没有和任何人说话，只是小口喝着鸡尾酒，并在他的袖珍笔记本上写着什么。他不时地抬起头来，陷入沉思。费希尔后来回忆说，他当时表现得比平时更加“烦躁”和“紧张”，但也没有什么异常之处。

之后，他向费希尔打了个手势，又点了一杯古典鸡尾酒。半小时后，卡尔·费希尔——最后一个与他说过话的人——问他要不要再来一杯。他只是简单地说了一句“就这样吧”，然后伸手去拿钱夹准备付账。下午5点25分，这位63岁的老人起身走进荷兰雪梨酒店的大堂，并径直朝男宾衣帽间走去。在此过程中，他的目光曾与酒店经理尤金·沃伊特（Eugene Voit）相遇，但两人并未交谈。沃伊特成为见过利弗莫尔生前最后一面的人，后来他回忆说：“利弗莫尔先生的外表看起来一如往常，很正常，也很开心。”

利弗莫尔好不容易才从一堆外套当中翻出自己的那一件。他小心翼翼地将外套叠好，然后坐在衣帽间角落的一把椅子上，把笔记本放进了夹克衫左手边的口袋里。接着，他解开衬衫的扣子，从外套右手边的口袋里掏出一把柯尔特点32口径的自动手枪。他是个左撇子，他冷静地举起枪，对准了自己的左太阳穴，毫不犹豫地扣动了扳机。

他倒在椅子上，伤口几乎没有血迹，也没有任何迹象表明这里发生了意外。任何人看到椅子上这个安详的人，都会以为他只是睡着了。令人惊讶的是，这个小小的衣帽间似乎完全隔绝了枪声，外面的人没有听到任何声响。利弗莫尔不仅是个神枪手，还是位枪械专家，他很清楚如何干净利落地结束自己的生命，而且不致引起任何骚动。

下午5点35分，值班员帕特里克·默里（Patrick Murray）在进行每小时一次的例行巡查时走进衣帽间，看到了瘫倒在椅子上的利弗莫尔。默里以为利弗莫尔身体不适晕倒了，于是立即打电话给酒店经理助理文森特·墨菲（Vincent Murphy）。墨菲认出了利弗莫尔，并试图唤醒他。随后，他发现有鲜血从利弗莫尔右耳后的弹口处流出。这一枪打得非常精准。接着，墨菲发现了地上的手枪，他立刻意识到衣帽间里发生了什么。他告诉默里守在门口，不要让任何人进来，自己则急忙跑到前台去打电话。他拨通了纽约警察局东67分局的电话，简要说明了情况。值班警官并不知道利弗莫尔是谁，表示会立即派遣一组警员和一辆救护车过来。接着，墨菲又拨通了尤金·沃伊特办公室的电话。

沃伊特来到楼下后，两人走进了衣帽间，静静地站在利弗莫尔的尸体旁，不自觉地保护着他的隐私，直到警察赶来。警察立刻意识到利弗莫尔已经死了。来自大主教医院的救护车也抵达了现场，停在外面的路边等候。车内是维尔莱米娜（Villeminia）医生，一位专门治疗头部损伤的外科医生。然而，除了宣布利弗莫尔的死讯，并致电法医办公室外，她别无他法。

赶来负责此次警务的是帕特里克·肯尼（Patrick Kenny）探长。那时，酒店工作人员已经向狗仔队通风报信，一大群纽约狗仔队已经聚集在酒店外面。

1940年11月28日，小杰西·利弗莫尔（Jesse Livermore Jr.）来到位于纽约的荷兰雪梨酒店，心情无比沉痛地前来确认他父亲的遗体。几分钟后，当他目睹到父亲的遗体时，那份突如其来的悲痛如同重锤般击中他的内心，令他瞬间昏倒在地。

在对现场的情况进行了评估后，肯尼便与尤金·沃伊特一同前往公园大道1100号，向利弗莫尔的妻子哈丽特告知了这一噩耗。听到这个消息，她立刻变得歇斯底里，肯尼随即打电话叫来了她的医生。他们一直等到医生赶来，用强效镇静剂让哈丽特入睡后才离开。在公寓里，肯尼拨通了利弗莫尔的儿子小杰西的电话，他极不情愿地在电话里向小杰西传达了他父亲去世的噩耗。他让小杰西立即赶到荷兰雪梨酒店，依照程序辨认其父亲的遗体。

听到这一消息，小杰西震惊之余，还是答应立即前往。小杰西回到卧室，穿上了一件格子西装，并套上了一件漂亮的大衣，出门时顺手戴上了一顶毡帽。他走到街上，拦了一辆出租车。匆忙之中，他连钥匙和钱包都忘在了家里。当他到达酒店时，已经是下午6点45分。他走出出租车时，嘴里叼着香烟，似乎仍处于恍惚之中。周围无数闪光灯瞬间亮起，他直视着镜头，快步走进酒店大堂，甚至连出租车费都忘了支付。门童见状，便替他支付了车费。

小杰西惊恐万分地站在酒店大堂，内心深受震撼，完全不知所措。沃伊特和肯尼架着他，径直把他带到了衣帽间，进行正式的身份确认。酒店工作人员封闭了紧挨着衣帽间的一间小餐厅，把他领了进去。有人搬来一部电话，并告诉小利弗莫尔，他可以一直使用这个房间。不到一个小时，利弗莫尔去世的消息就传遍了整个市区，记者们将整个酒店大堂围得水泄不通。一辆警车停靠在酒店外，警灯闪烁着。尽管如此，酒店的生意却丝毫没有受到影响。大堂里的大多数客人，对伟大的杰西·利弗莫尔刚刚在他们脚边不远处去世的事漠不关心。

这时，利弗莫尔公司的总经理沃尔特·麦克纳尼（Walter McNerney）已经到达。他试着安慰小杰西，待其情绪平复后，他们开始讨论如何告知他17岁的弟弟保罗（Paul），保罗目前正就读于康涅狄格州莱克维尔市著名的霍奇基斯学校。这是一所极具声望且学费昂贵的学校，也是一所向耶鲁大学输送了大量优秀学生的学校，学校当时拥有600名学生。从这里毕业的学生包括亨利·卢斯（Henry Luce）、亨利·福特二世（Henry Ford II）、弗雷斯特和约翰·玛尔斯（Forrest and John Mars）、哈罗德·斯坦利（Harold Stanley）和汤姆·沃纳（Tom Werner）等名人。

麦克纳尼告诉小杰西，他会负责打这个电话。说完，小杰西穿上外套，穿过街道前往他父亲的公寓。

麦克纳尼从接待处得知了学校的电话号码，怀着沉重的心情，拿起听筒拨通了校长乔治·范·桑特福德（George van Santvoord）的电话。起初，学校接待员并不愿意为他转接，直到他将这通电话的性质告诉了她。当她意识到发生了什么事情后，便毫不犹豫地转接给了校长。范·桑特福德已担任校长14年，这不是他第一次接到这样的电话。第一次世界大战期间，他曾被派到法国前线开救护车，因此对他来说，早已习惯了传递噩耗。麦克纳尼告诉他，利弗莫尔的司机已经在去接保罗的路上了。

快8点钟的时候，保罗·利弗莫尔正在房间里学习，这时一个朋友敲门告诉他，校长在办公室等他。对于任何一个17岁的男孩来说，这几乎总是一个坏消息。

当保罗来到校长办公室时，范·桑特沃德知道此时不宜寒暄客套，于是直接告诉他，他的父亲开枪自杀了。听到这个消息几秒钟后，保罗便晕倒在了校长的怀里。范·桑特沃德将他放平，然后叫人拿水来。保罗一直待在校长办公室里，紧握着水杯，等待司机的到来。司机接上他后，驱车把他送到了他父亲位于公园大道的公寓。他的继母已经恢复了平静，并在那里等着他，时间大约在10点钟左右。

这是杰西·利弗莫尔最小的儿子保罗·利弗莫尔帅气的宣传照。在搬到夏威夷之前，他出演过多部电影和电视剧。

与此同时，纽约助理法医雷蒙德·迈尔斯（Raymond Miles）已于晚上9点45分抵达了荷兰雪梨酒店，并由负责现场情况的麦克纳尼接待了他。迈尔斯只花了20分钟就完成了尸检和相关记录工作。他告诉麦克纳尼，没有必要进行进一步的尸检，因为死因非常明显。随后，他在大堂向记者确认了利弗莫尔已经死亡的基本事实，但他拒绝就死因发表评论。法医将遗体交还给了家属，麦克纳尼则负责安排位于81街和麦迪逊大道的坎贝尔葬礼教堂来接收遗体，并一直等到救护车从葬礼教堂开来，把利弗莫尔的遗体运走。

肯尼探长留了下来，他完成了相关书面记录，并撰写了正式报告，奉命于当晚将该报告送至警察局长家中。

肯尼在报告中明确指出，利弗莫尔的死亡毫无疑问是属于自杀。手枪是在他的脚边发现的，口袋里还装有一封遗书。遗书被潦草地写在他的笔记本上，整整写了八页。遗书是写给他现任妻子的，她已经经历了五次丧偶之痛。在将遗书交给麦克纳尼之前，肯尼费力地将遗书的准确内容写进了报告中，麦克纳尼则将遗书送到了利弗莫尔公寓的小杰西手中。

虽然利弗莫尔的自杀事件本身没有什么疑点，但他的妻子确实让人费解。根据后来报纸披露，她的前四任丈夫也全部死于自杀，而利弗莫尔则是第五位。这一系列惊人的巧合，从未得到过合理的解释。但可以肯定的是，利弗莫尔是在抑郁的状态下自杀的。

在现代，利弗莫尔生命中最后几年的状态，可以被描述为患有“临床抑郁症”。后来，他甚至被诊断为患有自闭症和躁郁症。讽刺的是，就在几年前，他曾写道，华尔街投资者的工作不适合那些“情绪平衡能力差”的人*。当天，在场的所有人都感受到了其中的讽刺意味。

自荷兰雪梨酒店开业以来，利弗莫尔便是那里深受欢迎的常客，而且他总是出手大方——那晚，连员工们都忍不住流下了眼泪。当晚，经理把所有员工都召集到他的办公室，要求大家静默片刻，以纪念这位备受尊敬的老顾客。

当利弗莫尔去世的消息传出时，整个纽约都渴望了解更多细节，但酒店方面并没有透露任何信息。由于媒体纷纷要求了解更多细节，纽约警察局局长决定于次日举行新闻发布会。在这场仓促安排的发布会上，肯尼探长宣读了利弗莫尔遗书中的部分内容。遗书中，利弗莫尔反复用相同的文字表达自己的想法：“这是我唯一的出路……我厌倦了战斗……我不配得到你的爱……我的人生是一场失败。”这反映了他当时的精神状态。遗书最后一句是：“亲爱的妮娜，我无能为力。我的情况一直很糟，我再也坚持不下去了，我真的很抱歉，但这是我唯一的出路——爱你的劳里。”肯尼表示，遗书“条理清晰但一直重复”。局长则指出，利弗莫尔在写遗书时，显然承受着“巨大的精神压力”。

后来，利弗莫尔的朋友们说，在接下来几天的报道中，他们没有认出报纸

---

*事实上，这句话并非利弗莫尔几年前所写，而是他在当年写下的，可以参考《股票作手操盘术》第一章第一段内容，该书于1940年完成并顺利出版。颇为巧合的是，书的扉页上赫然写着“TO NINA”（献给妮娜）几个字，这与他遗书的开头部分惊人地相似。难道在撰写《股票作手操盘术》时，利弗莫尔就已经萌生了自杀的念头？这恐怕只有天知道了！——译者注

上描述的那个人是利弗莫尔。他们将利弗莫尔自杀归咎于他的第三任妻子，尤其是当他们得知她前面四任丈夫的命运时。他们告诉记者，在遇到妮娜之前，他并不是一个临床抑郁症患者。他们明确表示，妮娜的性格在某种程度上改变了她丈夫的人生观。一位朋友（指利弗莫尔的朋友）说："两任丈夫自杀可能是巧合，但五次丧偶就很能说明问题了。"至于究竟说明了什么问题，他的这位朋友没有明说。

利弗莫尔一生始终被沉重的抑郁所笼罩，无论是辉煌的胜利还是沉重的失败，都未能驱散这片笼罩在他心头的阴霾。这张照片拍摄于1940年11月26日，也就是这位华尔街"巨熊"最终选择自我了结生命的前两天。

随后几天发布的关于利弗莫尔的讣告，篇幅宏大且饱含敬意。讣告主要聚焦于利弗莫尔在1929年股市崩盘期间的活动，以及1929年至1934年间的生活经历。在那几年里，他设法积累了据说高达1亿美元的巨额财富。遗憾的是，到最后，他的财富已经缩水至负债500万美元。

实际上，正是这一时期造就了他，并且比其他任何事情都更能解释接下来发生的事件。